D1729714

Buch

Leo Krieger arbeitet als Werbetexter in Hamburg. Eines Abends versucht er in einer Bar die grünäugige Viola anzusprechen. Nach anfänglichem Mißerfolg landet er mit ihr und ihrem Begleiter Paulo auf einer Party in einer edlen Villa. Doch die Nacht, die so gut begonnen hat, endet mit einer tödlichen Überraschung, als Leo auf der Toilette über Paulos Leiche stolpert. Nach einer panischen Flucht mit Viola vor unbekannten, aber wild um sich schießenden Verfolgern erkennt Leo, daß er weniger etwas von der Polizei (die ihn als Täter verdächtigen wird) als von ihm unbekannten Gangstern zu befürchten hat. Am folgenden Morgen ist Viola verschwunden, und Leo setzt alle Hebel in Bewegung, um sie wiederzufinden. Doch vergeblich. Bis er durch Zufall am Flughafen landet und sie beim Einchecken für einen Flug nach Rio de Janeiro entdeckt. Kurzerhand jettet auch er nach Brasilien, wo er eine erschreckende Entdeckung macht: Viola, die als Kind entführt und für Kinderpornos mißbraucht wurde, befindet sich gemeinsam mit ihrem Vater auf einem Rachefeldzug gegen die damaligen Kidnapper. Leo steckt seine Nase zu tief in Angelegenheiten, die ihn nichts angehen, und gerät nun selbst ins Fadenkreuz der Verbrecher.

Autor

Daniel Douglas, geboren 1962, freier Schriftsteller, Drehbuchautor, lebt unter dem Namen Daniel Douglas Wissmann in Hamburg. Durch einen einjährigen Brasilienaufenthalt wurde er zu seinem Debütroman »Die Königin der Bienen« angeregt.

DANIEL DOUGLAS
DIE KÖNIGIN DER BIENEN

GOLDMANN VERLAG

Umwelthinweis:
Alle bedruckten Materialien dieses Taschenbuches
sind chlorfrei und umweltschonend.
Das Papier enthält Recycling-Anteile.

Der Goldmann Verlag
ist ein Unternehmen der Verlagsgruppe Bertelsmann

Genehmigte Taschenbuchausgabe
© 1991 by Kellner Verlag, Hamburg
Umschlaggestaltung: Design Team München
Umschlagillustration: Loh Productions, Heidelberg
Druck: Elsnerdruck, Berlin
Krimi 5851
Lektorat: Ge
Herstellung: Heidrun Nawrot
Made in Germany
ISBN 3-442-05851-1

10 9 8 7 6 5 4 3 2 1

»Jemand hatte ihr einmal gesagt, der Himmel verberge die Finsternis, die hinter ihm lauere, schütze den Menschen vor den Schrecken, die über ihm drohten ... Jeden Augenblick konnte der Riß kommen, die Ränder würden sich aufrollen und die gigantischen Eingeweide würden entblößt daliegen.«

Paul Bowles, Himmel über der Wüste

Keine Gäste bei meiner Grillparty.

Ich entschied, daß es doch nur tanzende Schatten waren, die zwischen Müllbergen umhersprangen, und doch nur Ratten, die durch die Abfälle raschelten. Das beruhigte mich. Ich hockte mich wieder hin und starrte über das Feuer hinweg. Die Flammen züngelten rot, gelb und blau, ließen tausend Schatten durch den Unrat huschen. Es roch nach Benzin. Der Benzingeruch überdeckte den Geruch verbrannten Fleisches.

Ich sah zu den Sternen empor, die wieder dort oben hingen, ungezählte Fackeln, groß, brennend, tot. Vielleicht gab es dort oben doch kein Leben. Vielleicht war Leben nur ein Ausrutscher der Schöpfung. Ich rückte näher ans Feuer.

»O che ta fazendo aqui?«

Ich fuhr herum. Es war eine Kinderstimme. Ein Junge stand neben mir, barfuß, mit freiem Oberkörper. Er war noch keine vierzehn Jahre alt. Er starrte an mir vorbei in die Flammen. »Was machst du hier?«

Ich räusperte mich. »Feuer.«

»Aha.« Der Junge pulte mit einem Finger in seinem Bauchnabel. »Hast du Geld?«

»Nein.«

»Aha.« Sein Blick strich über mich. Er zeigte auf meine Schuhe. »Zieh die Schuhe aus.«

»Nein.«

Der Junge kratzte sich mit den Zehen die Ferse. »Ich glaube, es wäre wirklich besser, wenn du sie ausziehst.«

»Meinst du?«

»Doch doch. Das wäre sicher besser für dich.« Es war keinerlei Drohung in der Stimme des Jungen. Es war eigentlich überhaupt nichts in seiner Stimme. Es war auch nichts in seinem Gesicht. Soweit ich sehen konnte, hatte er keine Waffe.

Er bemerkte meinen Blick. »Ich bin nicht allein, weißt du?«

Wie zur Antwort erscholl von allen Seiten Kinderlachen. Ich sah um mich. Ich konnte nichts erkennen. Noch einmal das Lachen, dann Stille. Das Knistern des Feuers.

Ich hatte Angst. Dieses Lachen war kein fröhliches Lachen gewesen.

Der Junge blickte auf mich herab. Der Widerschein der Flammen ließ seine Züge flackern. Plötzlich veränderte sich sein Ausdruck. Der Zeigefinger hörte auf, im Bauchnabel zu kreisen.

»Du verbrennst da einen Menschen«, stellte der Junge fest.

Ich sagte nichts.

Der Junge sah mich an. Seine Zunge leckte konzentriert über die Oberlippe. Dann drehte er sich um. »Hauen wir ab!« rief er halblaut. Und behende wie eine Katze glitt er zwischen den Schatten davon. Kein Laut diesmal von den anderen.

Ich fummelte mir ein Kaugummi zwischen die Zähne.

Ich hatte es immer als beruhigend empfunden, Kaugummi zu kauen. Chiclettes, wie man hier sagte.

Ich wartete, bis die Flammen erloschen, dann schmiß ich ein paar Schichten Abfall über die Leiche und machte mich auf den Weg zum Auto.

Ich hatte den Wagen am Rand der Müllkippe abgestellt, an einer zweispurigen, kurvigen Straße aus zerbröckelndem Asphalt. Es gab kaum Verkehr. Es mußte etwa vier Uhr morgens sein, mittlerweile. Ich öffnete den Wagenschlag. Etwas Hartes bohrte sich in mein Rückgrat.

»Policia! Maos em alto!«

Ich hob die Hände. Sie waren schwer wie Blei. Das wars wohl, dachte ich. Es waren zwei Uniformierte. Ein Dünner und ein Dicker. Jetzt sah ich auch den Polizeikombi, der ein paar Meter weiter die Straße runter parkte. In der Dunkelheit hatte ich ihn übersehen.

Sie stießen mich gegen meinen Wagen und tasteten mich gründlich ab. Der Dicke baute sich neben mir auf und klatschte seinen Gummiknüppel in die Handfläche. »O che estava fazendo aqui?« Im Mondlicht schimmerte ein Goldzahn zwischen seinen dicken Lippen.

»I don't understand your language«, antwortete ich gerissen.

Er zog mir den Knüppel über den Schädel. Ich sackte zu Boden.

Der dünne Polizist zerrte mich wieder hoch und stieß mich gegen den Wagen. »Also: Was tust du hier?«

Ich schwankte. »Hab gepißt. Hab mich verfahren.«

»Verfahren?« Sie rissen mir die Arme auf den Rücken. Handschellen hackten in meine Gelenke. »Wo sollte es denn hingehen? Copacabana? Oder wo pißt du gewöhnlich?« Der Dicke lachte, als ob er mit Pudding gurgelte. Er wandte sich an seinen Kollegen. »Hat er Geld?«

Der Andere hatte meine Brieftasche zwischen den Fingern und zupfte ein paar Scheine hervor.

»Das wird nicht reichen.« Der Dicke steckte die Scheine ein. »Schuhe aus!«

»Was soll der Scheiß?«

»Na, was wohl? Steht doch in jedem Reiseführer. Wirds bald?« Er stocherte mir mit dem Knüppel im Gesicht herum. Ich streifte mir mit den Hacken die Schuhe von den Füßen.

»Na, wer sagts denn? Da haben wir ja die Dollares.«

Ich hörte Scheine knistern. Dann: »Los, zum Wagen!« Sie stießen mich vor sich her zum Polizeikombi.

»Was soll das alles?« protestierte ich. »Was hab ich denn verbrochen?«

Der Dicke lachte. »Darüber mußt du schon selbst nachdenken. In Ruhe und Frieden.«

Ich hörte, wie der Uniformstoff sich spannte, als er ausholte.

1

Es war eine dieser Nächte, die man nicht erträgt, wenn man nüchtern ist und allein, und so beschloß ich, unter Menschen zu gehen und mich zu betrinken.

In dieser Nacht traf ich Viola zum ersten Mal.

Ich hatte gerade einen Batzen Geld verdient, mit einer Serie von Texten für Tiefkühlpizza, und das war genug Geld, um dem Rest der Nacht etwas Spaß abzukaufen.

Die Paloma Bar empfing mich mit Qualm und Alkoholdunst, dazu Schweiß und Parfüm, und mit Seemannsliedern, die aus einem monumentalen Wurlitzer dröhnten. Es war heiß und stickig. Ich knöpfte meinen Mantel auf und sah durch die großen Fensterscheiben nach draußen. Der Nieselregen ließ die bunte Lichterwelt dort unwirklich und diffus erscheinen. Auf dem glänzenden Kopfsteinpflaster traten die Nutten von einem Bein aufs andere. Dampf stob aus ihren Nüstern, wie bei Rennpferden. Frühling. Eigentlich. Na, dauerte wohl noch.

Ich drängte zwischen zwei Seeleuten hindurch, Russen anscheinend, die schwermütige Weisen summten. Daneben eine Gruppe Touristen aus Süddeutschland. Die Damen hatten gerötete Gesichter, und sie lachten schrill, wenn es von ihnen erwartet wurde. Am Tresen gab man sich künstlerisch und unabhängig. Die Ecke vor den Klos wurde von einigen Punks gehalten.

Es war zwei Uhr vorbei, aber der Laden war gerammelt voll. Kein Sitzplatz zu bekommen. Ich schob mich weiter bis zum Tresen durch, wo eine schultergroße Lücke entstanden war, und winkte dem Barmann.

Er winkte zurück. Witzbold.

Ich brüllte: »Ein Bier!«

»Geht klar!«

Ich legte den Ellenbogen auf den Tresen und schob mir ein Kaugummi in den Mund und kaute. Dann sah ich sie. Sie saß auf dem Hocker direkt neben mir. Ein enganliegendes braunes Stretchkostüm spannte sich um ihren Körper, darüber trug sie eine kurze schwarze Jacke. Eine Zigarette glühte zwischen ihren Fingern, und sie inhalierte in langen, ausgehungerten Zügen. Ihr Mund war breit, fast zu groß für ihr Gesicht, mit vollen Lippen. Die Augenbrauen kräftig, scharf geschnitten. Das Haar lang, dunkelbraun, gewellt. Sie war sehr jung, ich schätzte sie auf Anfang zwanzig, aber da war auch etwas an ihr, das war sehr viel älter. Sie hob den Kopf in den Nacken und stieß eine feine Rauchlinie in Richtung Decke. Mit ihrer freien Hand massierte sie sich angespannt die Stirn, die Nasenwurzel. Ihr Kopf kam herunter, und einen Lidschlag lang trafen mich ihre grünen Augen.

Ich erschauerte.

Ihr Blick glitt von mir ab, huschte nach links, sie taxierte den Raum, die Gäste. Der Barmann stellte mir mein Bier hin, und ich trank es in zwei Schlucken aus und orderte ein zweites. Das Mädchen faszinierte mich. Sie hatte etwas an sich, schwer einzuordnen. Eine Mischung aus Kindlichkeit und Verworfenheit. Und dazwischen, in kleinen Gesten verborgen, lauerte etwas, das mich stutzig machte. Etwas wie Angst.

Ich schuf mir ein wenig Raum am Tresen und beobachtete sie weiter durch den Spiegel, der hinter der Theke die gesamte Wand ausmachte. Ein wenig zuckte sie unschlüssig mit dem Kopf, dann, plötzlich, drehte sie sich abrupt zu mir um, und zwei grüne Augen bohrten sich in meine.

»Kennen wir uns?« Die Stimme war leicht heiser, angriffslustig. Ihr Blick war hart, aber ihre Lider flatterten wie im Wind. Schmetterlingsflügel.

Ich wich etwas zurück. »Noch nicht«, sagte ich einfältig.

»Was wollen Sie dann von mir?«

Ich überlegte. Dann sagte ich: »Ich weiß nicht.« Das war die Wahrheit.

»Wissen Sie was?« Ein verächtlicher Zug erschien um ihren Mund herum. »Dann gehen Sie doch nach Hause und überlegen Sie sich's nochmal.«

Bevor ich etwas erwidern konnte, hatte sie sich abgewandt.

»Wohl bekomm's!« Das zweite Bier erschien vor meiner Nase. Ich dankte und stieß mir das Bierglas gegen die Zähne und bestellte noch eins. Wahrscheinlich trank ich mir Mut an. Und kluge Ideen für pfiffige Antworten.

»Verzeihen Sie, daß es so lang gedauert hat.«

Ich blickte auf. Ein Mann drängte sich links der Frau an den Tresen.

Er zeigte ihr zwei Reihen kalter, weißer Zähne. »Darf ich Ihnen zur Wiedergutmachung einen Sekt ausgeben?« Er war ein gutaussehender Südländer von vielleicht achtundzwanzig Jahren. Er trug einen teuren Anzug. Und das Mädchen strahlte ihn an, das sah ich noch von hinten. Ich stürzte mir einen Schwall Bier in den Leib und starrte in den Spiegel.

Dort traf mein Blick zwei Augen, die mich innehalten ließen. Ein älterer Mann. Er saß in der Ecke neben der Musikbox und durchbohrte mich hinterrücks mit seinem Blick. Er trug einen grünen Trenchcoat. Eine karierte Mütze hielt er vor sich auf den Knien fest. Eisgrauer Schnurrbart unter langer, kräftiger Nase.

Ich prostete ihm durch den Spiegel zu.

Kein Muskel regte sich in dem scharfkantigen Gesicht. Ich hatte mich geirrt. Er sah mich überhaupt nicht an. Er sah an mir vorbei, auf die junge Frau neben mir.

Ihr Charmeur quasselte indessen weiter. »Und Sie waren wirklich noch nie in Brasilien?«

Sie verneinte.

»Seltsam.« Er nahm einen bedächtigen Schluck von seinem Sekt. »Weil ich nämlich schwören könnte, daß ich Sie schon einmal gesehen habe.«

»Tatsächlich?« Sie drückte an ihrem Glas herum, als wäre es ein kleines Stofftier. »Wo soll denn das gewesen sein?«

»Ich hätte jetzt gesagt, in Rio de Janeiro. Aber wenn Sie nie da gewesen sind...« Er sprach ausgezeichnetes Deutsch mit nur wenig Akzent. »Es könnte allerdings schon ein paar Jahre her sein.«

»Ein paar Jahre!« Das Mädchen lachte spitz. »Da war ich noch ein Kind.« Ihr Wimpern flatterten wieder.

»Ja«, sagte er nachdenklich. »Ja...« Er sah sie an. »Ein Kind.«

2

Ich stülpte die Unterlippe hoch und pustete mir den Bierschaum von der Nase. Meinem Ziel, mich zu betrinken, war ich inzwischen näher gekommen. Viel Spaß hatte ich aber noch nicht gehabt. Ich sah den Bierschaumflocken nach, wie sie von meiner Nasenspitze wegstoben, als sich in meinem Augenwinkel der Brasilianer zu strecken begann. Er hob dem Mädchen beide Augenbrauen entgegen.

»Vamos?«

Sie nickte. »Ja.«

Er tastete nach seiner Brieftasche. »Kann ich zahlen?«

»Das will ich hoffen.« Der Barmann sah auf seinen Zettel. »Achtundsechzig fünfzig zusammen. Oder geht das getrennt?«

»Nein, nein. Schon zusammen.« Der Südamerikaner legte eine Kreditkarte auf den Tresen.

Im Spiegel sah ich, wie der Mann im Trenchcoat sich erhob und die Bar verließ.

»Soll das ein Witz sein?« Die joviale Miene des Barmanns hatte sich in einen Ausdruck feindseligen Unglaubens verwandelt. »Das ist ein Witz, ja?«

»O ché?«

»Hast du kein Geld?«

Der Brasilianer runzelte die Stirn. Er präsentierte seine Zähne und tippte auf die Plastikkarte. »Hier, bitte. Wo ist das Problem?«

Am Halsansatz des Barmanns begannen die Sehnen sich abzuzeichnen. Er stützte die Fäuste auf den Tresen. »Bargeld, Mann. Cash.«

»Gottogott.« Die junge Frau kramte in ihrer Jacke. »Vierzig Mark hätte ich.« Sie warf die Scheine auf den Tresen, als wären es alte Servietten.

Ihr Begleiter schob ihr das Geld in einer wütenden Bewegung zu. »Nein.«

»Aha.« Der Barmann hob das Kinn. »Wie dann, Herr Kavalier?«

»Laß mal.« Ich drängte mich dazwischen und hielt einen Hunderter über die Theke. »Ich übernehme das.« Ich streifte das Mädchen mit einem weltmännischen Blick.

Der Barmann riß mir den Schein aus der Hand. »Dumm von dir.«

Ich sagte: »Aber ohne Trinkgeld.«

Der Mann aus Rio sah dem Schein nach, wie er in der Kasse verschwand. »Das kann ich nicht annehmen.«

»Müssen Sie auch nicht.« Ich ließ mir das Wechselgeld geben. »Ich gebe Ihnen meine Kontonummer und basta. Okay?«

Der Barmann verschränkte seine Arme und grinste. »Das Geld siehst du nie wieder.«

Jetzt platzte dem Brasilianer der Kragen. »Halt dein Maul, ja! Filho da puta!«

Der Barmann hob die Hände. »Alles klar. Ich spreche nur aus Erfahrung.«

Der junge Mann riß sich zusammen. Er wandte sich an mich, mühte sich ein Lächeln ab. »Ich werde Ihnen das Geld sofort wiedergeben«, preßte er zwischen den Zähnen hindurch. »Ich wohne nicht weit von hier. Bei einem Geschäftsfreund.«

»Um diese Zeit? Sind Sie sicher…«

»Er ist noch wach. Er feiert eine Party.«

»Ich weiß nicht recht.«

»Ich bitte darum.«

Ich blickte zu dem Mädchen. Sie zuckte die Schultern. Ein feiner Duft erreichte meine Sinne. Parfum, Schweiß und ein wenig Frau.

»Na gut«, sagte ich.

3

Ich heiße übrigens Paulo«, sagte der Mann aus Rio im Taxi. Er und das Mädchen saßen hinten.

»Leo«, sagte ich. »Freut mich.«

»Viola«, sagte das Mädchen.

Der Wagen schwamm im Lichtermeer der Reeperbahn in Richtung Westen. Ich sah über die Schulter auf die Rückbank. Dem Mädchen war der enge Rock weit hochgerutscht. Sie trug Strumpfhalter. Lichter zuckten grell über den nackten Streifen Fleisch. Ich versuchte, ihr Gesicht zu erkennen, aber es lag im Schatten.

Paulo sah durchs Rückfenster. »Dieser BMW«, sagte er.

»Was?«

»Ich glaube, dieser Wagen da verfolgt uns.«

»Welcher Wagen?«

»Jetzt ist er weg.«

4

Das Taxi bog rechts in die breite Einfahrt, fuhr durch das schmie-
deeiserne Tor und eine langgeschwungene Auffahrt hinauf.
Links und rechts ragten hohe Pappeln in den Nachthimmel. Ich kniff
die Augen: Ein Wagen kam uns entgegengerauscht, ein Rolls Royce.
Er glitt vorbei wie eine schwere metallische Wolke. Ich klaubte mein
Kaugummi aus dem Mund und klebte es unter den Sitz.

Dann kam das Haus. Es war sehr groß und sehr weiß. Sah aus wie
irgendeine Botschaft. Ein Säulenportal wie von einem griechischen
Tempel bestimmte die Fassade. Auf dem Platz davor parkte ein halbes
Dutzend Autos. Sämtlich oberste Preisklasse. Lack und Chrom schimmerten im Licht, das aus den hohen Fenstern fiel. Musik.

Unser Taxi rollte zwischen den Wagen hindurch und hielt vor einer
imposanten Steintreppe. Ich zahlte und wir stiegen aus. Kies knirschte
unter unseren Sohlen. »Scheint jede Menge Kies zu haben, der Hausherr«, stellte ich fest.

Paulo grinste.

Viola sagte nichts. Sie sah dem Taxi nach, das wendete, davonfuhr,
hinab, der Elbe zu, die hinter den Bäumen dunkel glänzte.

Wir stiegen die Treppe hoch.

»Moo-ment, bitte!« Vor der Tür erwartete uns ein Mann in tadello-
sem Abendanzug. Er schnickte eine Zigarette von sich und trat auf
uns zu. »Paulo«, sagte er. »Haben diese Herrschaften eine Einla-
dung?« Seine Stimme war scharf, und er machte das passende Gesicht dazu. Er war drahtig und groß. Tiefe Falten waren zwischen
seine Augen gegraben und um den Mund herum.

Paulo ließ zwei Finger flattern.

»Nicht direkt«, sagte er.

»Nicht direkt?« Der Mann wandte sich mir zu und strahlte mich
voll selbstzufriedener Verachtung an. »Die Frau geht in Ordnung«,
sagte er. »Aber Sie.« Er hob einen Finger gegen mich. »Sie verschwinden bitte.«

Ich sah Paulo an. »Was soll der Kack?«

Paulos Kinnmuskeln kontrahierten. »Hör zu, Gregor.« Er packte
den Mann beim Arm. »Es sind Freunde. Okay?«

Gregor knirschte mit den Zähnen. Die Falten zwischen seinen

Augenbrauen gruben sich noch ein wenig tiefer in seinen Schädel. Er musterte mich, als würde eine unbestimmte Gefahr von mir ausgehen. »Ich kenne ihn nicht«, gab er schließlich zu bedenken.

Ich winkte ab. »Sag ihm«, richtete ich mich an Paulo, »das macht nichts. Die meisten Menschen auf diesem Planeten kennen mich nicht.«

»Hör zu, mein Freund!« Gregor stieß seinen Zeigefinger in Richtung meines Kehlkopfes. Doch dann besann er sich. »Na gut.« Er machte den Weg frei. »Na gut. Du mußt ja wissen, was du tust, Paulo. Und mit wem du dich einläßt.«

»Ja, ja.« Wir folgten Paulo durch die Tür ins Haus.

»Was war denn das für ein Blödel?« fragte ich im Flur.

»Gregor?« Paulo fuhr sich durchs Haar. »Ach, der tut nichts. Ist sanft wie ein Lamm.«

»Mhm.« Ich nickte. »Das Lamm müßte erst noch geklont werden. Mit der DNA eines Tyrannosaurus Rex.«

»Wem gehört denn dieses Haus?« fragte Viola.

»Der Mann heißt Grenz.«

»Und wovor hat er Angst, dieser Grenz?«

»Angst? Ach so, wegen eben. Naja, er hat viel Geld. Da hat man viele Feinde.«

»Womit macht er sein Geld?«

»Womit? Mit Geld natürlich. Womit sonst?« Paulo spreizte die Finger. »Beteiligungen.«

»Beteiligungen.« Violas Pumps klackten hart auf dem Marmorboden. »Soso.«

Wir gelangten in einen großen Saal, der ganz in weiß gehalten war. Ein Kronleuchter hing von der Decke, und wildgewordener Stuck überall. An den Wänden standen Tische mit Getränken und Braten und kleinen, teuren Unaussprechlichkeiten. In den Braten staken große Tranchiermesser. Nur eine Handvoll Gäste verlief sich in dem großen Raum. Ich sah auf die Uhr. Es war schon halb vier.

»Desculpe. Entschuldigen Sie mich.« Paulo schritt zu einem Mann hin, der in einer Ecke das Hinterteil seiner Begleiterin überprüfte. Sie war sehr klein, Asiatin, und obwohl auch der Mann nicht groß war, bedeckte seine Hand fast ihren ganzen Po. Er blickte auf, als Paulo ihn ansprach, und gaffte Viola und mich mit alkoholisierten Augen an. Er machte eine vage Geste. Er war höchstens eins siebzig, dick, mit Halbglatze und einem Rest dunkler Haare, deren widerspenstige Locken er mit irgendeiner Schmiere gebändigt hatte. Seine Augen waren klein und flink, stets auf der Hut. Unter einer kurzen Nase schmatzten zwei Lippen, dick wie Bockwürste. Das Hervorstechendste an dem Mann waren jedoch seine Ohren. Groß, unförmig und rot. Sie sahen aus wie zwei Riesen-Tortellini, die man in Tomatensauce getaucht hatte.

Die beiden Männer sprachen portugiesisch miteinander. Ich konnte ein bißchen portugiesisch, ich hatte mal für eine Weile in Portugal gewohnt. Soviel verstand ich: Der Dicke wußte nicht, wo Grenz, der Gastgeber, steckte. Paulo nickte höflich. Er ließ sein Lächeln strahlen. Aber seine Augen blieben kalt.

»Grenz ist irgendwo im Haus«, sagte er, als er zurückkam. »Ich werde ihn schon finden, und dann bekommen Sie Ihr Geld.«

Ich winkte ab. »Keine Eile.«

»Aber vorher...« Er angelte eine Flasche Champagner von einem der Tische, »...sollten wir anstoßen.«

»Gern«, sagte Viola.

Ich sagte: »Gut. Worauf?«

»Auf Ihre Hilfsbereitschaft.« Er reichte uns Gläser und ließ den Korken knallen. Ein Schwall Champagner schäumte ihm über den Jackettärmel. »Merda!« Er schenkte unsere Gläser voll, dann zog er sein Jackett aus und krempelte die Hemdsärmel hoch. Die Adern seiner Unterarme traten stark hervor. Auf dem rechten hatte er eine kleine Tätowierung. MENGO stand darauf, in ungelenken Lettern.

»Also: Saúde.«

Wir tranken. Dann entschuldigte sich Paulo und verließ den Saal.

»Na«, machte ich. Ich schweinigelte ein wenig mit den Augenbrauen. »Jetzt sind wir ungestört und können uns den schönen Dingen des Lebens zuwenden.« Ich schnappte mir eine Wachtel vom Tisch und fing zu knabbern an. »Diese Tiere«, sagte ich zwischen den Bissen. »Blöd sind sie ja. Aber schmecken nicht schlecht. Ist Ihnen nicht gut?«

Viola sah sehr blaß aus, plötzlich. Kleine Schweißtropfen standen ihr auf der Nasenspitze. Ihr Blinzeln. »N-nein, es geht schon«, sagte sie matt. »Ich habe wohl zuviel getrunken. Es ist nur...« Sie deutete auf die Wachtel in meinen Fingern. »Ich kann sowas nicht sehen. Da dreht sich mir der Magen um. Ich bin Vegetarierin.«

»Oh, das tut mir leid.« Ich legte den angenagten Vogel auf den Tisch zurück. »Wissen Sie, wir Fleischfresser...«

Viola atmete tief ein. »Ich muß an die frische Luft.«

»Ich begleite Sie.«

17

»Nein. Bitte. Lassen Sie.« Sie ging in raschen, etwas unsicheren Schritten in den nächsten Raum, der auf die Terrasse führte.

»Tss«, machte ich und nahm mir die Wachtel wieder vor. Jetzt war ich mit der Musik allein im Saal. Frauengestöhn und ein stampfender Monotonrhythmus ergossen sich aus den Lautsprechern über das kalte Büffet. Ab und zu peitschte eine außer Kontrolle geratene Gitarre dazwischen, und aus dem Hintergrund näherten sich mordend und brandschatzend Baß und Synthesizer als apokalyptische Reiter. Ich arbeitete mich durch die Antipasti und spülte mit reichlich Champagner nach. Dann, als es mir zu blöd wurde, ging auch ich auf die Terrasse.

Es war kühl draußen. Viola war nirgends zu sehen. Auch sonst niemand. Von Westen kam Wind. Der Himmel war dicht mit jagenden Wolken. Kein Mond, keine Sterne. Nur manchmal, wenn die Wolkendecke dünner wurde, sah man ein silbriges Kissen aus Licht, dort, wo der Mond sein mußte. Dann schimmerte das Haus in fahlem Weiß, als hätte jemand Milch darübergegossen.

Vor der Terrasse erstreckte sich eine Wiese, leicht abfallend. Bäume, wie Pudel rasiert, spalierten links und rechts hinab bis an die Rhododendronhecke und den Zaun. Dahinter kam die Straße, dahinter der Fluß. Der Fluß war schwarz. Ein Tanker schob sich von links durchs Geäst der Bäume, eine stille Stadt aus Stahl, kalt beleuchtet. Das Stampfen der Maschinen rollte mit dem Wind heran, und das Schiff schob weiter raus Richtung Meer.

Etwas bewegte sich vor mir im Schatten. Eine kleine Person, die kleine Asiatin mit dem winzigen Po. Sie hatte sich an einen der riesigen Blumenkübel gekauert, die die Terrasse von der Wiese abgrenzten, und wie ich dem Schiff nachgesehen. Sie hatte mich erst jetzt bemerkt und war zusammengeschreckt. Wahrscheinlich dachte sie, ich sei jemand anderes. Vielleicht der Mann, der ihr verboten hatte, Schiffen nachzusehen.

Ich setzte mein väterliches Gesicht auf. »Na, ganz allein?«

Sie sah mich ängstlich an. Ihre Augen waren feucht. »Zallein?« Sie richtete sich auf. Trotz ihrer Absätze, unter denen ein Dackel hätte hindurchtoben können, reichte sie mir nicht bis an die Schulter. Sie trug ein dünnes Nichts von einem Minikleid. Sie wischte sich die Tränen aus den Augen, schlug die Arme um die Schultern und schüttelte sich. »Brrr«, machte sie und stakste unsicher an mir vorbei in den hellen Saal.

Ich sah dem Schiff nach, bis es verschwunden war. Dann fummelte ich einen Streifen Kaugummi aus einer Tasche hervor. Ich betrachtete ihn, steckte ihn wieder weg. Es war Zeit zu gehen. Ich würde Paulo suchen, mir von ihm das Geld geben lassen und ein Taxi rufen. Betrunken war ich, und meinen Spaß hatte ich auch gehabt. Und Viola? Ach' was! Jetzt war ich müde. Was ich zunächst brauchte waren ein paar Klatscher Wasser ins Gesicht.

Ich fand die Toilette in einem kleinen Flur hinter dem Festsaal. Ich probierte die Klinke, aber die Tür ließ sich nicht öffnen. Ich schielte nach dem Spalt unten. Drinnen brannte kein Licht. Ich klopfte. »Hallo? Besetzt?« Noch einmal drückte ich die Klinke, und plötzlich gab die Tür ein wenig nach. Ein klein wenig nur, als würde sich jemand halbherzig dagegenstemmen. Ich schob sie weiter auf, quetschte mich durch den Spalt und tastete nach Licht. Ein Ekelschauer überlief mich. Da hatte jemand etwas an die Wand geschmiert. Ich machte einen Schritt ins Bad und rutschte aus. Ich fiel vornüber, riß die Arme hoch, um meinen Kopf zu schützen. Aber ich fiel weich.

Panisch, auf Knien tastend, fand ich den Lichtschalter. Die klinische Helligkeit ätzte in meine Augen wie Säure. Es war Paulo, und er grinste. Das heißt, sein Mund grinste nicht. Sein Hals grinste von links bis rechts und klaffend rot. Seine Augen grinsten nicht. Da wo seine Augen gewesen waren, glitzerten zwei runde Tümpel Blut, noch kaum geronnen. Das Messer, ein großes Tranchiermesser, hatte man sauber weggesteckt, ins Herz.

Ich stolperte rückwärts raus auf den Flur.

»Zallein?« sagte ein Stimmlein. Die kleine Asiatin. Als ich zu ihr herumtaumelte, riß sie ihre beiden kleine Fäuste vor den Mund. Ein hoher, lang anhaltender Schrei entrang sich ihrer Kehle. Ich sah an mir hinab. Mein gesamter Anzug war blutgetränkt.

»Ich...« stammelte ich. Dann gaben mit einem Mal meine Knie nach. Ich stützte die Fäuste an die Wand und übergab mich. Ich war noch nicht über die Antipasti hinaus, als sich Männerschritte von hinten eilig näherten.

»Ich wußte es doch.«

Die Stimme kannte ich. Gregor, der Türwächter. Ich blickte elend auf. Er funkelte mich an, ging dann zur Tür.

»Mein Gott!« Stocksteif blieb er vor der Türschwelle stehen. Er fuhr herum, packte die Asiatin. »Wer war das?« schrie er sie an. »Who did that?« Eine Hand hatte er unter seinem Jackett.

Der rechte Arm der Asiatin hob sich. Ihr rotlackierter Fingernagel deutete auf mich.

19

5

Ich weiß nicht mehr, wie ich es schaffte, plötzlich sprintete ich über den Rasen. Das Gras war feucht und ich rutschte aus. Ich rappelte mich hoch und rannte weiter. Jemand brüllte irgendwo, und ein Hund bellte. Hinter mir sah ich einen Riesenköter wie auf Sprungfedern auf mich zuschnellen. Ich hechtete über den Rhododendron, rappelte mich nochmal hoch. Da war der Zaun. Ich packte die Eisenstäbe und hangelte mich rauf. Der Hund sprang hoch und stupfte mit der Schnauze meine Sohle. Seine Zähne schlugen hart aufeinander.

Dann hatte ich Glück. Direkt unter mir startete ein Motor. Ein silbergrauer BMW. Ich sprang auf den Fußweg hinunter, stürzte mich auf den Türgriff und riß den Schlag auf. Der Fahrer sah mich mit aufgerissenen Augen an. Er trug einen grünen Trenchcoat und einen karierten Hut. Eisgrauer Schnauzer unter langer Nase. Es war der Mann aus der Paloma Bar, der Viola angestarrt hatte.

»Raus!« schrie ich.

Die Hand des Mannes zuckte zum Schaltknüppel. Ich warf mich auf seinen Schoß, packte die Hand. Er schlug mir mit dem Ellenbogen in den Nacken. Ich drosch ihm meinen Ellenbogen ins Gesicht. Er riß sein Knie hoch, traf aber nur das Lenkrad. Ich packte ihn, zerrte ihn aus dem Wagen. Er war zäh. Er wehrte sich stumm, kurz und verbissen. Dann knallte er aufs Pflaster.

Ich rammte den Gang rein und kreischte auf den Asphalt.

Nicht zu früh. Hinter mir, da, wo das Tor war, schnitt Scheinwerferlicht auf die Straße. Ein Wagen radierte heulend um die Ecke und hängte sich in meinen Rückspiegel. Meine rechte Sohle wurde schwer wie Blei. Der BMW warf sich nach vorn, und die Beschleunigung preßte mich ins Leder. Ich rührte mit dem Knüppel. Rasend spulten die Straßenlaternen durch die Windschutzscheibe, drängten sich im Spiegel wieder aneinander. Dazwischen flog mein Verfolger und fraß weiße Streifen. Ich fegte über zwei rote Ampeln Richtung City. Die Straßen waren tot. Ich schielte zurück. Er klebte unverändert dran. Ich guckte wieder nach vorn, und zwei rote Lichter fielen auf mich zu. Ich zuckte mit dem Lenkrad, schlingerte, der Laster toste rechts vorbei nach hinten. Das hatte Zeit gekostet. Er war näher gekommen. Etwas knallte. Ich hämmerte den Zweiten rein und kariolte seitwärts links in eine Querstraße. Ich war gleich mitten drin im Gewühl: Ottensen. Einbahnstraßen, enge Gassen, Kopfsteinpflaster. Wenn nicht hier, dann entkam ich ihm nirgends. Ich quietschte um zwei Kurven, überall parkten Wagen, und ich ditschte einigen ins Blech.

Dann sah ich ihn. Er war direkt vor mir. Ein BMW, Fünfer, silbergrau, genau wie meiner. Ich überlegte nicht zweimal. Ich stieß in eine Einfahrt, machte Licht aus und betete. Mein Verfolger röhrte vorbei. Ein Benz. Der BMW verschwand gerade um die Ecke. Ich stieß zurück, legte den ersten Gang ein und fuhr in die Richtung, aus der ich gekommen war. Ich würgte aus dem Gassengewühl raus und nahm dann eine große Straße Richtung Norden.

Ich fuhr gemächlich, unauffällig. Verkehr hatte eingesetzt. Die Stadt wachte widerwillig auf, und an den roten Ampeln begegneten mir müde, mißmutige Blicke. Lichter gingen in den Fenstern an, und die Sonne schüttete ein graues Licht in die Straßen, wie abgestandenen Milchkaffee. Ich bog in eine Seitenstraße, da war ein kleiner Park. Ich hielt am Kantstein, machte den Motor aus und rieb mir das Gesicht. Es zuckte. Alle Muskeln zuckten. Hinter den Bäumen war ein Teich mit Enten, die sich das Gefieder putzten. Hallo, Enten.

Ich starrte die Enten an, den Teich. Die Enten schwammen hin und her. Das Gras bekam langsam Farbe. Sorglose Enten, sorgloser Teich, sorgloses Gras. Ich könnte eine Zigarette brauchen. Ich sah im Handschuhfach nach. Nichts. Nur eine Karte von Sixt-Budget. Leihwagen also. Ich fummelte in meiner Hose nach Kaugummis, stopfte mir eins in den Mund. Ich sank ins Polster zurück, massierte mir den Nacken. Ein Halswirbel knackte, als mein Kopf nach rechts zuckte: Auf der Rückbank sah ich zwei Füße.

Es war Viola. Sie lag dort. Sie zitterte.

»Waa«, flüsterte sie. »Waa...« Sie rollte auf die Seite. Ihr Gesicht war weiß. Eine erstarrte Schneelandschaft. Auf beiden aufgerissenen Seen eine Schicht aus taubem Eis. Ein Zittern ging durch ihren Körper, endete an ihren Füßen, die zuckten. Ein Fuß war nackt. Der Pumps, mit abgebrochenem Absatz, lag auf dem Boden. Den andern hatte sie an. »Waa...« machte Viola. Sie starrte durch mich hindurch mit tellergroßen Augen. Sie war naß von kaltem Schweiß.

Schock, dachte ich.

21

Sie griff nach meinem Arm, drückte ihn krampfartig, wie eine Ketchup-Flasche. »Ich...« hauchte sie stammelnd. »Ich... ster-be?« Dann ein irrsinniges Kichern. »Hiii. Ich ster-be?« Es klang wie eine Frage.

»Du stirbst nicht«, krächzte ich. »Alles klar? Du stirbst nicht.« Ich reckte mich über sie und drehte sie leicht auf den Bauch. Die kurze Jacke war ihr bis über die Ohren hochgerutscht. Ihre Finger schlossen sich krampfartig. Im Rückenpolster der Bank war ein Loch. Ein fingerdickes, ziemlich sauberes, rundes Loch. Das Mädchen jammerte kraftlos. Ich atmete auf. In ihrem Rücken war kein Loch. Es war ein Streifschuß an ihrer rechten Seite, in Brusthöhe. Es war eigentlich nur ein Kratzer. Die Kugel steckte im Beifahrersitz.

»Du stirbst nicht«, sagte ich. »Okay?« Ich biß mir auf die Lippen. »Hier wird nicht gestorben.« Ich wuchtete mich nach vorn auf den Fahrersitz und startete den Motor. »Wir fahren zu mir«, sagte ich. »Da verarzten wir dich.« Ich knackte mit meinen Fingern. »Und dann sehen wir weiter.«

6

Ich wohnte in der Amandastraße in St. Pauli. Eine ruhige Straße, was den Verkehr anging. Die Bewohner waren weniger ruhig. Irgend jemand ließ das Frühstücksfernsehen laufen, volle Lautstärke. Von anderswo hörte man trunkenes Gegröhle. Schon wach oder noch auf. Auf jeden Fall zu, vom Alkohol. Meine kleine Wohnung war im dritten Stock, und ich bugsierte Viola die steile Treppe hoch. Das war nicht so leicht. Sie war steif und verkrampft und kickte immer wieder mit den Schuhspitzen gegen die Stufen. In der Wohnung legte ich sie auf mein Bett. Ihre Hände krampften sich sofort ins Laken. Sie war sehr blaß. »Nein«, preßte sie zwischen den Zähnen hervor. »Nein.« Sie sah durch mich hindurch, angstvoll an mir vorbei.

Ich breitete die Decke über sie. Ich brummte: »Jetzt ruhst du dich erstmal aus.« Ich zog ihr die kurze Jacke aus und hängte sie in den Flur. Aus dem Bad holte ich eine Packung Valium und Jod und Verbandszeug. Ich brachte sie dazu, zwei Valium zu schlucken. Irgend jemand hatte mir erzählt, bei Schock sei Valium okay.

»Du mußt das Kleid ausziehen«, sagte ich.

Sie starrte mich mit aufgerissenen Augen an.

Ich schwenkte die Jodflasche. »Da ist Blut dran. Und ich muß die Wunde desinfizieren.«

Sie nickte. Sie strampelte sich unter der Decke aus dem Kleid und drehte sich auf die linke Seite.

Ich nahm das Kleid und schmiß es in die Ecke. Viola preßte ihren rechten Arm gegen die Wunde.

»Den Arm mußt du schon nach oben nehmen. Sonst komme ich nicht ran.«

Sie tat es, nach kurzem Zögern. Sie hatte schöne Brüste. Nicht groß, aber fest und wohlgeformt. An den Höfen beider Brustwarzen hatte sie seltsame, fast weiße Striche. Wahrscheinlich Pigmentstörungen. Ich träufelte das Jod in die Wunde.

Sie knirschte mit den Zähnen. Sonst gab sie keinen Laut von sich.

Dann verband ich die Wunde.

»In ein paar Tagen«, sagte ich, »spürst du die gar nicht mehr. Und jetzt schläfst du am besten.«

»Okay.« Sie klapperte mit den Zähnen. »Mir ist kalt.«

Ich holte noch zwei Decken und breitete sie über sie. »Was ist eigentlich passiert?«

»Ich weiß nicht. Jemand hat mir Watte ins Gesicht gepreßt. Dann war ich weg. Ich weiß nicht.«

Ich nickte. »Brauchst du noch was?«

Sie schüttelte den Kopf. Auf ihren grünen Augen war immer noch ein trüber Glanz.

»Schlaf gut«, sagte ich.

Sie schloß die Lider.

Ich ließ die Jalousien runter und lehnte die Zimmertür von außen an. Ich zwängte mich in die Küche, machte die Kaffeemaschine klar und setzte mich auf den Küchentisch. Ich starrte aus dem Fenster. Leichter Nieselregen hatte eingesetzt. Fein und gleichmäßig befeuchtete er Platten, Bäume, Beete. Ein Fahrrad, das in der Hecke lag. Den Müll, der den ganzen Hinterhof bedeckte. Der Himmel war ein seltsames graues Nichts. Der Mann mit dem traurigsten Gesicht der Welt trat zögernd aus dem Haus gegenüber, schlug seinen Kragen hoch. Seine Aktentasche hatte er unter die Achsel geklemmt. Er wandte sich auf dem Treppenabsatz nach drinnen, seine Falten formten ein Abschiedslächeln. Die Tür fiel zu, und das Lächeln fiel zusammen. Er stiefelte los, gebeugt, durch den Regen.

Die Kaffeemaschine fing zu gurgeln an. Kaffeeduft stieg aus dem Filter. Ich spülte mir einen Becher aus, schnüffelte an der Milch – sie roch ein bißchen sauer – und setzte mich wieder auf den Küchentisch. Ich dachte nach. Ich holte das Telefon aus dem Flur, und das Telefonbuch. Ich blätterte ein wenig. Dann drückte ich eine Nummer.

Es tutete gerade ein halbes Mal, da wurde der Hörer von der Gabel gerissen. »Sixt-Budget Autovermietung, guten Morgen!« zwitscherte eine glockenreine Stimme penetrant ausgeschlafen.

Ich räusperte mich voll Autorität. »Morgen. Dr. Hammerbruch, UKE. Es geht um den PKW, Kennzeichen HH-EX 586. Ist doch einer von Ihren?«

»Da müßte ich nachsehen, Dr....?«

»Bruchhammer. Dann sehen Sie doch bitte nach.«

»Worum geht es bitte? UKE?«

»Ja. Krankenhaus, nicht wahr? Uniklinik Eppendorf. Notaufnahme bin ich hier. Der Wagen hatte einen Unfall.«

»So?«

»So. Es geht um den Fahrer. Er ist schwer verletzt. Im Koma. Er hat keine Papiere bei sich, wir fanden nur eine Karte Ihrer Firma. Wir brauchen aber unbedingt seine persönlichen Daten für die Aufnahme. Und Blutgruppe, wenn Sie haben.«

Pause. Dann: »Tut mir leid. Wir geben keine Daten weiter.«

»Himmelherrgott, Fräulein! Ich habe keine Zeit, mit Ihnen zu streiten. Hier verbluten die Leute. Wir brauchen die Angaben. Vorher dürfen wir ihn nicht anrühren. Länderverordnung.«

»Ja, aber... wirklich?«

»Ja, wirklich. Ärztekammer, Krankenkasse. Wir kommen in Teufels Küche. Hören Sie, ich übernehme die Verantwortung.«

»Hm...« Sie überlegte. »Wenn das so ist... Ich seh mal nach. Wie sagten Sie?«

»Brüllhammer.«

»Nein, das Kennzeichen.«

»HH - Egon Xundheit 586.«

Ich hörte, wie sie ihren Computer kitzelte. »Also, hören Sie? Den PKW hat gemietet vor... drei Tagen ein Herr Lonser Komma Herbert.«

»Herbert Lonser. So. Hmm. Geboren?«

»Am 20. 4. 1930.«

»In?«

Sie zögerte.

»Na?«

»Dresden.«

»Aha. Wohnhaft?«

»Sagen Sie, meinen Sie nicht, das geht zu weit? Hier ist auch gar keine Wohnanschrift.« Sie betonte den ersten Teil des Wortes.

»Hotel oder so? Hier in der Stadt? Sie müssen doch sowas haben, wenn Sie einem ein Auto anvertrauen. Hören Sie, wir brauchen das für den Computer.«

Das war das Zauberwort. Einem Computer darf man nichts vorenthalten. Sie war geschlagen.

»Hotel Alsterblick«, sagte sie matt. »Gurlittstraße.«

»Aha. Mhm. Besten Dank.«

»Gern geschehen, Herr Doktor...?«

»Brüllaffe.« Ich legte auf. Ich stellte das Telefon beiseite und schüttete mir einen großen Becher Kaffee voll. Einen Spritzer Milch dazu. Die Milch flockte aus. Ich kippte den Kaffee in einem Zug runter. Danach ging es mir so richtig schlecht. Ich trank noch einen. Endlich meldete sich der Kreislauf. Ich ging ins Bad und hielt den Kopf unter den Wasserhahn. Seltsam schabende Geräusche über mir. Eine Taube war irgendwo in die Badezimmerentlüftung gerutscht. Noch lebte sie, aber nicht mehr lange, schätzte ich. Es gab keine Möglichkeit, die Klappe aufzukriegen. Ich hoffte nur, sie würde nicht so stinken. Vielleicht würde sie mumifizieren, wenn ich nicht duschte.

Dann nahm ich mir Violas Jacke vor. Es waren Zigaretten drin, ein Feuerzeug und ein Foto, das eine alte Frau zeigte, die auf einem Berg stand, oder vor einem Abhang. Sie blickte in die Ferne, und hatte eine Hand zum Gruß erhoben. Eine seltsame, vielleicht drei Meter hohe Felsnase ragte neben ihr aus dem Erdreich. Drum herum waren Bäume, und man sah im Hintergrund einige Wanderer. Die Frau hatte eine energische Hakennase und weißes, kurzes Haar, straff nach hinten gekämmt. Sie lächelte verkniffen in die Sonne. Ich drehte das Bild um. »Man sieht, mir geht es gut«, stand auf der Rückseite. Sonst nichts. Ich steckte das Bild zurück in die Jacke.

Ich brauchte frisches Zeug zum Anziehen und ein Handtuch. Ich schlich in mein Zimmer. Viola lag nackt auf dem Bett. Sie hatte sich im Schlaf die Decken vom Leib gestrampelt. Die Lichtstrahlen, die durch die Jalousien drangen, zeichneten ihren Körper nach wie eine topographische Landkarte. Die Landschaft war traumhaft schön. Die Haut des Mädchens war gebräunt, und etwas heller zeichneten sich die Formen eines Tangas und eines Bikinioberteils darauf ab.

»Naa«, stöhnte sie leise im Schlaf. Sie zitterte. Sie zog ihre Beine hoch, die Knie bis an die Brust. Sie krallte die Finger in ihre Schienbeine und hielt sie so fest. Ich sah, daß sie rasiert war, ganz ohne Schambehaarung, wie ein kleines Mädchen. Ich bückte mich, die Decke aufzuheben. Sie hatte noch mehr von diesen Pigmentstörungen am Körper, von diesen weißen Strichen. Sie knirschte laut mit den Zähnen. Ich deckte sie wieder zu und strich ihr behutsam über die Wange, bis das Knirschen aufhörte.

Ich suchte mir frische Klamotten zusammen, einen Streifen Captagon zum Wachbleiben, und stellte mich unter die Dusche. Bevor ich ging, sah ich nochmal nach Viola. Sie schlief still, mit leicht geöffnetem Mund. Zwei Strähnen hingen ihr in die Stirn. Über die geschlossenen Augen. Ein feiner Speichelfaden glitzerte im Winkel ihrer vollen Lippen. Er zitterte leicht im Rhythmus ihres Atems.

7

Ich fuhr mit dem BMW zu einer U-Bahnstation, weit weg von meiner Straße. Ich stellte ihn dort ab und wischte mit einem Tuch über alle Griffe, Schalter und sonstige Flächen, die man berührte. Dann nahm ich die U-Bahn in die City.

Die Gurlittstraße war in der Nähe des Hauptbahnhofs. Als ich am Hauptbahnhof-Nord ausstieg, war es zehn Uhr. Die Zeit der Hausfrauen und der Rentner. Wie eine graue, geschlagene Armee schlichen sie durch die Tunnel und Gänge. Die Schlacht gegen das Leben hatten sie verloren. Ich haßte sie. Ich haßte Verlierer. Ich versuchte, mich selbst nicht zu hassen. Das war schwierig, manchmal.

Vor den Rolltreppen waren Telefonzellen. Mir kam eine Idee. Ich griff mir einen Hörer, warf dreißig Pfennig ein und wählte Eins-eins-null.

Tüt-tüt. Klick. »Notruf Polizei.« Eine spröde, müde Stimme.

»Guten Morgen«, sagte ich. »Vielleicht interessieren Sie Informationen über den Mord in der Elbchaussee.«

»Was für ein Mord?« Der Mann gähnte zwischen den Worten.

»Elbchaussee, gestern. Heute früh, besser gesagt.«

»Möchten Sie eine Anzeige erstatten?«

»Wie wärs, wenn Sie mir die Mordkommission gäben.«

Noch ein Gähner. »Ich verbinde.«

Es klickte wieder. Es summte. Ein Hörer wurde abgenommen. Im Hintergrund hackte jemand auf eine Schreibmaschine ein. Husten. Dann ein Räuspern im Hörer. »Mordkommission, Müller.« Müller sprach knapp und hart.

Ich sagte meinen Spruch auf.

»Ihr Name, bitte.«

Ich sagte irgendeinen Namen.

»Und was haben Sie beobachtet? Was ist da passiert, in der Elbchaussee?«

»Das müßten Sie doch wissen.«

Kurzes Schweigen. Rascheln. Die Schreibmaschine im Hintergrund verstummte. »Vielleicht sagen Sie mir mal die Nummer des Hauses.«

Ich sagte nichts.

»Möchten Sie eine Anzeige erstatten? Hallo?«

»Nein. Nein danke. War nur ein Scherz.« Ich hängte ein.

Ich schob mir ein Kaugummi zwischen die Zähne und begann langsam zu kauen. Dann fuhr ich mit zerfurchter Stirn die Rolltreppe hoch.

Es hatte aufgehört zu regnen. Ein paar Punks hingen oben rum und bettelten die Leute an. Um zehn Uhr morgens! Sie mußten über wirksame Aufputschmittel verfügen.

»Has ma fuffsich Fennich, öi?«

»Klar. Wenn du mir die Schuhe putzt.«

»Die Fresse kann ich dir polieren, öi!«

Ich machte, daß ich weiterkam. Hausfrauenstrich, Babystrich, Gurlittstraße. Die Staße war eng, die Häuser alt, stuckverziert. Einige Fassaden waren frisch restauriert, und die Häuserfronten leuchteten in bunten Farben. Das Hotel Alsterblick war weiß, vier Stockwerke hoch, und die Fenster hatten blaue Rahmen. Ich stieg drei Stufen hoch, stieß die Tür auf und stand vor der Rezeption. Der Portier, ein bleicher, dünner Mensch, hob mißmutig den Kopf von seiner Zeitung. Er hatte eine Stirnglatze und Pomade im Haar, es könnte allerdings auch einfach Fett sein, und weiche, dicke Lippen. Über den Lippen lugten Stoppel aus großen Poren wie dünne Würmer.

»Gott zum Gruß«, sagte ich.

Er schmatzte. Er faltete die Zeitung zusammen. »Wollen Sie 'n Zimmer?«

»Nein. Herrn Lonser würde ich gerne besuchen. Ist er da?«

Der Portier schielte zum Schlüsselbrett. »Nee.« Er faltete die Zeitung wieder auseinander. Er schmatzte.

Ich lehnte über den Tresen. »Aber er muß da sein. Sein Schlüssel ist nicht da.«

»Wo?«

»Na hier, die 13. Nicht da.«

»Häh? Lonser ist 36.«

»36? Ach. Wie komm ich denn auf 13?«

»Weiß ich doch nich.« Er sah mich hohl an, schmatzte und verschwand wieder hinter seiner Zeitung.

»Ich denke, ich werde doch ein Zimmer hier nehmen. Herr Lonser hat mir Ihr Hotel wärmstens empfohlen.«

»Hat er das?« Die Lippen des Portiers kräuselten sich amüsiert.

»Er hat. Ich hätte gerne was im dritten Stock, vielleicht hier, die 34, ist die frei?«

»34? Ja.« Er langte nach hinten, gab mir den Schlüssel und stand auf.

»Ich sehs mir allein an. Lesen Sie ruhig Ihre Zeitung.«

Ich stieg zum dritten Stock hinauf. Es roch nach Pilz und feuchten Teppichen. 34 war das vorletzte Zimmer, 36 das letzte, am Ende des Flurs, wo ein schmutziges Fenster auf einen schmutzigen Hinterhof hinausblickte. Schmutzige türkische Kinder spielten dort zwischen Mülltonnen und riefen sich schmutzige deutsche Wörter zu. Ich probierte Lonsers Tür. Sie war natürlich zu. Ich versuchte es mit dem Schlüssel für 34. Es klappte auf Anhieb. Der Raum maß etwa drei mal vier Meter, und er roch nach kaltem Rauch und Mottenkugeln. Das Bett war ungemacht. Auf dem Nachttisch stand eine halbvolle Flasche Wodka und ein schmieriges Glas. Daneben eine Kilopackung Zucker und zwei Zitronen. Ich zog die Schublade auf. Nur die übliche alte Zeitungsseite. Börsenkurse von 1975. Wäre ich damals nur eingestiegen! Im Fach darunter war auch nichts. Im Papierkorb lag ein Haufen ausgequetschter Zitronenstücke. Im Schrank hing eine karierte Anzugjacke, darunter stand ein Koffer aus hartem Kunststoff. In der Jacke war nichts außer ein paar grün-gelber Schnipsel in den Außentaschen. Konfetti oder sowas. Ich nahm ein paar der Schnipsel und steckte sie ein.

Ich zerrte den Koffer raus. Es war so ein Ding mit Zahlenkombination. Die Stellung war 690. Ich hatte auch so einen Koffer. 228 war die Kombination, die ich benutzte. Ich war am 22. 8. geboren. Ich hatte noch den Zettel bei mir, auf den ich Lonsers Daten gekritzelt hatte. Geboren 20. 4. 1930. Ich testete 204. Dann 041... 419. Er ging auf. Der Mann hatte auch nicht mehr Phantasie als ich.

Ich sah den Koffer durch. Ich fand nichts. Nur der übliche Kram, der in so einen Koffer reingehört. Socken hauptsächlich. Ich verschloß ihn wieder und stellte auf 690 und schob ihn zurück in den Schrank.

Jetzt war das Bad dran. Ich öffnete vorsichtig die Tür. Mein Herz begann zu klopfen, aber ich wurde enttäuscht. Keine Leiche. Die Dusche ohne Vorhang. Auf der Ablage überm Waschbecken lagen Zahnutensilien, ein Einwegrasierer, Rasierschaum und ein Rasierpinsel. Ich spähte hinter den Spiegel. Dabei stieß ich den Rasierpinsel um. Er rasselte ins Waschbecken. Er rasselte? Ich nahm ihn in die Hand und schüttelte. Er rasselte. Der Griff war ein klobiges zweifarbiges Ding, beige und dunkelrot. Ich drehte daran. Man konnte ihn auseinanderschrauben. Im Hohlraum des Pinselgriffes war ein Schlüssel.

Der Schlüssel war abgegriffen, und er hatte einen Plastikeinsatz. 547 war daraufgeprägt. Er sah aus wie ein Schließfachschlüssel, vielleicht vom Hauptbahnhof.

Ich nahm den Schlüssel und schraubte das Ding wieder zusammen und ging. Unten sah mich der Portier klagend an. »Heh, wo waren Sie? Sie waren nicht in 34!«

»Ich war auf Klo. Hier.« Ich gab ihm den Zimmerschlüssel. »Ich nehms doch nicht.«

»Sie waren nicht auf Klo in 34. Ich hab nachgesehen.«

»Ich war auf dem Klo im Gang.«

»Wir haben kein Klo auf dem Gang.«

»Das tut mir leid. Aber Sie haben ja sicher einen Putzlappen.«

8

Fünf-Vier-Sieben, 547: 489, 521, 546, 547. Da wars. Ich steckte den Schlüssel ins Schloß. Er paßte. Ich drehte, und das Markstück fiel in den Speicher. Die Tür ging auf. Mein Herz schlug gegen meine Rippen, dröhnte in den Ohren. Ich sah in das Fach hinein. Das Fach war leer.

Ich zerrieb mir die Zähne zwischen den Kiefern. Ich verstand das nicht. Es war nicht logisch. Ich verglich nochmal die Zahlen. 547, beide Male. Ich lehnte mich an die Schließfachreihe und glotzte selbstvergessen in die vorbeihastende Menschenmasse. Das einzige, was mir einfiel war, daß Lonser unbedingt dieses eine Fach benötigte, vielleicht erst morgen, und es so für sich reservierte. Aber wozu, es standen genügend unbenutzte Schließfächer zur Verfügung. Vielleicht als toten Briefkasten? Ach, was weiß denn ich?

Ich seufzte. Meine Glieder schmerzten. Ich war müde. Elf Uhr war es inzwischen. Ich beschloß, meine Cappis zu schlucken. Mit einem schönen Bier. Ein schönes Bier. Ein schönes Bier spült alle unklaren Gedanken beiseite.

Gleich bei den Schließfächern war ein Steh-Imbiß. Die üblichen Zecher hielten sich da drinnen an ihren Bierdosen fest und an den Flachmännern, schluckten, rülpsten und stierten in die Gegend. Ab und zu ging wohl einer raus in eine Ecke, um sein Bier wieder loszuwerden. Wenn er wohlerzogen war, ging er in eine Ecke.

Ich ging zum Tresen durch: »Ein schönes Bier, bitte!«

»Schön genug?« Der Wirt schmiß eine Dose Holsten auf die Glasplatte. »Zwo Mark.« Er war ein knorriger Mann, dem Haarbüschel aus den Ohren stoben. Sein Mund sah aus, als würde er sich mit siedendem Fett die Zähne putzen.

»Und einmal Pommes mit Nasenbluten.« Ich hatte Hunger. Ich hatte seit der Wachtel nichts gegessen.

»Höhöhö.« Der Wirt lachte. »Mit Nasenbluten. Höhöhö. Der war gut. Dafür gibts den Ketchup gratis.«

»Knorke.« Ich riß mein Bier auf und nahm einen Schluck.

Er ließ das Sieb mit den Pommes ins Fett zischen. »So, jetzt wird gebadet.«

Ich schluckte meine Cappis.

»Was 'n das?«

»Gegen Vergeßlichkeit.«

»Ach! Und wirkt das?«

»Keine Ahnung«, ich kratzte mich am Kopf. »Erinner mich nicht mehr.«

Drei, vier Sekunden glotzte er mich mit gebleckten Zähnen an. Dann fing der Brustkorb an zu hüpfen. »Höhöhö.« Er rüttelte an den Pommes. »Noch was zu?«

»Nein danke.«

»Tschulligung.« Einer der Spezis hinter mir hatte sein Kinn von der Tischkante gehakt.

»Tschulligung«, krächzte er. Er hatte den Tonfall eines heiseren Papageis. »Ich hab meine Brieftasche verloren. Ham Sie was Geld für mich für 'ne Fahrkarte?«

Ich sagte nein.

Der Mann sah mich mit glasigem Blick an. Er schüttelte krampfartig seinen Kopf in den Nacken, daß es knackte. Dann fing er wieder an. »Tschulligung. Ich hab meine Brieftasche –«

»Ein Kaugummi kannst du haben«, unterbrach ich ihn. »Dann hältst du vielleicht das Maul.« Ich gab ihm eins.

Er nahm es und guckte es staunend an.

»Noch nie gesehen? Das ist neu. Haben die Amis mitgebracht. War over. Hitler kaputt.«

»Äh«, sagte der Penner. Er riß das Papier von dem Streifen und stopfte ihn sich in den Mund.

»Portion Pommes!« Der Wirt schob mir mein Frühstück vor die Nase. Ich stocherte drauf los. Der Penner stand neben mir und schmatzte feucht. Ich schützte die Pommes mit der Hand.

Ein blasser, hohläugiger Jeansboy mit großen, schlaffen Lippen kam rein und wollte eine Cola.

»Na, mein Sohn, wieder einen abgefertigt?« erkundigte sich der Wirt. Er rupfte eine Coladose aus der Kühlvitrine. »Einmal zum Nachspülen, bittschön, zwo Mark.«

Der Stricher sagte nichts, guckte aus halbgeschlossenen Augen ins Leere. Seine Pupillen waren so groß wie die Punkte auf dem ü. Er plazierte zwei Mark auf der Glasplatte und schwebte raus. Die Jeans waren so eng, daß man von hinten seine Eier sah.

Der Penner stieß mich an. Er zeigte mir sein aufgerissenes Maul mit Kaugummi drin. »Un jetsch?« Er sprach, als hätte er einen ganzen Tennisball im Mund. »Chunterschluckn?«

Ich zuckte die Schultern. »Dies ist ein freies Land.«

Der Penner blinzelte. Er klaubte sich den Kaugummi aus dem Maul, hielt ihn sich konzentriert vor die Augen und zeigte ihn dann mir und dem Wirt und den anderen Pennern. Dann, mit einer blitzartigen Bewegung, haute er ihn unter den Tresen. Er sah triumphierend in die Runde, wie ein irrer Wissenschaftler, der gerade die Welt in seine Gewalt gebracht hatte.

»Hält«, sagte ich. »Fein.«

Der Wirt kam um den Tresen rum. »Den machst du wieder ab!« Er packte den Säufer beim Kragen.

Mir kam ein Gedanke. Fast schmiß ich die Pommes runter. Klar, wer Schlüssel in Rasierpinseln versteckte, der war auch zu sowas fähig. Ich riß einen Schein aus meiner Brieftasche und stopfte ihn dem Wirt in eine Pranke. »Hier, gib dem Genie ein Bier!« Ich stürzte zu den Schließfächern. 547.

Das Fach war noch frei. Ich riß es auf. Es war, wie ich vermutet hatte. Es gab einen zweiten Schlüssel. Er war mit grauem Klebestreifen an die Innenwand der Tür geklebt, neben das klobige Schloß mit dem Speicher. Ich riß den Klebestreifen ab. Die Nummer war 546, das Fach gleich daneben.

Ich atmete tief ein und aus. Ich sah um mich, alles war normal. Kein Mensch, der mich beachtete, nicht eine Hand, die unter einen Jackettaufschlag glitt. Nur Hausfrauen, Angestellte, Rucksacktouristen. Ich öffnete das Fach.

In 546 war eine Plastiktüte. Darin war ein Gegenstand, in braunes Papier gepackt. Es konnte ein Buch sein, oder eine Pralinenschachtel. Ich steckte das Päckchen in meine Jackentasche.

Um zu den »Herren« zu gelangen, mußte man eine enge Treppe hinabsteigen, und da waren sie dann. Mehrere Herren, die Gesichter einer weiß gekachelten Wand zugekehrt. Ich ging in eine Kabine, drehte den Knopf und setzte mich. Ich bemühte mich, tief und langsam zu atmen. Der Puls flatterte unregelmäßig in meinem Hals. Ich hatte wieder dieses Schulterzucken, und meine Augen brannten, als hätte mir jemand Seife reingeschmiert. Ich gähnte zum Steinerweichen und rieb mir die Augen. Neben mir ging die Spülung. Ich packte das Päckchen aus. Es war eine Videocassette. BASF. Von Hand war nichts draufgeschrieben. Ich dachte nach. Die letzten Folgen von »Alf« würden nicht auf dem Band sein, schätzte ich. Ein Videoband: Das roch nach Erpressung. Wenn ich Glück hatte, dann hatte ich hier ein gutes Pfand, das ich gegen mein Leben eintauschen konnte. Vielleicht gegen ein bißchen mehr.

Noch so einiges ging mir durch den Kopf. Lose Fäden, die ich nicht richtig zu fassen bekam. Ich erhob mich ächzend und entriegelte die Tür. Ich knallte sie sofort wieder zu. Da stand ein Mann an der Pißrinne. Er hatte einen karierten Hut auf dem Kopf. Er trug einen grünen Trench.

<h2 style="text-align:center">9</h2>

Leise ließ ich mich wieder auf dem Klodeckel nieder. Meine rechte Schulter zuckte wild. Daß sein Band weg war, wußte Lonser. Das war klar. Aber hatte er mich am Schließfach gesehen und war mir gefolgt? Oder mußte er vielleicht wirklich nur pinkeln? Ich mußte mir eingestehen, daß die erste Möglichkeit die wahrscheinlichere war. Lonser brauchte nur zu warten. Ich beschloß, ebenfalls zu warten. Sollte er doch anfangen mit dem Spiel. Ich klemmte die Cassette hinter den Wasserkasten und wartete.

Ich wartete lange. Türen knallten auf und zu. Spülungen wurden gezogen. Ein Mann erbrach sich ein paar Kabinen weiter. Als er fertig war, pfiff er Rosamunde.

Ich stieg auf die Kloschüssel und linste über die Kabinenwand. Lonser war weg. Sollte ich Glück haben? Ich steckte die Cassette wieder ein, stieg von der Schüssel und trat hinaus. Ein Mann stand an der Fließwand. Ich drängte mich an ihm vorbei, als plötzlich vor mir eine Kabinentür aufsprang. Ein junger Mann mit Walkman und Leopardenmantel tänzelte raus, trat die Tür mit der Hacke zu und watschelte der Treppe entgegen. Er steckte in riesigen Cowboyboots, fünf Nummern zu groß. Die Schuhspitzen zeigten fast senkrecht nach oben. Lärm peitschte dünn aus seinen Ohren.

Ich ging hinter ihm her durch den kleinen Vorraum mit den Waschbecken. Mein Herz stockte. Da war er. Mit dem Rücken zu mir, den karierten Hut über das Waschbecken gebeugt. Jetzt oder nie. Ich wollte rasch vorbei schleichen, da packte mich jemand am Arm.

»Heh! Fünfzich Pfennich!« Der Klomann.

Lonser blickte auf, sah mich im Spiegel. Unsere Augen trafen sich. Er zerrte ein Papiertuch aus dem Spender. Es war nicht Lonser. Es war einfach irgend jemand. Ich brach in hysterisches Lachen aus.

»Fünfzich Pfennich. Da gibts nichts zu lachen.«

Ich fummelte lachend nach Geld. Ich fand keins. »Ich bin zu nervös«, erklärte ich kreischend. »Einfach zu nervös.«

»Mhm. Fünfzich Pfennich.« Der Mann war ein alter Seemann. Wettergegerbt. Er hatte eine Tätowierung am Unterarm: KAP HORN. Kap Horn wurde jetzt von Computern umschifft. Oder von Philippinos. Endlich hatte ich etwas Silber zu fassen. Ich gab ihm eine Mark.

»Hier. Schiffbruch erlitten, Käpt'n?«

»Mhm.«

Ich gab ihm noch eine.

»Mhm.« Ein stumpfer Blick aus seegrauen Augen. Die Leute pißten und schissen, und sie gaben ihm dafür fünfzig Pfennig. Er würde bald sterben.

»Naja«, machte ich. Ich stieg die Treppe hinauf, und auf der letzten Stufe stieß ich mit einem Mann zusammen, der gerade runter wollte: Lonser. Der Echte.

Für eine Sekunde starrten wir uns an wie Bergsteiger und Schneemensch. Seine Rechte fuhr in die Manteltasche. Da war was Schweres drin. Ich rannte ihn über den Haufen. Ich setzte über eine rumänische Großfamilie hinweg, die auf ihren Koffern saß, und zickzackte durch die Menge. Hinter mir lief Lonser. Er hinkte. Mal sehen, was er von Treppen hielt. Ich flog runter auf einen Bahnsteig, immer fünf Stufen auf einmal. Er ratterte grimmig hinterdrein. Die rechte Manteltasche schlug hart auf seinen Schenkel. Ich preschte den Bahnsteig entlang und am Ende die Rolltreppe wieder hoch. Oben bog ich nach rechts und tauchte ins Gewühl, da war er grade erst bei der ersten Stufe. Ich federte wie ein Windhund Richtung Ausgang, und mich traf der Schlag. Baustelle. Bis hierher und nicht weiter. Alles dicht und vernagelt. Links gab es nur noch ein halbes Dutzend Läden und Kioske. Die würden alle keinen Hinterausgang haben.

Ich guckte zurück. Lonser stemmte sich gerade aus der Rolltreppe. Seine Augen stöberten nach mir. Ich preßte mich an die kahle Wand.

»Scheißding!« Jemand stampfte aus dem Paßfotoautomaten raus, gleich neben mir. Er knallte seinen Koffer gegen den Apparat, stieß sich die Armbanduhr vor die Nase und hetzte davon. Zwanzig Meter weiter stachen Lonsers Augen Löcher in die Menge. Er kam auf mich zu, aber er hatte mich noch nicht gesehen.

Ich schlüpfte durch den Vorhang in den Apparat. Der Vorhang war nur halbhoch, und ich kletterte auf den Drehstuhl und blieb so hocken und hoffte.

Auf dem geteerten Boden draußen, in dem kleinen Ausschnitt, den ich sehen konnte, kroch ein Käfer zwischen den Kippen umher. Der Spazierstock eines Mannes verfehlte ihn nur knapp, aber der darauffolgende Schuh traf. Übrig blieb ein klebrig glänzender Fleck auf dem Teer. Ein Paar braune Halbschuhe kam dazu, blieb stehen, knirschte unschlüssig. Was für Schuhe trug Lonser? Ich hielt den Atem an. Der Vorhang bewegte sich leicht. Dann sah ich Sterne.

Ich war geblendet. Ich kniff die Augen zusammen und hielt mir die Hände vors Gesicht. Es blitzte wieder. Noch ein Blitz und noch einer. Dann nichts mehr. Ich rieb mir die Augen. Meine Finger zitterten. Ich blickte auf den Streifen Boden vor dem Apparat. Die Halbschuhe waren weg. Zwei Ameisen machten sich an dem zu schaffen, was mal ein Käfer gewesen war. Ein Rauhhaardackel erschien in meinem Blickfeld und ein Paar Damentreter, aus denen zwei dicke Fesseln quollen. Der Dackel stoppte und schnüffelte am Eingang der Fotokabine. Frauchen blieb gehorsam stehen. Der Dackel hob den Kopf und sah mich an.

»Wiff«, sagte er. Seine buschigen Augenwülste zogen sich zusammen.

»Aus, Waldi! Da ist nichts.«

»Wirklich nicht?« Eine Männerstimme.

»Äh, nein... wieso?«

»Ich dachte nur.« Zwei schwarze Schuhe.

»Komm, Waldi.« Die Frau zerrte den Köter mit sich fort. Ich hörte, wie der Mann ein Streichholz anrieb. Hatte Lonser geraucht? Mein Drehstuhl knarrte leise. Als Kind, beim Versteckspielen, hätte ich jetzt prusten müssen. Ich prustete jetzt nicht. Ich war älter geworden. Ich wurde sekündlich älter.

Mit einem Mal fing der Apparat zu surren an. Seltsame mechanische Geräusche. dann wwwwwt. Und Stille.

Ich stellte mir die Fotos vor, wie sie aus dem Schlitz kamen.

Pfffff. Das Trockengebläse.

Es raschelte kaum hörbar, als jemand die Fotos aus dem Lüftungsgitter nahm. Die schwarzen Schuhe machten einen Schritt zur Seite. Dann segelte der Fotostreifen vor den Schuhspitzen zu Boden. Ich machte eine selten dämliche Figur auf den Bildern.

»Die Cassette«, schnarrte es draußen.

Ich gab sie ihm.

»Raus.«

Ich kam raus.

Lonser stand wie unbeteiligt an den Apparat gelehnt. Die Hände in den Manteltaschen. »Wo ist das Mädchen?«

»Welches Mädchen?«

Er ließ kurz seine Waffe sehen, damit ich mir nicht so albern vorkam. »Also?«

»Ich weiß nicht, wo sie ist.«

Er stieß mir das Eisen durch die Manteltasche in die Rippen. Er hatte graue Augen mit kleinen gelben und braunen Einsprengseln. Kurze Zeit flackerte in diesen Augen etwas, vielleicht der Schmerz eines langen, harten Lebens. Dann war es, als klappte ein unsichtbares Lid über die Augen, und sie waren nur noch kalt. Sie zersprangen fast vor Kälte.

»Gehen Sie seitlich vor mir«, sagte Lonser. Er drückte die Pistolenschnauze in mein Rückgrat.

»Wohin gehen wir?«

Keine Antwort. Es kam mir vor, als kannte ich diese Szene. Jedes Kind kannte diese Szenen aus dem Fernsehen. Jedes Kind würde seine Limonade wetten, daß dies meine Abschiedsszene wäre. Ich schluckte, aber es gab nichts zu schlucken. Mein Mund war trocken wir ein Handschuh.

Ein Stück voraus lungerte eine Gruppe halbstarker Türken vor einem Zeitungsladen. Zwei hatten blonde Strähnen in ihr ziemlich langes Haar getönt. Der größte von ihnen trug eine rote Fransenlederjacke und hellgraue Schlangenlederstiefel. Er hatte sich ein fieses Grinsen zurechtgeknittert, und er quatschte irgendwas. Die anderen hingen an seinen Lippen. Er sah ungefähr in meine Richtung.

»Weiter.« Lonser stieß mich von hinten. Er konnte mein Gesicht nicht sehen. Ich steuerte unmerklich leicht nach rechts, auf die Gruppe zu. Dabei starrte ich dem Wortführer direkt in die Augen. Jetzt: Unsere Blicke hatten sich getroffen. Ich zog schmierig eine Augenbraue hoch und machte einige obszöne Verrenkungen mit Mund und Zunge.

Der Türke stutzte. Wollte sich abwenden.

Ich nickte leicht, ja, dich meine ich, und machte weiter meine Zungenakrobatik.

Der Blick des Türken verfinsterte sich. Er sagte etwas zu seinen Freunden. Zehn schwarze Augenpaare richteten sich auf mich. Ich ging weiter auf sie zu. Lonser hatte nichts bemerkt. Jetzt trennten uns nur noch drei Meter.

»Heh«, kehlte der Kerl mit der roten Jacke. »Wills du Ärger, oder was?« Sein Mund zuckte vor Verachtung.

Ich spie vor ihm aus. »Alle Türken sind Schwanzlutscher.«

Ich spürte, wie Lonser hinter mir zusammenzuckte. Oder spannte er den Hahn?

Der Türke packte mich am Kragen. Er war kleiner als ich, aber sie waren zu fünft. »Sag das noch mal.«

Ich tat ihm den Gefallen.

Er sah mich auf ganz sonderbare Weise an. Dann grub er seine Faust in meinen Magen. Ich klappte zusammen. Sein Knie krachte auf meine Nase. Ich sah Halbmonde und Sterne. Dann sah ich gar nichts mehr.

Ich wachte in einer Amtsstube auf. Es mußte einfach eine Amtsstube sein. Kränklich grüner Linoleumboden. Ehemals weiße, jetzt vergilbte Wände. Uralte Drehquietscher aus Holz. Ich lag auf einer Pritsche, die man hier wohl für Fälle wie meinen hatte. Ein Mann mit einer Glatze und einer langen, traurigen Nase las irgendwas an einem Schreibtisch. Ein anderer, ein junger, dessen Nase noch nicht so lang war, schlürfte Kaffee aus einem riesigen Becher. Sie trugen beide Uniform.

»Aah, aufgewacht«, sagte der Jüngere und verschluckte sich. Er hustete. Der andere sah auf und drosch ihm auf den Rücken.

Ich setzte mich vorsichtig auf. Es ging.

»Na«, der Ältere lehnte sich zurück. »Was ist uns denn zugestoßen?«

»Ich weiß nicht. Muß wohl der Kreislauf gewesen sein.«

»Der Kreislauf. Schlägt der bei Ihnen immer gleich so zu?«

»Mir muß wohl etwas auf den Magen geschlagen sein.«

»Sieht so aus.« Er beugte sich vor und streckte mir die Hand entgegen. »Das gehört Ihnen.« Zwischen Daumen und Zeigefinger hielt er einen Zahn.

Ich tastete mit der Zunge. »Stimmt.« Ich nahm den Zahn.

»Sie wollen also keine Erklärung abgeben.«

»Nein. Warum?«

»Keine Anzeige.«

»Nein.«

»Dann arrivederci. Aber Ihre Personalien brauchen wir noch.«
Ich brummte.

»Irgendein Dokument.«
Ich fummelte in meiner Brieftasche. »Mein Perso ist weg.«

»Wollen Sie den Diebstahl melden?«

»Nein. Wird wohl rausgefallen sein.«

»Sicher. Führerschein tuts auch.«

Ich gab ihm den Führerschein. Er reichte ihn dem jungen Kollegen weiter. Der pflanzte sich hinter eine urtümliche Schreibmaschine, spannte Bögen ein und tippte. Dann gab er mir den Lappen wieder. »Wenn Ihre Nase so bleibt, brauchen Sie aber ein neues Paßfoto.«

Ich griff mir an die Nase. Sie war dick wie eine Banane. Ich dachte an die Paßfotos, die ich heute schon gemacht hatte. Ich grinste. Wir grinsten alle.

10

Ich fuhr auf Umwegen nach Hause. Niemand folgte mir. Ich schloß leise auf und sah nach Viola. Sie schlief immer noch friedlich. Es war jetzt drei Uhr nachmittags, und das Wetter war besser geworden. Die Wolken hatten sich verzogen, und eine noch kühle Sonne schien vom klaren blauen Himmel. Das zweite Mal an diesem Tag suchte ich mir frische Klamotten zusammen und duschte. Mein eigener Anblick im Spiegel war sehr erheiternd.

Frisch angekleidet rief ich den »Kurier« an, die Zentrale. »Fahrer 291 soll bitte folgende Nummer anrufen.« Ich gab meine Nummer durch. »Dringend.« Die Zentrale sagte mir, das ginge klar. Ich ging in die Küche und setzte einen Kaffee auf. Im Hinterhof planschten Vögel in Regenpfützen und zwitscherten. Einer knallte gegenüber gegen eine Scheibe und blieb auf dem Balkon liegen. Es wurde Frühling.

Ich machte ein Tablett mit Kaffee zurecht und balancierte es ins Zimmer. »Die Sonne lacht!« rief ich. Ich lud das Tablett neben dem Bett ab und zog die Jalousien hoch. Tageslicht strömte hell und warm ins Zimmer. Viola räkelte sich unter der Decke. Als sie die Augen aufschlug, war ein trüber Film auf ihren Pupillen. Erst sah sie durch mich hindurch, wie durch einen halbdurchlässigen Spiegel. Dann rückten die Augen näher aneinander, sahen mich an.

Sie sagte tatsächlich: »Wo bin ich?«

Ich zeigte ihr meine Zahnlücke. »Im Paradies.«

Sie schnüffelte. »Kaffee. Kaffee im Paradies?«

»Geschmuggelt.«

Sie blinzelte. »Wunderbar.« Sie linste über den Bettrand, sah sich den Kaffee an, sah dann aus dem Fenster in den blauen Himmel. Der Supper-Guppy flog dort oben vorbei, mit den Airbus-Fertigteilen. Zwei senkrechte Falten erschienen auf Violas Stirn. Sie legte den Kopf schief. »Was, um Himmels willen, ist gestern eigentlich passiert?«

»Eine Menge.«

Viola blickte über das Faltengebirge der Bettdecke hinweg. »Da war dieser Wattebausch. Dieser Mann…« Sie spähte aus den Augenwinkeln zu mir hoch, musterte mich mißtrauisch. »Was haben Sie mit Ihrer Nase gemacht?«

»Ich hab damit nichts gemacht.«

»Ist sie gebrochen?«

»Keine Ahnung.«

»Ich stehe auf gebrochene Nasen.«

»Ich bin mir ziemlich sicher, sie ist gebrochen.« Ich ruckelte daran herum.

Viola nahm ihren Kaffee und trank vorsichtig. Sie verzog das Gesicht und langte nach dem Zucker. Beim Trinken sah sie mich über den Becherrand hinweg an. »Du hast mich gerettet, nicht?«

»Kann sein.«

»Und verarztet.«

»Mhm. Auch.«

»Erwartest du Dank dafür?«

Ich nickte. »Sicher. Viola, bist du reich?«

Sie setzte den Becher ab. Ihre Gesichtsmuskeln verhärteten sich. »Wieviel willst du denn haben?«

»Was bist du wert? An Lösegeld.«

»Ach so.« Sie kratzte ihre Wunde unter der Decke. »Ich bin nichts wert. Ich wüßte nicht wieso oder für wen.«

»Reiche Eltern?«

»Reich nicht. Nein. Ganz normal.«

»Du hast da ein Foto in deiner Jacke. Eine ältere Frau an einem Berghang.«

Sie setzte sich auf, zog die Beine über ihre nackten Brüste. »Du hast in meinen Sachen rumgeschnüffelt!«

»Ich wäre ein Idiot, wenn ich es nicht getan hätte. Also: Wer ist die Frau? Deine Mutter?«

»Na gut.« Sie entspannte sich wieder. »Ja, meine Mutter.«

»Erzähl mir was von ihr.«

»Wieso?«

»Wieso denn nicht? Hör zu.« Ich ließ meinen männlichen Baß brummen. »Ich will dir helfen.« Und mir natürlich auch. Aber das mußte ich ja wohl nicht extra sagen.

»Na gut«, sagte sie wieder. »Meine Mutter.« Sie zuckte mit den Schultern. »Ich hab sie eine Weile nicht gesehen.« Sie blickte aus dem Fenster. Ein Kondensstreifen zerfaserte im Blau. »Als ich noch ein Kind war, war das anders.« Ein sehnsüchtiges Lächeln spielte um ihre vollen Lippen. »Sie kam mir immer vor wie Mary Poppins. Sie... sie zauberte Freude. Ich hatte diesen Film gesehen, im Kino. Da war ich noch ganz klein. Es war mein erster Kinofilm gewesen. Ich hab ihn gesehen und gedacht, toll, das ist meine Mutter.« Ein träumerischer Ausdruck trat in ihre Augen, verschwand wieder. »Später merkte ich dann, daß sie es mit verzweifelter Verbissenheit tat. Dieses Freude-Spenden. Dem Leben diese Freude abzuringen. Und noch später hörte sie auf, Freude zu bereiten. Sie sah mir nur noch mißtrauisch beim Wachsen zu. Ich glaube, ich verlor sie mehr und mehr mit jedem zusätzlichen Zentimeter, jedem zusätzlichen Gramm.« Sie stockte. »Ich weiß nicht. Oder sie verlor mich.« Viola sah mich an, mit einem Mal verlegen. »Seltsam. So habe ich noch nie darüber nachgedacht.« Sie lachte gepreßt. »So. Und jetzt erzählst du mir deine Lebensgeschichte. Oder...« Ihre Stimme hatte einen weichen Unterton bekommen. »Mir fällt etwas Besseres ein, was du tun könntest, Leo.«

»Hmm?«

»Leo?«

»Viola.«

»Mir läuft das Wasser zusammen. Im Mund.«

»Ach ja?«

»Wie wärs mit Frühstück?«

»Ach so.«

Sie sah auf das Tablett. »Gibts nichts zu essen?«

»Es ist nichts da.«

»Mir knurrt aber der Magen.«

»Okay. Mir auch. Ich geh Brötchen holen.«

Zehn Minuten später war ich wieder da.

Viola stand in der Küche und fummelte an der Kaffeemaschine herum. Sie trug meinen Bademantel. »Hallo«, sagte sie und grinste.

Ich grinste zurück und packte die Tüte mit den Brötchen auf den Tisch. Mein Blick fiel auf das Telefon. Es war verschoben.

»Hast du telefoniert?«

»Was?«

Ich wiederholte die Frage.

»Ach so.« Sie klapperte mit Geschirr. »Ja, hab ich.«

»Wen hast du angerufen?«

»Meine Eltern.«

»Aha. Und?«

»Es war niemand da.« Sie drängte sich an mir vorbei ins Bad. Sie berührte mich dabei mit ihren Brüsten.

»Mhm«, machte ich. »Ich muß auch mal kurz telefonieren.« Ich griff mir den Hörer.

Viola ging wieder in die Küche und stellte die Tassen zurecht. Dann setzte sie sich rittlings auf einen Stuhl. Sie lächelte, kaum merklich. Es war etwas in diesem Lächeln. Ihre Schenkel spreizten sich leicht, ganz langsam, kaum nahm man die Bewegung wahr. Sie spreizte sie gerade genug, daß ich ihre rasierte Pussy sah. Der Spalt in der Mitte glitzerte feucht.

Ich tippte ein paar mal neben die Tasten, dann tippte ich die Wahlwiederholung. Ich preßte den Hörer ans Ohr. Es tickerte, dann das Freizeichen. Der Hörer wurde abgenommen. Ich erkannte die mißmutige Stimme, die sagte: »Hotel Alsterblick.«

11

Ich legte auf.

»Falsch verbunden?« fragte Viola.

»Nein«, sagte ich. »Eher schief gewickelt.« Ich ging auf sie zu und sah auf sie hinab. Auf dieses wunderschöne Gesicht. Ich lächelte.

Sie lächelte.

Ich scheuerte ihr eine mit der Handfläche, daß sie vom Stuhl fiel.

Sie schrie auf. »Bist du verrückt?« Sie sah mich angstvoll an, hielt sich die Wange.

»Und jetzt die Wahrheit«, sagte ich.

»Was? Was willst du denn?« Ihre Augen waren weit aufgerissen.

Ich kniete mich zu ihr hinunter. »Die Wahrheit.« Ich klebte ihr noch eine. Es tat mir in der Seele weh. Eine Träne lief über den roten Handabdruck auf ihrer Wange. Sie atmete schwer. Der Bademantel war aufgegangen, und ihre Nippel zitterten. Sie zerrte die Mantelaufschläge darüber. Ihr harter Blick ging an mir vorbei.

»Du bist ein Schwein«, keuchte sie.

Ich lachte schmierig. »Du bist aber auch nicht schlecht, du süße Sau.«

»Schwein«, sagte sie wieder.

»Auch Schweine wollen überleben.« Ich stand auf und lehnte mich an den Tisch. »Was hast du mit Lonser zu schaffen?«

»Mit wem?« schrie sie. »Mit wem?«

»Du hast ihn gerade eben angerufen.«

»Ich hab meine Eltern angerufen!«

»Mag sein. Aber nicht nur.«

Sie sah zum Telefon. »Woher willst du das wissen?«

»Ich bin sehr klug.«

»Du bist sehr dumm.« Eine Haarsträhne hing ihr in den Mund. Sie spuckte sie aus. »Ich hab mein Hotel angerufen, danach.«

»Dein Hotel?«

»Mein Hotel! Hotel Alsterblick.« Sie sah mich verächtlich an. »Oder meinst du, ich schlafe in der U-Bahn?«

Ich starrte auf sie hinab. Sie fegte die Strähne aus dem Gesicht. Ihre Augen blitzten, ihre Wangen waren feucht. Es war nur logisch, daß Lonser sich im gleichen Hotel einquartieren würde, wenn ihm daran gelegen war, sein Opfer im Auge zu behalten. Oh, Mist, verdammter. Ich Idiot!

»Es tut mir leid«, sagte ich.

Zitternd stand sie auf. Sie zitterte vor Wut. Der Abdruck meiner Hand war feuerrot auf ihrer Wange. Meine Handfläche kribbelte noch.

»Ach ja?« Ihre Nasenflügel bebten. »Es tut dir leid? Mir tut es auch leid. Es hat mir noch nie so leid getan. Wo sind meine Sachen?«

Das Telefon machte sein neumodisches Geräusch. Ich nahm ab. Es war Carl, Kurier 291.

»Hallo? Wer will mich sprechen?«

»Ich bins, Leo. Sag mal, klickt bei dir was, bei folgendem?« Ich beschrieb ihm das Haus in der Elbchaussee. »Grenz heißt der Mann.«

»Grenz.« Ein Lastwagen donnerte durch den Hörer. Carl war Kurierfahrer in Hamburg, seit über fünf Jahren. Er kannte alle Firmen und er kannte alle Verflechtungen. Einiges von dem, was er wußte, würde das Kartellamt interessieren, wenn das Kartellamt sich für irgendwas interessieren würde. »Warte mal… ja. Da hatte ich doch was, grade erst letzte Woche. So ein riesiges weißes Haus…« Er überlegte. »Transnaval. Das waren irgendwelche Schiffspapiere aus dem Freihafen. Transnaval hieß das.«

»Spedition, was?«

»Ja. Hört sich so an. Sag mal, hast du Probleme?«

»Wer hat keine?«

»Da haben irgendwelche Burschen nach dir gefragt, heute morgen. Sahen nicht ganz koscher aus.«

»Bei dir zu Hause?« Schnelle Truppe, dachte ich. Ich nagte meinen Daumen. Klar, mein Perso. Er war mir sicher auf dem Rasen vor der Villa rausgefallen. Carls Adresse stand darin. Ich hatte mal vor Jahren da gewohnt.

»Leo? Bist du noch dran?«

»Ja. Was für Burschen?«

»Ich würde auf Geldeintreiber tippen.«

»Mhm. Was hast du gesagt?«

»Daß ich nicht weiß, wo du steckst. Ich habe ihnen deine alte Adresse in Berlin gegeben. Daß ich dich auch schon lange suche. Daß du mir Geld schuldest.«

»Gut gemacht.«

»Was heißt hier gut gemacht?« Er brüllte jetzt, obwohl kein Verkehr war. »Du schuldest mir Geld! Ich suche dich seit Tagen! Nie kann man dich erreichen. Wo steckst du, Mann? Mein Getriebe geht kaputt und ich–«

Ich hielt die Hörmuschel zu. »Hör zu, Carl. Ja, ich hab Probleme. Ich muß mich hier erst mal um einiges kümmern.«

»Harte Bandagen?«

»Harte Bandagen.«

»Okay.«

»Danke, Carl. Fahr vorsichtig.« Ich hängte ein und riß den Rest von meinem Daumennagel ab. Die waren bei Carl gewesen. Eine Frage der Zeit, bis sie hierher kamen. Ich stützte mich gegen die Wand und quetschte meinen Nacken.

Viola kam aus meinem Zimmer. Sie hatte ihre Sachen angezogen. Sie hatte auch die Hacke von ihrem zweiten Pumps abgebrochen.

Ich sagte: »Wir müssen weg. Sofort.«

»Wir? Wir müssen gar nichts. Es hat sich ausgewirt, du Scheißkerl.«

»Hör zu, es tut mir leid, okay. Aber es geht hier um Leben und Tod.«

»Wessen?«

Das war mir auch nicht ganz klar. Ich sagte: »Deins.«

»Was wird hier eigentlich gespielt?«

»Das weiß ich nicht. Ich weiß nur, daß wir drinhängen. Wir beide. Und daß wir hier abhauen müssen.«

»Na gut, Scheißkerl.«

»Ich mochte Leo lieber.«

»Ich mochte Leo auch lieber, Scheißkerl.«

Drei Minuten später enterten wir ein Taxi. »Ab gehts«, sagte ich zum Fahrer.

Er musterte den Handabdruck auf Violas Wange und schmiß seine Kippe aus dem Fenster. »Zur Eheberatung?«

Ich schloß die Augen. »Fahr los, Mann!«

12

Das Universo war ein »Pizza und Pasta Bar Bistro Restaurant«. »Café« vielleicht auch noch. Die Dinger waren vor einiger Zeit wie Pilze aus dem Boden geschossen und waren eine Weile reinste Goldgruben gewesen. Sie hatten alle einem geschäftstüchtigen Herrn gehört, der wußte, wann ein Blatt ausgereizt war. Als die Umsätze stagnierten, hatte er an kleine dunkle Calabrier und Anatolen verkauft, die von Tuten und Blasen keine Ahnung hatten. Auch diesen Laden. Über die High-Tech-Tische aus Chrom und Plexiglas hatte der neue Besitzer rot-weiß karierte Tischtücher geworfen. Aus den Boxen klagte Eros Ramazotti. Aus dem Schnapsregal flackerte ein Fernseher.

Wir senkten uns auf diese Gitterstühle, die einem den Hintern zu Pommes Frites schnitten, und der kleine dunkle Kellner griff sich zwei Karten vom Haufen und schlurfte zu uns. »Bittschön.«

»Ein Weizenbier und... hier, die Tomatensuppe«, sagte ich.

»Si. Und die Signora?«

Viola starrte aus der großen Glasfront, die auf einen Kanal hinausging. Ein Schwan dümpelte im schwarzen Wasser und putzte sein Gefieder. »Gott. Tortellini, bitte. Und einen Kaffee«, sagte sie schließlich.

»Tortellini?« fragte ich. »Da ist Fleisch drin.«

»Na und?« Sie fuhr fort, auf den Kanal zu starren.

Ich sagte: »Kennst du den Namen Lonser? Herbert Lonser?«

Sie schüttelte den Kopf.

»Dieser Lonser war in derselben Kneipe, in der wir uns kennengelernt haben, gestern, Er hat dich beobachtet. Er hat im selben Hotel gewohnt wie du.«

»Wie sieht er denn aus?«

Ich beschrieb ihr Lonser.

Sie schüttelte den Kopf.

»Und er hatte dich gerade in sein Auto gepackt, als ich dazukam und ihn mattsetzte.«

»Das war sein Auto?«

»Geliehen.«

»Und... was hast du denn überhaupt mit all dem zu tun?« Sie sah mich an, wie einen ein Gesicht aus dem Fernseher ansieht. Wenn ich die Hand ausstreckte, ich würde sie nicht berühren können. Nur kaltes Glas.

Der Kellner kam mit dem Kaffee und dem Bier und plazierte beides umständlich auf dem Tisch. »Bittschön.«

Ich nahm einen großen Schluck und deutete auf mein Glas. »Noch so eins, bitte.« Als er weg war: »Was mich ins Spiel bringt«, ich unterdrückte einen Rülpser, »ist reiner Zufall. Ich bin auf der Leiche ausgerutscht.«

»Was?« Sie sah mich fast belustigt an. »Eine Leiche?« Dann straffte sich ihr Mund. »Das soll jetzt wieder komisch sein, was?«

»Ich weiß nicht genau, wie es gedacht ist. Ich brach nicht gerade in Gelächter aus, wenigstens.«

Viola sah mich an, beobachtete mich.

Ich zog die Stirn hoch. »Und die Männer, die jetzt hinter mir her sind, fürchte ich, fanden das auch nicht komisch. Und ich fürchte, nicht mal Paulo fand das komisch.«

»Wieso Paulo? Paulo von gestern?«

»Paulo von gestern, genau. Heute gibt es keinen Paulo mehr. Das war Paulos Blut, in dem ich ausgerutscht bin.«

»Er ist… tot?«

»Ja.«

»Aber…« Sie war blaß geworden. »O Gott, ich versteh das alles nicht.«

»Mhm. Und weißt du, was ich nicht ganz verstehe?«

»Was?«

»Warum noch nicht einmal ein einziges, bestimmtes Wort über deine Lippen gekommen ist.«

Viola sah mich verständnislos an.

»Das Wort ›Polizei‹.«

»Polizei? Ja… Polizei müssen wir rufen.« Ihre Stimme jagte irgendwie durch alle Tonlagen. »Ich…« Sie hielt sich die Hand vor den Mund. »Ich muß mal zur Toilette.«

Sie stand unsicher auf.

Ich sah ihrem Hintern nach und trank einen Schluck. Der Kellner kam mit der Tomatensuppe. Ich dankte und sah auf den Kanal hinaus. Ein Achter ruderte vorbei, der bleistiftschmale Rumpf schnitt glatt durchs Wasser. Es tropfte von den Ruderblättern, wenn sie aus dem Wasser kamen, und noch weit hinter dem Boot gurgelten zwei parallele Reihen kleiner Strudel, dort, wo die Ruder ins Wasser getaucht waren. Die Ruderer arbeiteten perfekt im Rhythmus. Nur einer war abgelenkt und hinkte mit seinen Schlägen hinterher. Er guckte auf die Straße hoch, einem hübschen Mädchen nach. Das Mädchen trug ein braunes Kostüm und eine kurze, schwarze Jacke. Sie stieg in eines der Taxis, die am gegenüberliegenden Ufer warteten, und das Taxi rollte los. Die Schuhe mit den abgebrochenen Absätzen schmiß sie durchs Autofenster in den Kanal, direkt hinter das Ruderboot und seine acht verdutzten jungen Männer.

Ich verspritzte meine Tomatensuppe, sprang hoch und stürzte auf die Straße. Links, wo der Achter gerade verschwand, war eine Brücke. Ich spurtete auf sie zu und schwang mich an einem Laternenpfahl um die Ecke. Violas Taxi entfernte sich in die andere Richtung. Am Ende der Straße hielt es an einer roten Ampel. Ich segelte um den zweiten Brückenpfeiler, wetzte zu einem Taxi, riß die Tür auf.

Der Fahrer raschelte mit dem Sportteil. »Wagen vorne«, nuschelte er, ohne aufzublicken.

Ich schmiß die Tür zu, rannte zum ersten Wagen. »Schnell, dem Taxi hinterher«, stieß ich hervor und warf mich ins Polster.

Der Fahrer setzte seine Brille ab, klemmte die Bild hinter die Sonnenblende und drückte den Taxameter. »Man sachte«, brummte er. »Erst mal vorglühen.« Er drehte den Zündschlüssel auf Position eins.

Hundert Meter vor uns schaltete die Ampel auf grün. Violas Taxi setzte sich in Bewegung, glitt um die Kurve, beschleunigte auf der nächste Brücke und verschwand im Häusermeer.

Die Ampel sprang auf rot. Der Querverkehr schob eine undurchdringliche Blechmasse hinter Viola her.

»Mist.« Ich fiel in mich zusammen.

Mein Fahrer drehte den Schlüssel auf Position zwei, und der Diesel fing zu nageln an. »Dann kanns ja losgehen«, sagte der Fahrer forsch.

»Einen Dreck kanns.« Ich langte nach dem Türgriff.

»Heh!« Er packte mich am Arm und nickte zum Taxameter. »Macht drei Mark achzig.«

Ich schlug seine Pfoten weg und stieg aus. »So weit kommts noch.«

»Wie Sie wollen.« Er lehnte sich auf die Hupe. Wie auf Knopfdruck öffneten sich an einem Dutzend Taxis ein Dutzend Türen. Ein Dutzend grober Kerle mit Die-Schnauze-voll-Visagen nahm mich ins Auge.

Ich wandte mich ins Taxi um und zerrte meine Brieftasche hervor. »Ich hab nur Spaß gemacht.«

»Klar. Ich verstehe einen guten Spaß. Bin selber Spaßvogel.«

Ich preßte die Lippen aufeinander und schritt das Spalier ab. Erst als ich wieder an der Brücke war, schlugen die Türen eine nach der anderen hinter mir zu. Taxifahrer begannen, mir auf die Nerven zu fallen.

Ich ging ins Universo zurück und beglich meine Rechnung. Der Italiener war darüber so gerührt, daß er den Grappa auf die Theke wuchtete und von Calabria erzählte, von Olivenbäumen und Tomatenfeldern und von Meer und Sonne.

»Wieso bist du da weg?« fragte ich und füllte unsere Gläser auf.

Er schaute mich mit nassen Augen an. »Da ich hatte kein Geld. Hier ich habe wenigstens Schulden.«

Wir kippten unsere Grappas.

47

Ich besah mich mißmutig im Spiegel. »Mittelblond, hab ich gesagt.« »Jaja, das dunkelt nach.« Die Friseuse, ein fettes Ding mit niederträchtigen Lippen, nahm mir die Papierkrause vom Hals. Sie schien sich von Treets und Mayonnaise zu ernähren. Der Zement auf ihrer Akne war zentimeterdick.

»Das ist fast weiß.« Ich strich mit der Handfläche über den Stoppelschnitt.

»Das liegt doch voll im Trend.« Ihre Kuhaugen mühten sich, Begeisterung auszudrücken. Es blieben dennoch Kuhaugen.

Ich schnaufte zahlungsunwillig und stemmte mich aus dem Sessel. »Was Sie nicht sagen.«

Sie sah sich hilfesuchend nach ihrem Chef um, einem mickrigen Kerlchen mit einem Schnauzer und mit feuchten, blassen Augen. Der Laden nannte sich Chez Serge, und Serge sagte: »Wir können es sofort kostenlos nachtönen.« Er war schwul bis ins Mark.

Ich nahm die Jacke von der Garderobe und kroch in die Ärmel.

»Halber Preis, d'accord?«

Ich stupfte ihn auf die Brust, daß er schwankte. »Hör mal zu, Sergej. Gar kein Preis, weil gar kein Zeit, compris?« Ich hatte irgendwie genug, und meine Wut an Schwächeren auszulassen, erschien mir nur vernünftig. Ich schob das Männchen beiseite und ging zur Tür.

Ich ging nicht weiter. Ich blieb dort stehen. Ich sah auf den Boden.

»Der tut nichts!« Das dünne Stimmchen einer alten Dame von hinten. Ihr kleiner Kläffer zeigte mir draußen seine Zähne.

»Hören Sie jetzt mal«, plusterte Serge sich auf. Er hielt mein Zögern für einen Moment der Schwäche.

Ich bückte mich. Da lag was auf dem Boden. Ich nahm es zwischen Daumen und Zeigefinger und zeigte es Serge. »Was ist das?«

Er rümpfte die Nase, dann das ganze Gesicht. »Wollen Sie mich für dumm verkaufen?«

»Da würd ich ein gutes Geschäft machen.« Ich hielt ihm das Ding unter die Nase. »Das ist Konfetti. Grün-gelbes Konfetti. Wie kommt das hierher?«

Der Coiffeur flatterte mit den Armen. »Woher soll ich das wissen?« Er blinzelte nervös. Er rang um seine Fassung.

»Machen wir ein Geschäft.« Die Friseuse war zwischen uns getreten. Sie sah mich herausfordernd an. »Ich sage Ihnen, wo das herkommt, und Sie zahlen. Klar? Sonst zieht ers mir nämlich wieder vom Gehalt ab.« Sie sah ihren Chef nicht an.

»Tss, tss«, machte ich. »Gebongt.« Ich wartete.

»Die Schwarze, der ich die Spitzen geschnitten hab, während Ihre Tönung drin war, die hatte so Zeug im Haar.«

»Die grade raus ist?« Es war eine schwarze Frau gewesen, mit langem, nicht völlig krausem Haar, Jeans und einer grünen Jacke. »In welche Richtung ist sie gegangen?«

Meine Geschäftspartnerin hielt eine kleine, fette Hand auf. Abgekaute Fingernägel. Ich legte ein paar Scheine drauf, und die Hand schloß sich knisternd. »Sie ist nach links.«

Ich machte mich auf die Socken. Schwarze in Hamburg haben selten Autos. Vor allem weibliche Schwarze. Ich eilte die Straße entlang Richtung U-Bahn. An den Bushaltestellen standen Türken, aber keine Schwarzen. Ich hastete weiter, auf den U-Bahneingang zu, hinter dem, dunkel und bedrohlich, ein riesiger Bunker ragte. Er hatte die Block-busters überlebt, und die Feuerstürme, und man hatte ihn stehen lassen, weil es unmöglich war, ihn abzubrechen. Er würde noch in tausend Jahren hier stehen, wenn ringsum Wüste sein würde und das Rascheln seltsamer Insekten.

Ich lief runter auf den Bahnsteig. Sie war nicht da. Aber eine Bahn stand da, voll, fünf Uhr. »Zurückbleiben bitte!« Ich sprang in einen Wagen.

Ich griff nach der Mittelstange, und die Bahn ruckte los. Meine Augen durchwanderten den Waggon. Müde Schädel pendelten im Rhythmus der Schienen. In die Vorderseite der Schädel hatte man Gesichter gehauen. Man war dabei nicht sehr kunstfertig vorgegangen. Ich starrte aus dem Fenster. In der Schwärze da draußen schob sich eine andere Bahn neben uns, heiser kreischend, leuchtend, angefüllt mit starrem Leben. Das Kreischen wurde unerträglich laut, die andere Bahn tat einen Ruck zur Seite und war ausgelöscht. Die nächste Station glomm am Beton, erstrahlte wie aus dem Nichts. Gruppen von Menschen wischten auf dem Bahnsteig vorbei, Werbung. Hinter mir standen Leute auf, drängten zur Tür.

Ich quoll mit ihnen auf den Bahnsteig und beobachtete, wer aus den anderen Wagen stieg. Sie war nicht dabei. Ich preßte mich in den nächsten Wagen. Auch hier kein Glück. Ein junger Mann, anscheinend ein Medizinstudent, stieg zu, stellte sich neben mich und vertiefte sich in ein Lehrbuch. Es war bebildert. Fotos von Körperteilen. Sie setzten in meinem Kopf etwas in Gang.

»Vernarbung von Schnittwunden im Schleimhautbereich« hieß die Überschrift auf der Seite. Ich sah mir die Fotos genauer an. Ich hatte solche Vernarbungen schon einmal gesehen. Und das war noch keine zwölf Stunden her. Viola.

Ich las den Text, der unter den Bildern stand. Die meisten stellten Schnittwunden infolge von Autounfällen dar. Man mußte sich schon sehr eigentümlich ins Auto setzen, dachte ich mir, um sich Schnittwunden genau an den Stellen zuzuziehen, die an Violas Körper vernarbt waren.

Die nächste Station. Ich preßte mich in den nächsten Wagen. Die Bahn fuhr an und brach plötzlich in einen blutigroten Sonnenuntergang hinaus. Der Fluß badete in Rot. Die eisernen Hochbahnterrassen glühten. Wir fuhren parallel zum Fluß, und ein paar Barkassen wieselten durch die Wellen. Hinter den Landungsbrücken hatte ein Flugzeugträger festgemacht. Auf der anderen Seite griffen tausend Ladebäume in den Himmel. Ein dicker Pott lag bei Blohm & Voss im Trockendock. Funken von Schweißgeräten stoben aus den Bullaugen. Da war sie.

Auf der Bank, gleich neben mir, da war sie. Sie hatte natürlich kein Konfetti mehr im Haar, aber sie war es.

Ich lehnte mich an die Wand und ließ ein Wrigleys im Mund verschwinden. Zwei Stationen darauf tauchte die Bahn wieder in den Untergrund, und die Schwarze stand auf. Sie drängte sich neben mich vor die Tür und wartete mit der Hand am Griff.

Ich schätzte sie auf fünfunddreißig. Minus fünf Jahre, falls sie anschaffte. Sie hatte diese tiefen Falten, die sich von den Nasenflügeln bis zu den Mundwinkeln herabzogen, und diesen verächtlichen Mund. Aber es gab schließlich genug Gründe, daß einem ein verächtlicher Mund wuchs.

Die Bahn hielt, und wir stiegen aus. Ich folgte ihrem tanzenden Hintern die Rolltreppe hinauf, dann über die Ost-West-Straße und in eine Seitengasse hinein. Die Gasse war eng und mit Kopfstein gepflastert. Zerbeulte Granadas und rostige Transits an den Kantsteinen. Die Frau sah sich um, und ich machte mich an einem Zigarettenautomat zu schaffen. Sie überquerte die Straße und bog um die nächste Ecke. Ich setzte mich wieder in Bewegung. In einem Hinterhof schlugen zwei Kinder mit Eisenstangen aufeinander ein. Ich bog um die Ecke. Kein Mensch zu sehen. Sie war weg.

Zwanzig Meter weiter gab es eine Toreinfahrt. Ich beschleunigte meinen Schritt und sah hinein. Sie war vollgestellt mit Mülleimern. Im Hinterhof baumelte zerschlissene Wäsche von den Fenstern. Ich kurvte um die Mülltonnen und trat in den Hof.

Eine braune Hand stieß mir eine Spraydose vor die Nase, preßte den Knopf. Nichts passierte. Ich packte sie am Handgelenk und drehte mich so, daß sie mir nicht in die Eier treten konnte.

»Scheißding! Alle!« fluchte sie. Sie wand sich. Ein Mann in weißem Bademantel sah mit geringem Interesse von einem Balkon auf uns hinab.

»FCKW«, sagte ich. »Das schadet der Umwelt.«

»Lassen Sie mich los! Hilfe!«

»Wenn Sie die Dose loslassen.«

Die Dose scheppterte auf den Boden. Ich öffnete meinen Griff. Sie streckte mir ihren Unterkiefer entgegen. »Was wollen Sie?«

Ich hob besänftigend die Linke. »Es ist ganz und gar harmlos.«

»Seit wann folgen Sie mir? Seit dem Friseur?«

»Es war reiner Zufall.«

»Zufall!« Ein röchelndes Geräusch aus der Kehle. »Sie folgen Frauen rein zufällig!«

Ich fischte den grün-gelben Schnipsel aus der Tasche und zeigte ihn ihr. »Wissen Sie, wo das herkommt?«

Sie sah mich an, als hätte ich Tomatensauce am Kinn hängen oder sowas. »Wieso wollen Sie das wissen?«

»Sagen wir, ich wills einfach wissen. Sagen wir, ich mache einen Kursus mit, gegen Stottern und Erröten. Ich muß wildfremde Frauen auf der Straße ansprechen und nach Schnipseln befragen.«

»Sonst noch was, woran sie leiden?«

»Nur das Leben.«

»Da wüßt ich eine Kur.«

»Später. Ich will noch ein paar Jahre die Symptome studieren. Die Schnipsel.«

Sie warf die Lippen auf. »Wieso?«

Ich seufzte. »Ich sah da dieses Mädchen auf dem Bahnsteig. Es war Liebe auf den ersten Blick. Dann stieg sie ein und fuhr weg. Sie hat mir ihre Telefonnummer gegeben, aber ich hab den Zettel verloren. Ich erinnere mich nur an diese Schnipsel. Sie hingen an ihrem Angorapullover.«

»Der romantische Typ, was? Sieht man gleich.«

»Nicht wahr?«

»Was ist dir die Liebe wert?«

»Kann man sie kaufen?«

»In diesem Fall schon. In allen anderen Fällen auch.«

Ich seufzte und griff nach der Brieftasche. »Was ist denn der Tarif zur Zeit? Für einmal Mund aufmachen?«

»Laß.« Sie hielt meine Hand zurück. »Was solls? Es ist ja schließlich kein Geheimnis. Sambrasil.«

»Diese brasilianische Bar?«

»Das ist Konfetti. Karneval in Rio. Da gibts eine festangestellte Band und immer mal wieder eine Showgruppe. Und tonnenweise Konfetti. Man erstickt daran.«

»Arbeitest du da?«

Sie nickte.

»Wann öffnet der Laden?«

Sie zuckte die Achseln. »Acht steht dran.«

»Bist du Brasilianerin?«

»Mozambique.«

»Du sprichst gut deutsch.«

»Ich bin seit fünfzehn Jahren hier. Hier verhungert man nicht.«

»Aber ganz ungefährlich ist es hier auch nicht?« Ich kickte mit der Schuhspitze gegen die Gasdose am Boden.

»Männer gibt es überall.«

Ich nickte. Ich sah sie an. »Sagst du mir deinen Namen?«

»Sagst du deinen?«

Ich sagte meinen.

»Stella,« sagte sie.

»Danke, Stella.«

Sie nickte. »Ich bin müde,« sagte sie. »Ich denke, deine Neugier ist befriedigt.« Sie drückte sich an mir vorbei.

»Bis dann,« sagte ich. »Ich denke, wir sehen uns heute abend.«

Sie blickte über die Schulter. »Du hast da Tomatensauce.«

»Was?«

»Da.« Sie zeigte mit dem Kopf. »Am Kinn.«

14

Um elf Uhr gab es im Sambrasil kaum noch ein Reinkommen. Vor der Tür hatte sich eine bunte Gruppe versammelt, hauptsächlich Südamerikaner, die Luft schnappten oder kein Geld für Eintritt hatten. Ich unterschied portugiesische und spanische Wortfetzen, dazwischen deutliche Worte, meist Straßennamen oder Ämterbezeichnungen.

»Hsmlfsch?« Das war deutsch. Ein Penner hob mir vom Bürgersteig eine schwere Hand entgegen. Direkt neben ihm pißten zwei schwankende skandinavische Jungs auf einen Stromkasten ein. Es sprühte, und die beiden Urinströme vereinten sich zu ihren Füßen und bildeten einen Bach, der über den Gehweg kroch und schließlich unter dem Parka des Penners verschwand.

»Hsmlfsch?«

Ich stieg über den Penner hinweg und drängelte zum Eingang. Dumme Sache, wenn man nicht mehr »Fünfzig Pfennig« sagen kann.

Der Mann an der Kasse konnte es besser. »Zehn Mark.«

Ich gab sie ihm und stieß die zweite Tür auf und arbeitete mich in die dampfende Menge.

Ich war kaum drin und auch schon übersät von grün-gelbem Konfetti. Hier war ich richtig. Ich trampelte auf ein paar Füße und schob mich links neben der Eingangstür an die Wand. Es war feuchtheiß wie am Äquator. Die Menschen standen Haut an Haut und ließen ihre Körper im Rhythmus des Samba schwingen. Die Luft war voller Schweiß und Rauch und Parfum und Sex. Auf einer erhöhten Bühne spielte die Band. Sie spielte gut. Drei Frauen in weißen Kleidern machten da oben Stimmung, sangen und ließen ihre Zähne blitzen. Unter dem dünnen, weißen Stoff tanzten sechs schweißnasse Brüste einen faszinierenden Tanz.

Rechts an der Wand gab es ein paar Tische, an denen sich müde Tänzer mit Bier und Cocktails abkühlten. Die linke Längsseite wurde von der Bar eingenommen. Sie war belagert von fuchtelnden und schreienden Gästen. Hinter der Theke erkannte ich Stella. Sie hatte ihr Haar hochgetürmt und massig Farbe im Gesicht.

Ich forschte in der Menge nach weiteren bekannten Gesichtern.

Ich fand keine. Aber es war noch früh, und der Laden würde nicht vor sechs dichtmachen. Ich schob mich an die Bar. Kapitäne von Eisbrechern müssen sich ähnlich fühlen, wenn sie eine Schneise durchs Packeis bahnen.

Stella erkannte mich und nickte zweimal kurz. Einmal als Gruß, das zweite Mal als Frage. Ich machte ein Zeichen für ein Flaschenbier. Sie sprengte die Kühlschranktür auf und schob mir eins rüber. Ein lockiger junger Mann zapfte neben Stella das Faßbier. Er gab mir einen kurzen, mißtrauischen Blick. Ich verzog mich mit meinem Bier, am Tresen war es zu voll. Ich lehnte mich an die Wand und nuckelte eine Weile an der Flasche.

Die Band machte Pause, und viele der Tanzenden drängten nach draußen, um Frischluft zu tanken. Der Raum leerte sich etwas, und ich konnte die Leute an den Tischen sehen. Ein gutgekleideter, untersetzter Mann mit Glatze saß mit dem Rücken zu mir vor einem Sektkübel. Zwei Mädchen, links und rechts von ihm, brachen gerade in quietschendes Gelächter aus. Er kniff der Linken in den Oberschenkel. Das Mädchen war noch ziemlich jung. Es trug ein schwarzes, kurzes Kleid und hohe Fransenstiefel. Ihre Haut hatte die Farbe von Milchkaffee, und sie hatte blondgefärbtes Haar, zu Rastalocken geflochten. Sie war klein, aber alles an ihr war groß und weich.

Die andere war größer, weiß, mit dunklem Haar. Sie trank ihr Glas aus und deutete auf den Sektkübel und sagte etwas. Der Mann griff in seinen Anzug und packte ein prallgefülltes Portemonnaie auf den Tisch. Er klappte es auf und zupfte Scheine daraus hervor wie Kleenex. Die Weiße scharrte die Scheine zusammen und eilte damit zum Tresen.

Der Mann zog die Braune an sich. Er flüsterte ihr etwas ins Ohr. Seine Hand kroch währenddessen unter ihren Rock wie eine fette, pelzige Spinne. Ich sah es an ihren Augen, als er einstippte. Ihre Augen wurden starr, und ihr Körper verhärtete sich. Dann ging ihr Blick zum Portemonnaie, das immer noch auf dem Tisch lag. Sie zwang sich zu einem kurzen, schrillen Lachen und deutete darauf, sagte etwas. Die pelzige Spinne kam wieder ans Neonlicht und verstaute das Portemonnaie in der Hoses des Mannes. In ihren Augen war es jetzt zweifellos die interessantere der beiden Charaktereigenschaften dort.

Das andere Mädchen erschien mit der neuen Sektflasche. Sie überreichte sie dem Mann und kniff ihm dabei spielerisch ins Ohr.

Der Mann hatte überhaupt interessante Ohren. Sie waren groß und rot und irgendwie verdreht. Man konnte sie direkt mit Tortellini vergleichen. Ich hatte die Ohren schon einmal gesehen, und den Mann, der dazwischenhing. Auf Grenz' Party in der Elbchaussee. Er hatte mit Paulo gesprochen, während er dieser winzigen Asiatin am Arsch rumfummelte.

»Interessiert dich die Kleine?« Stella stand neben mir.

»Sie ist teuer. Oder wäre es gern.«

»Ja. Neuerdings. Hier.« Sie hielt mir ein Glas hin. »Spezialität des Hauses.«

»Auf Kosten des Hauses?« Ich trank einen Schluck.

»Caipirinha.«

»Nicht schlecht. Laß mich raten. Zucker und zerstoßene Zitronenstücke. Und...« Ich nippte nochmal. »Wodka ist das aber nicht.«

»Es gibt auch so einen Drink mit Wodka. Das heißt dann Caipiroska. Das hier ist Zuckerrohrschnaps.«

»Aha. Mhm. Wieso neuerdings? Die Kleine?«

»Weil das neu ist. Am Anfang kam sie nur, um sich zu amüsieren. Meistens mit so einem blonden, langhaarigen Typ.«

»Zuhälter?«

»Kein Profi.«

»Kennst du sie?«

»Nur vom sehen. Sie heißt Elizete.«

»Elizete. Und der Glatzkopf da?«

»Den Namen weiß ich nicht. Seit einiger Zeit ist er hier öfter. Früher kam er selten und saß dann still in der Ecke. Ein Mauerblümchen.«

»Scheint an seinem Image zu arbeiten.«

»Schmeißt mit Scheinen um sich wie mit Vogelfutter, jetzt.«

»Vielleicht hat er geerbt. Auf jeden Fall ein Mann mit interessanten Eigenschaften für eine Frau.«

»Ihr Männer denkt immer, alle Frauen seien Nutten.«

»Seltsam. Wie kommen wir nur darauf?«

»Weil es die Dinge einfach macht, für euch. Weil ihr zu schwach seid, um euch Gefühle leisten zu können.«

»Kann sein. Vielleicht kennst du noch einen älteren Herren, der mich interessiert. Ist im Moment nicht hier. Aber er mag Caipiroska.« Ich beschrieb ihr Lonser.

»Nein.« Sie verschränkte die Arme. »Bist du eigentlich Bulle, oder was?«

»Was. Rein persönliches Interesse.«

»Mhm. Dann paß mal auf, daß du dein Interesse nicht verlierst.«
Sie nickte zu dem Tisch hinüber. Der Dicke manövrierte sich gerade
umständlich aus dem Stuhl. Die kleine braune mit den blonden
Zöpfen stand mit ihm auf. Die andere blieb sitzen. Sie machte ein
verärgertes Gesicht.

Der Dicke schob das Mädchen vor sich her zum Ausgang. Er
preßte dabei seine Wurstfinger zwischen ihre Arschbacken. Ich folgte
den beiden auf die Straße. Dem Sambrasil gegenüber auf der anderen
Straßenseite war ein Kinderspielplatz. Der Platz lag stockduster im
Schatten riesiger Kastanien. Der Dicke schob das Mädchen durch
den Eingang. Es roch scharf nach Urin.

Sie gingen am Sandkasten vorbei, der schemenhaft zu erkennen
war, und an einer Schaukel, die quietschte. Jemand schaukelte da.
Eine junge Frau, die kicherte. Sie hatte eine Zigarette im Mund, die
aufglühte bei jedem Schwung. Ihr Freund stand hinter ihr und stieß
sie an und kicherte auch.

Der Dicke und Elizete gingen weiter, durchquerten den Spielplatz
und verließen ihn durch einen Ausgang, der auf eine ruhige Wohn-
straße hinausging. Sie bemerkten mich nicht. Sie bemerkten mich
auch nicht, als sie in den dunklen Mercedes stiegen, der vor dem
Ausgang geparkt war. Und sie bemerkten mich nicht, als ich den
Rücklichtern nachsah, die rot davonglitten.

Ich fluchte. Nicht einmal das Nummernschild hatte ich lesen können. Die Kennzeichenbeleuchtung war defekt. Und kein Taxi weit
und breit.

Ich ging ins Sambrasil zurück und hielt nach dem anderen Mädchen
Ausschau, das den Sekt geholt hatte. Sie war weg. Ich schnappte mir
Stella. Nein, die kannte sie nicht. »Aber versuchs mal bei der Kirche
an der Königstraße.«

»Gleich hier gegenüber dem jüdischen Friedhof?«

Sie nickte. »Wenn die Kleine Pech hat, sind sie da.«

»Wieso Pech?«

»Ein Quickie bringt weniger Kohle.« Sie ließ mich stehen und
tauchte in die Menge zurück und ließ sich Bestellungen in die Ohren
brüllen. Ich ging raus. Der Blick des Lockigen, der die Biere zapfte,
folgte mir, bis hinter mir die Tür zuschlug.

15

Die Königstraße ist die Verlängerung der Reeperbahn in Richtung Altona. Keine fünf Minuten zu Fuß. Die Straßenecke am Anfang ist noch bebaut, dann kommt eine Tankstelle, und dann eine Art Nichts. Eine weite, freie Fläche, auf der einfach nichts ist außer Gestrüpp, verstreuten Bäumen und der Kirche. Dunkel und massiv drängte sich ihr Turm in den Sternenhimmel.

Die Nacht war klar. Nur ein paar eilige kleine Wolken wurden von einer breiten Mondsichel in Fetzen gerissen.

Ich hörte ein Quietschen. Ganz leise, und es wurde langsam stärker, rhythmisch. Ich tastete mich in die Richtung vor, aus der das Geräusch kam. Hinter einer Anzahl kleiner Bäume war ein Auto geparkt. Die Mondsichel tanzte in den Seitenscheiben hoch und runter. Die Federung quietschte. Das Tanzen hörte plötzlich auf, und das Quietschen verstummte. Drei Herzschläge lang war absolute Stille. Dann ein unterdrückter Schrei. Der Tanz begann von neuem, begleitet von kleinen, spitzen Schreien. Ich ging noch näher. Jetzt sah ich den Wagen deutlich. Es war ein Ford.

Ich schlich weiter. Dort, wo die Kirche ihren Schatten ins Mondlicht warf, dachte ich mir, müßte ein bevorzugter Platz sein. Ich hatte recht. Licht flammte hinter der Kirche auf, und kurz darauf schnitten zwei Scheinwerfer um die Ecke. Geäst wurde aus der Dunkelheit gerissen, und Schatten marschierten im Gleichschritt durchs Gestrüpp. Ich trat hinter einen Baum. Der Benz knirschte an mir vorbei auf die Straße. Ich konnte nicht erkennen, ob jemand auf dem Beifahrersitz saß.

Ich blieb stehen und lauschte. Ein Wimmern? Oder der Wind? Eine Möwe? Ich versuchte, die Nacht mit meinen Augen zu durchdringen. Die Kirchenmauern stemmten sich wie massives Gestein aus dem Erdinnern empor. In ihren Schatten war alles schwarz. Weit weg fing eine Alarmanlage zu jaulen an, verstummte. Irgendwo explodierten Feuerwerkskörper, und gröhlendes Gelächter vom jüdischen Friedhof. Dann nur noch das ferne Rauschen des Verkehrs, der Atem der Stadt. Ich kniff die Augen. War da nicht eine Bewegung, etwas Helles? An der Kirchenmauer? Ich ging darauf zu. Alles war wie ein schwarzer Sandsturm kleiner schwarzer Körner, die umherwirbelten und Bewegungen oder Konturen vorgaukelten, und da waren ein paar graue Körner, ein paar wenige, die mal klarer wurden gegen die anderen, mal verschwanden. Wieder hörte ich das Wimmern. Es kam von den grauen Körnern. Etwas schepperte. Ich hatte gegen eine Dose gekickt. Das Wimmern erstarb jäh.

Dann sah ich sie. Ich sah ihre blonden Zöpfe. Sie hockte und drängte sich an die Kirchenmauer.

»Elizete«, sagte ich und blieb vor ihr stehen.

Sie rührte sich nicht. »Hau ab, Wiexer!« preßte sie hervor.

»Nur wenn du mitkommst.«

»Hau ab!« Sie kreischte. Sie trat nach mir.

»Ich will dir helfen«, sagte ich. Ich war sehr edel.

»Was du will?«

»Wer war der Mann?«

»Eine Mann. Eine Wiexer. Eine fett Porco.«

»Kaugummi?« fragte ich. »Chewing gum?« Ich hielt ihr eins hin.

»Has kein Sigarette?« Sie stand langsam auf und fuhr sich durchs Haar.

»Wir können Zigaretten kaufen. Laß uns gehen.« Ich nickte ihr mit dem Kopf zu, mir zu folgen. Sie folgte zögernd.

»Hast du Hunger? Durst?«

Sie sagte nichts. Wir traten aus dem Schatten, und ihre Stirn schimmerte im Mondlicht. Sie ging weiter hinter mir her, bis zum Bürgersteig. Im Licht der Straßenlaternen sah ich, daß ihr Gesicht und ihr Haar voll Sperma waren. Sie hatte es wohl mit dem Ärmel abwischen wollen, aber nur verschmiert. Ich gab ihr ein Taschentuch. Mit einem zornigen Laut fuhr sie sich damit übers Gesicht. Sie schmiß es auf den Boden und sah mich an wie ein trotziges wildes Tier. »Und dein Nam?« fragte sie unvermittelt.

»Leo,« sagte ich.

»Ah«, machte sie. »Leão.«

»Genau,« sagte ich. »Der Löwe.«

Sie sah mich weiter an, nicht mehr so böse. Ich brauchte eine Weile, bis ich begriff, daß sie darauf wartete, daß ich weiterginge.

Ich ging weiter.

Sie folgte mir. Sie war jung. Sie brauchte jemanden, dem sie folgen konnte. Ich hatte das Gefühl, daß das die Tragödie ihres Lebens war.

Ich ging mit ihr in diesen Croques-und Crèpes-Laden in der Mitte der »Meile«. Es war ein ruhiger Ort in all dem Trubel. Helle Holzmöbel, und die Bedienung ließ einen in Ruhe. Man konnte Das Kapital von Marx durchlesen, und die Quellennachweise, bis mal jemand kam, um die Bestellung aufzunehmen.

Nachdem Elizete sich gewaschen und ich es irgendwie geschafft hatte, etwas zu bestellen, ohne dabei mein Gesicht zu verlieren, fragte ich: »Was machst du überhaupt hier in Deutschland?«

»Ich mach?« Sie zuckte mit den Schultern.

»Por que voce vim pra aqui?«

»Voce fala português?« Sie war verblüfft.

»Mais o menos.«

Sie lachte. Sie taute ein wenig auf. Im Folgenden unterhielten wir uns in einer Mixtur aus deutsch und portugiesisch und auch ein paar Brocken englisch. Es funktionierte ganz gut.

»Wie bist du hierhergekommen?«

»Peter. Peter hat mich gebracht.«

»Er hat dich aus Brasilien mitgebracht? Ihr habt euch dort kennengelernt?«

Sie nickte. »Ich dachte Liebe. Aber ist nicht wahr.« Sie ließ den Kopf sinken. »Ich glaube, gibt nicht Liebe.«

»Nana«, machte ich. Ich hustete.

Elizete sah mich mit großen Augen an. »Er sag, ich soll mitarbeiten.« Sie zupfte an ihren blonden Rastalocken und starrte auf die Tischplatte. Die Bedienung kam mit meinem Kaffee und einer Cola für sie.

»Mitarbeiten?« fragte ich.

Sie knetete ihre Unterarme. »Mit Beine breit. Mit Maul auf.«

Ich testete meinen Kaffee. Er war zu dünn.

»Mit Beine breit ich auch kann in Brasil. Überall kann Beine breit. Ich nicht will.« Sie beugte sich zu mir vor. »Gestern ich weglaufe.«

»Von Peter bist du weggelaufen?«

»Ja.«

»Und wo wohnst du jetzt?«

»Freundin.«

»Wo ist das?« wollte ich wissen.

Sie sagte mir den Namen eines Hotels am Hansaplatz. Ich kannte das Hotel. Es war voll mit Strichern und Nutten, die an der Nadel hingen, und mit Asylanten, die zu zehnt in einem Zimmer wohnten.

»Schafft deine Freundin an?« fragte ich.

»Wa?«

»Mitarbeiten? Deine Freundin auch? Mit Beine breit?«

Elizete nickte. »Sie brauch Geld.«

»Du auch?«

»Ja. Ich will rück. Nach Brasil.«

»Wie lange bist du hier?«

»Sechs Monate.« Sie überlegte. »Mehr.«

»Hast du ein Visum? Vista?«

»Ja.« Sie kramte es aus einer Tasche hervor und strich es glatt und reichte es mir über den Tisch. Es war ein normales Touristenvisum. Vor vier Monaten war es verlängert worden. Seit einem Monat war es abgelaufen. Ich gab es ihr zurück.

»Du willst nach Hause zurück? Nach Brasilien?«

»Ja. Zu mein Familie. Zu Sonne. Aber kein Geld.«

»Du brauchst kein Geld.«

»Quatsch! Jeder brauch Geld.«

Ich berührte ihre kleine Hand. »Sag mir alles, was du über den dicken Mann mit dem Mercedes weißt, und ich sag dir, wie du nach Brasilien kommst.«

»Du spinns.« Sie zog ihre Hand fort.

»Ganz einfach. Ohne zu bezahlen. Bequem im Flugzeug.«

Ihre Augen wurden zu schmalen Schlitzen. Sie sah mich dadurch an wie durch Schießscharten.

»Was guckst du mich so an?« fragte ich. »Hab ich Tomatensauce am Kinn?«

»Wa?«

»Sag schon. Was weißt du über den Dicken? Ist er Brasilianer?«

»Ja.«

»Wie heißt er?«

»Weiß nich. Is bei Konsulat.«

»Mhmm. Beim brasilianischen?«

»Ja. Ist… Botschafter, er sag.«

Ich pfiff. »Wo wohnt er?«

»Weiß nich. In Konsulat fragen.«

»Das werd ich tun, mein Kind. Danke für den Tip.« Ich ließ meinen Löffel im Kaffee umherplanschen. Ich dachte an Zollbeamte und an Diplomatengepäck, das sie nicht öffnen durften.

»Wie komm ich nach Hause? Mit kein Geld?« Elizete stieß gegen meinen Unterarm, und Kaffee schwappte auf den Tisch.

»Magst du deine Cola nicht mehr?« Ihr Glas war noch halbvoll. Ich nahm es mir und trank einen gehörigen Schluck. »Hör zu.«

Sie hörte.

»Geh zur Polizei. Zeig da dein Visum.« Ich deutete auf die Tasche, in der das Visum steckte. »Die schicken dich nach Hause.«

Sie sagte nichts. Sie hörte weiter zu.

»Das wars.« Ich rieb mir klatschend die Hände. »Sie zahlen den Flug.«

»Einfach so?« Ihre Augen waren jetzt groß wie Billardkugeln. In den Mund hätte man auch noch eine reinschnicken können.

»Einfach so. Sie werden nicht begeistert sein. Aber: Einfach so.«

Sie zupfte an ihren Rastalocken. Sie stopfte sich ein paar davon in den Mund.

Ich trank das Bier aus und streckte mich. »Siehst du? Das Paradies ist es nicht, dieses Deutschland. Aber verdammt nahe dran.«

Ich begleitete Elizete im Taxi zu ihrem Hotel. Das Taxi wollte unbedingt sie zahlen. Ich ließ das nicht zu. Sie hatte sich das Geld sauer verdient.

Ich schärfte ihr ein, auf ihr Geld aufzupassen und nie einem Fixer zu trauen. Mir fiel dazu ein blendender Vergleich ein, von einem Goldfisch, der ja auch einem Verdurstenden nicht glauben würde, wenn der versicherte, das Aquarium nur anzuschauen, weil ihn sowas beruhige. Ich erklärte Elizete, daß sie der Goldfisch war, der Fixer war der Verdurstende, und das Wasser war Elizetes Geld oder Leben, was dasselbe war. Ich glaube nicht, daß sie verstand. Sie kicherte und nannte mich ihren Goldfisch. Ich sagte ihr gute Nacht und suchte mir selbst ein Hotel in der Nähe, das möglichst nicht jede Nacht Ziel einer Razzia war. Ich fand eins und fiel ins Bett, ohne mir die Zähne zu putzen.

16

Das brasilianische Generalkonsulat befand sich im vierten Stock eines weißen, sechsstöckigen Bürohauses in der Kleinen Theaterstraße, gleich an der Binnenalster. Es gab keinerlei Sicherheitsmaßnahmen. Diesem Land schien niemand Böses zu wollen. Jeder mochte Samba und Pelé. Ich zog die Milchglastür auf, auf der ein schickes Wappen prangte, und stand in einer Art Empfangs- und Warteraum. Teppiche und Wände waren braun, und eine abgenutzte braune Couchgarnitur lud zu einem Nickerchen vor einem Stoß alter Zeitungen ein. Die Längsseite des Raums wurde von einem verglasten Schalter eingenommen. Eine junge Frau saß dahinter und tippte. Ein junger Mann sortierte Akten ein. In der Mitte des Schalters stand eine große, hagere ältere Dame in gestärktem Hemd. Sie stand dort wie der Kapitän auf seiner Kommandobrücke. Sie mochte um sechzig sein, und sie blickte, als hätte jedes einzelne dieser Jahre auf diesem Planeten ihre Geringschätzung für die eigene Spezies verstärkt. Ihr Silberhaar war halblang nach hinten gesprayt, und eine riesenhafte Brosche stak an ihrem Bretterbusen wie ein Orden. Sie faßte mich ins Auge. Sie hatte praktisch keine Lippen.

Ich räusperte mich. »Ist der Botschafter wohl zu sprechen?«

Sie lächelte. Ihr Lächeln warf tiefe Messerschnitte in ihr ansonsten starres Gesicht. »Der Konsul«, verbesserte sie mich lächelnd. »Er ist nicht da.«

»Wann ist er denn da?« Ich griente zurück.

»Da fragen Sie mich zuviel. Aber Sie können mit allen Anliegen auch zu mir kommen.« Sie hüstelte spitz. »Ich habe sämtliche Befugnisse.«

»Es ist persönlich.«

Sie musterte mich indigniert, wie einen Armen oder einen Rottweiler, der furzt. Persönliches war ihr zuwider. »Wenn es persönlich ist, dann suchen Sie ihn doch privat auf.«

»Wenn Sie mir die Adresse geben.«

Sie reckte den Schnabel, wie um eine Fliege zu schnappen. »Wenn Sie seine Adresse nicht kennen, kann es wohl kaum persönlich sein.«

»Eine verblüffende Logik. Aber Sie könnten ihn doch sicher fragen—«

»Ich könnte. Aber ich werde nicht.«

Ich hob eine Augenbraue.

»Wenn Sie mich jetzt entschuldigen. Sie können selbstverständlich warten.« Eine weiße Kralle wies auf die Couchgarnitur. »Wir schließen um eins.« Damit wandte sie sich um.

»Zu gnädig«, sagte ich. Ich ließ mich in die Couch plumpsen. Sie knarschte lauthals. Ich raschelte in einer der Zeitungen, um mein Portugiesisch aufzufrischen. Bei der ersten Gelegenheit, da dieser Drache den Raum verließ, würde ich mir die Tipse heranlocken.

Jedoch – das war nicht nötig.

»Silvio!« Sie war nicht laut, aber diese Stimme schnitt in die Ohren wie ein angefeilter Q-Tip.

Die alte Dame tippte mit einem Kugelschreiber auf ihre Schreibtischplatte, und hinter einem Haufen von Akten tauchte der eifrige Kopf eines Mannes hervor, den ich bisher gar nicht bemerkt hatte.

»Pois não, Senhora?«

»Herr Guimaraes, machen Sie sich nützlich. Holen Sie doch bitte meine Sachen aus der Wäscherei.«

»Sim Senhora. Ja vou.«

Deutsch war die Herrschaftssprache. Portugiesisch war für Untergebene.

Der Untergebene nahm gesenkten Hauptes den Abholschein entgegen und strebte dem Ausgang zu.

»Und! Silvio.«

»Sim, Senhora?« Er blieb gehorsam stehen.

»Vergessen Sie nicht wieder die Quittung.«

»Não, Senhora.« Er schüttelte nachdrücklich den Kopf. Die Tortelliniohren links und rechts der Glatze waren roter denn je.

In der Gasstraße in Altona gab es diese Halle voll mit Schraubern. Sie holten sich schrottreife Autos von irgendwo, schraubten ein bißchen, schweißten ein bißchen und sprühten eine Schicht Lack über den Rost. Dann verkloppten sie die Gurken an Trottel, die von Autos keine Ahnung hatten. Trottel wie mich. Die Halle war alt, und da war ein Hof mit einer verschnörkelten Einfahrt, und ein Turm war an der Halle, wie von einer mittelalterlichen Trutzburg. Ich kam auf den Hof geschritten und dachte, daß ein Pranger oder ein Schandpfahl gut in den Hof passen würde. Man würde die Schrauber dort festzurren und sie mit rostigen Muttern und gekauften TÜV-Plaketten steinigen.

Auf dem Hof stand ein weißer Benz 250. Nasser kniete neben dem Wagen und drückte eine Zierleiste fest.

»Na, grade den Rost übertüncht?« begrüßte ich ihn.

»Ah, Leo.« Er schmierte sich die Hand an seinem Overall ordentlich mit Öl voll und streckte sie mir hin. »Freut mich, dich zu sehen.« Er sah nicht erfreut aus.

»Hallo, Nasser. Du schuldest mir zweitausend Mark. Her damit.«

»Tjaaa...« Er richtete sich langsam auf und fing an, irgendwas zu sabbeln.

»Das reicht«, unterbrach ich ihn. »Ich brauch ein Auto. Ich nehm die Schüssel hier.«

Nasser trat schützend vor das Auto. »Die Schüssel hier will ich verkaufen. Was meinst du, wieviel Arbeitsstunden da drin stecken.«

Ich sah mir den Wagen von nahem an. Die Radläufe. »Fährt er?«

»Er fliegt.«

»Gib mir die Schlüssel.«

»Fünftausend.«

»Zwei.«

Wir einigten uns auf vier. Zwei Schuldenerlaß und zwei per Handschlag.

Wir gingen zu ihm rein, um den Handel zu begießen. Er hatte einen Wohnwagen in der Halle, mit Kühlschrank und allem. Ich setzte mich aufs Bett und Nasser holte eine Flasche aus dem Kühlschrank. Auf dem Bett lag ziemlich viel Krimskrams. Autozeitungen, Reparaturanleitungen. Und auch ein Foto, ein Polaroid von einem kleinen Jungen, irgendwo auf einem staubigen Hof aufgenommen, im Iran vielleicht. Nasser war Iraner.

»Wer ist das?« wollte ich wissen.

»Das.« Nassers Gesicht verdüsterte sich. »Das ist mein kleiner Cousin Ahmad.«

»Aha.«

»Vor einem Monat wollte ich ihn abholen, vom Flughafen, von Frankfurt. Sie hatten ihn rausschaffen können, meine Familie.«

»Und?«

»Er war nicht mehr da. Sie haben da ein Haus, wo sie die Flüchtlingskinder lassen, die ohne Erwachsene ankommen. Es hatte ihn schon jemand abgeholt. Jemand, der behauptet hatte, er sei sein Onkel.« Nasser sah mich an. »Ahmad hat überhaupt keinen Onkel mehr. Alle hingerichtet.« Er setzte sich neben mich. »Ich war dann bei der Polizei. Die haben gesagt, daß sowas immer wieder passiert. Sehr oft. Täglich kommen diese Kinder auf dem Flughafen an. Hunderte manchmal. Und niemand weiß, wer sie sind. Manchmal haben sie irgendwelche Zettel dabei, auf denen ein Name steht. Meist haben sie gar nichts. Und sie sprechen Sprachen, die keiner versteht. Und dann kommen Männer und holen sie ab. Und die Polizei kann nicht alle überprüfen, ob sie jetzt Freunde sind, oder

Verwandte. Wie auch? Wahrscheinlich sind sie auch froh, wenn sie die Kinder los sind.«

Ich schüttelte den Kopf. Ich sagte: »Sowas.«

Fürs Publikum schloß das Konsulat um eins. Um zwei war dann auch für die Angestellten Feierabend. Als Silvio aus dem Gebäude auf die Straße trat, und unsicher in die Sonne blinzelte, parkte ich vor dem Schaufenster des Matratzenladens im Nebenhaus und betrachtete hübsche japanische Futons und unverschämte deutsche Preisschilder. Silvio packte seine Aktentasche fester, sah links und rechts, senkte dann den Blick auf die Schuhspitzen und marschierte über die schmale Straße. Er marschierte direkt in das gegenüberliegende Bürohaus. Ich hatte sowas erwartet. Nirgends in der Nähe hatte ich den dunklen Mercedes gesehen, und dieses Bürohaus hatte eine Tiefgarage. Nach einer Weile öffnete sich das automatische Tor langsam, und der schwere dunkelblaue Wagen grummelte die Auffahrt hoch. Silvio hatte eine spiegelnde Sonnenbrille auf der kleinen Nase, und sein linker Arm hing lässig aus dem Fenster. Er saß zurückgelehnt wie in einer Hängematte und schielte gebieterisch, ob die Straße frei war. Sein Zeigefinger ließ das Lenkrad kreisen, bis der Servomotor quietschte, der Mercedes glitt auf den Asphalt. Dann wollte Silvio es wissen: Er machte den Kick-down. Rollsplitt spritzte, und der Wagen schoß davon. Ich fluchte, gab Gas und hängte mich an ihn ran.

17

Die Garagentür schloß sich hinter Guimaraes' Wagen. Ich rollte noch ein wenig weiter und hielt dann am Kantstein.

Parkstraße. Gute Gegend. Teure Gegend. Nummer 42 war ein moderner Bungalow, auf rustikal getrimmt, weiß, mit halbhohem Schieferdach. Die Fenster waren groß, mit Läden an den Seiten.

Im Vorgarten standen Tannen und zwei kuhgroße Findlinge. Die Einfahrt grub sich rechts mit einem Schlenker unters Haus, wo die Garage war. Es war kein schlechtes Haus für einen Laufburschen.

Ich gähnte und stellte den Innenspiegel so ein, daß ich das Anwesen im Auge hatte. Dann gähnte ich noch einmal.

Violas Wimpern flatterten wie ein Schmetterling auf meinen Wangen. Ich spürte jede ihrer Wimpern auf jeder meiner Poren. Ich spürte ihren Atem, atmete den Geruch ihrer Haut. Dann atmete ich den Duft ihrer Tränen. Ich küßte sie, und das Salz ihrer Tränen bedeutete Leben. Ich trank ihre Tränen, bis der Strom versiegte. Sie sah mich an, und ihre Augen waren für einen Moment sehr ruhig, sehr warm, sehr glücklich. Doch dann begann wieder das angsterfüllte Flackern. Ihre Brauen bogen sich an den Außenseiten abwärts. Sie öffnete ihren Mund. »Mir ist kalt« flüsterte sie. »Mir ist so kalt.« So kalt.

Ich schreckte hoch. Meine Zähne klapperten. Es war dunkel. Ich mußte stundenlang geschlafen haben. Ich gähnte. In Guimaraes' Haus waren die Fenster zugezogen. Schwacher Lichtschein drang durch Vorhänge. War er überhaupt noch da? Ich reckte mich. Der Schlaf hatte mir gut getan. Ein Gefühl strömte in meinen Körper, ein seltsames Gefühl. Als wüßte ich jetzt, worum es ging. Ein Gefühl wie Kraft. »So«, sagte ich. »Genug gewartet.«

Ich stieg aus. Eine Straßenlaterne flackerte unregelmäßig. Sie schmiß mir alle paar Schritte meinen Schatten vor die Füße und riß ihn schnell wieder fort, bevor meine Sohlen ihn festhalten konnten. Ich ließ das Gartentor aufschwingen und ging über grobe Schieferplatten zur Haustür. Es roch nach Flieder.

Die Tür war aus dunklem Holz, mit Butzenscheiben und einem faustgroßen Messingknauf. Von drinnen glomm schwaches Licht durch die Scheiben. Ich klingelte. Ding-dong... Der Ton verhallte. Ich wartete. Irgendwo brummte ein Auto. Der ewige Hund kläffte in der Ferne. Ding-dong... Ich lauschte. Ich betrachtete den Messingknauf an der Tür. Ich drehte ihn. Die Tür ging auf.

»Hallo!«

Keine Antwort.

Ich ging hinein.

Vor mir standen ein schwarzer Panther und ein schwarzbekleideter Dalmatiner. Sie standen zu beiden Seiten an den Wänden des Flures. Dem Dalmatiner hatte jemand einen Schirm in den Rücken gesteckt, der Panther hockte nur so da. Der Lack glitzerte an seinen Flanken. Über den Viechern hingen zwei Kupferdrucke, »Lubecca« und »Nuremberga«. Am Ende des Flures, der Haustür gegenüber, stand eine Kommode mit Messinggriffen und einem mannshohen Spiegel, hinter dem indirektes Licht hervorflutete. Ich zog die Schubladen der Kommode auf. Handschuhe, Schals, Karten.

Links führte eine breite Glasschiebetür in ein Eßzimmer und die dahinterliegende Küche. Im Eßzimmer stand ein Tisch mit geschnitzten Geschwüren an den Beinen. Hier hieß der Kupferdruck »Würzburg«, gab es Indioschmuck und Schnitzereien.

In der Küche stapelte sich das Geschirr. Der übliche Käse im Kühlschrank, Cola und Ballantines. Whisky im Kühlschrank. Wer sowas tut, ist zu allem fähig.

Ich ging durch Eßzimmer und Flur ins Wohnzimmer. Schneeschuhe waren nicht erforderlich, aber sie hätten einem das Vorwärtskommen in dem tiefen, weißen Teppich erleichtert. Man hinterließ Fußstapfen. Die Einrichtung war fabrikneu. An einer Sitzgruppe aus Leder hingen noch Fetzen der Plastikverpackung. Es roch wie in einem neuen Auto. Leder. Plastik und ein Hauch von Abgasen. Die schwarzgebeizten Holzregale waren leer. Auf einem Videoturm mit Stereofernseher lag noch die Gebrauchsanweisung. Ich blickte durch die Spiegelung im Panoramafenster hindurch in den Garten, der sich in der schwarzen Nacht verlor. Ein Sonnenschirm stand halbgeöffnet auf der Terrasse, vier Klappstühle drum herum, die ihn bewunderten. Mußte nett sein, im Sommer hier im Garten zu sitzen. Whisky-Cola schlürfen und den Blaumeisen lauschen.

Als nächstes nahm ich mir das Schlafzimmer vor, aber ich fand nichts, nicht mal unter dem Bett. Das Bad war angefüllt mit verschiedenen Herren-Serien der Kosmetikindustrie. Das Arbeitszimmer war ein kleiner Raum neben dem Schlafzimmer. Die Möbel hier waren alt. Es gab einen Schreibtisch mit Stuhl und einen Aktenschrank.

Auf der stumpfen Schreibtischplatte lag ein Stoß Papiere. Ich nahm den Briefbeschwerer zur Seite, eine kleine Hantel aus Messing, und ging die Papiere durch. Ein Zettel von der Krankenkasse, auf dem verschiedenes anzukreuzen war. Ein Kostenvoranschlag über Goldkronen vom Zahnarzt. Strafmandate wegen falschen Parkens. Eine Erinnerung an fällige Beitragszahlung für den Fitness-Club Body-Fit. Beiliegend ein Überweisungsauftrag, bereits ausgefüllt. Zwei Broschüren, die Produkte anpriesen, die dem Benutzer heftigen Haarwuchs ohne Nebenwirkungen bescheren sollten. Ich wühlte in den Schubladen. Leeres Briefpapier, Schreibutensilien, Tips zur Geldanlage und so fort. Und eine Schachtel mit 7,62er Patronen.

Ich suchte nach der dazugehörigen Waffe. Ich fand sie schnell. Eine Automatik, mit Klebeband unter dem Schreibtisch befestigt.

Sie war entsichert und der Lauf zielte auf die Tür. Ich rührte sie nicht an, aber ich krabbelte unter den Tisch und schnüffelte am Lauf. Es roch nach Waffenöl und Eisen.

Dort unten fiel mein Blick in den Papierkorb. Zwischen Bergen von alten Tankquittungen und gebrauchten Taschentüchern fand ich einen Zettel, der mir interessant erschien. Sehr interessant. Folgendes stand darauf:

Stella Tavares – Standesamt/Joao da Silva.

Ich ließ diese Worte auf mich wirken. Joao da Silva? Wer war das? Dann ging ich wieder ins Wohnzimmer. Der Videoturm blinkte mir mit seinen Knöpfen entgegen. Ich blinkte zurück und kniete mich vor ihn hin und drückte auf eject. Ein Motor surrte, die Klappe ging auf. Eine Videocassette erschien. Ich nahm sie raus.

Eine BASF-Cassette.

Mir wurde plötzlich sehr warm. Das Band war etwa auf die Mitte gespielt. Ich schob es zurück in den Recorder und drückte ein paar Schalter. Ich aktivierte den Fernseher. Das Bild flammte auf. Jemand sang. Die Milch machts. Ich drückte die Programme durch bis zwanzig. Zwanzig war der Videokanal. Für eine Sekunde gab es einen ohrenbetäubenden Schneesturm auf der Mattscheibe, und mein Herz knallte gegen die Rippen und ich schoß zwei Finger vor und stellte leiser.

Dann erschienen Konturen, Umrisse. Menschen in einem Keller oder in einem Tunnel. Sie drangen auf die Kamera ein. Sie waren verschmutzt und dreckig. Ruß vielleicht. Sie sagten etwas. Einer, ein großer Mann mit kantigen Gesichtszügen und einer Art Kutte, hielt mit ausgestrecktem Arm ein Kruzifix vor sich. Wilde Angst stand in seinen Augen. Ich stellte lauter. »Im Namen Gottes!« schepperte es aus den Boxen. »Im Namen Gottes!!«

Der Film hieß ›Die Katakomben Satans‹, und er war von der FSK ab 18 freigegeben. Ich spulte noch ein wenig hin und her, aber es war wirklich nur dieser Film auf dem Band. Ich spulte wieder auf die Mitte zurück und desaktivierte alle Systeme.

Es roch nicht gut im Wohnzimmer. Erst jetzt wurde mir das bewußt. Es stank. Immer stärker. Ich hatte geglaubt, das seien die neuen Möbel, der Fabrikgeruch, der ihnen anhaftete, aber jetzt war es ganz deutlich: Autoabgase.

Ich suchte nach der Kellertür. Ich erschnupperte sie schließlich in der Küche. Es war eine Tür, hinter der ich eine Speisekammer oder ähnliches vermutet hatte. Ich machte Licht und ging die steile Treppe hinunter. Der Gestank war hier schon recht stark, und ich hörte das Brummen eines Motors. Ich mußte husten. Am Fuß der Treppe war mir schwindlig und kotzübel. Ich rannte wieder hoch und nahm mir ein Geschirrhandtuch und hielt es unter den Wasserhahn. Ich band es mir über Mund und Nase und stieg wieder runter. Der Qualm waberte um mich herum. Er drang unter einer Stahltür hervor, fingerte durch den Spalt. Ich riß die Tür auf.

Der Rauch drängte mir entgegen wie eine kompakte Masse, zerfaserte dann in langgliedrige Arme, die nach mir griffen und an mir vorbei nach oben langten. Ich folgte meinen wedelnden Armen in den Nebel hinein. Hier drin war Licht und der Nebel leuchtete, als sei Licht ein fester Stoff, der einem die Sicht nahm. Ich stieß gegen den Wagen. Es war der dunkle Mercedes. Er war gut eingestellt.

Es gab wohl immer noch genug Sauerstoff, damit in seinem Vergaser alles klappte wie es sollte. Der Motor arbeitete sehr leise. Das konnte man von einem Luxusfabrikat auch verlangen.

Die Fenster des Wagens waren alle geschlossen, nur eines stand einen Spalt offen. Ein Gartenschlauch steckte dort im Spalt und goß giftiges Gas ins Wageninnere.

Ich sah durch die Windschutzscheibe. Der Qualm in der Garage verzog sich langsam durch die Tür, aber im Innenraum des Wagens war er immer noch dick. Trotzdem erkannte ich Silvio Guimaraes. Er hing hinterm Lenkrad, so wie ich ihn beim letztenmal gesehen hatte. Lässig ins Polster gegossen wie in eine Hängematte. Sein Mund stand offen, die Augen waren zu. Er hatte eine rosige Gesichtsfarbe, die Lippen waren rot und die Tortelliniohren sahen aus wie in Tomatensauce getunkt. Die Polster, so erkannte ich, waren echt Leder. So war es immerhin ein nobler Tod.

18

Es war eins, als ich die Tür des Sambrasil aufstieß. Niemand kassierte heute in dem kleinen Zwischenraum hinter der Eingangstür. Ich stieß die zweite Tür auf und sah mich um. Es war nicht so voll wie gestern. An einigen Tischen wurde sogar gegessen. Um den Tresen herum gab es etwa zwei dutzend Durstige, die sich zum

Rhythmus aus den Boxen wiegten und sich Alkoholika in den Leib gossen.

Der gutaussehende Lockige zapfte und schüttete Bier von Glas zu Glas und strich Schaum ab. Er verteilte die Biere am Tresen oder plazierte sie auf Tabletts, die von einem Kollegen an die Tische getragen wurden. Stella sah ich nicht.

Ich schob mich seitwärts an den Tresen, neben die Zapfhähne. »Ein Bier!«

Der Lockige sah kurz auf. Er gab mir die Andeutung eines Nickens und griff sich ein frisches Glas von hinten und hielt es schräg unter den Hahn, bis es voll Schaum war. Er stellte es ans Ende einer langen Reihe von Gläsern, deren Inhalt zum Anfang hin immer goldener wurde. Dann fuhr er fort, jeweils dort einen Zentimeter dazuzugeben, wo der Schaum sich etwas gesetzt hatte. Als eine Ladung fertig war, strich er -zack- den Schaum ab, steckte Papierlätzchen um die Stiele und stellte die Gläser auf ein Tablett.

Ich war inzwischen alt und grau geworden. Ich beugte mich vor. »Ich würde auch eins von denen da nehmen.«

Wieder sah der Lockige kurz auf. Er öffnete den Mund, zuckte aber dann die Achseln. Er nahm sich das nächstvolle Glas, machte es fertig und plazierte es unter meiner Nase. »Dreiachtzig!«

Ich gab ihm das Geld. »Stella nicht da heute?«

»Hat heute frei. Morgen wieder.« Er zapfte die Reihe durch und dehnte sich. »Gute Gruppe morgen. Gute Musik.«

»Mhm.« Ich nahm mein Bier und trank einen Schluck und wischte mir den Schaum von der Nase. »'Ne Ahnung wo sie sein mag?«

»Stella?« Zum ersten Mal sah er mich richtig an. Nicht auf die freundliche Weise. »Was weiß ich? Was willst du von ihr?«

»Sie hat mir Geld geliehen. Das war nett von ihr. Ich wills ihr wiedergeben, solange ichs noch hab und nicht das Casino drüben.«

»Black Jack?« Seine Brauen zogen sich zusammen.

Ich nickte. »Der wahre Jakob.«

Er fummelte eine Zigarette aus der Brusttasche seines Hemdes und schob sie sich in den Mundwinkel. »Vielleicht gewinnst du ja.«

Ich grinste mit der rechten Backe. »Gewonnenes Geld ist für 'n Zocker immer geliehenes Geld.«

Er griff sich ein Feuerzeug vom Tresen und brachte den Daumen zum Einsatz. Die Flamme war riesig und fauchte fast bis zur Decke.

Er hielt die Zigarette in die Flamme und steckte das Feuerzeug ein und blies Rauch aus den Nasenlöchern. »Wieviel Geld?«

»Zwei blaue Adler.«

»Die kannst du auch mir geben.«

»Ich geb sie lieber Stella.«

»Wie du willst.« Er kümmerte sich wieder um seine Biere und würdigte mich keines Blickes mehr.

Ich nahm einen Schluck Bier. »Weißt du, wo sie wohnt? Heh?«

Er funkelte mich von der Seite an. »Keine Ahnung.«

»Seltsam.«

»Was ist daran seltsam, Mann?«

»Niemand scheint zu wissen, wo Stella wohnt.«

»Die Welt ist seltsam, Mann. Und du stellst seltsame Fragen.«

»Daran wirds wohl liegen.«

»Ja.« Er nickte und rollte mit den Schultern und stemmte die Fäuste auf den Tresen. »Komm morgen wieder Mann. Oder besser: Komm gar nicht wieder.«

Ich machte mein Glas leer und schwang mich vom Hocker und ging. In dem kleinen Vorraum stieß ich mit Elizete zusammen. Sie blickte zu Boden und wollte gerade an mir vorbeilaufen. Die Dreadlocks hatte sie über ihre linke Gesichtshälfte geworfen.

Ich hielt sie an. »Hallo Elizete.«

Sie sah hoch. »Oh Leão.«

Ich strich mit einem Finger ihr Haar zur Seite. Unter ihrem linken Auge, bis hin zum Ohr, war ihr Backenknochen dunkellila gefärbt. Das Augenlid war angeschwollen.

»Ist dir der Kajal ausgerutscht?«

Sie fand das nicht witzig. »Er wollt ich mitarbeit.«

»Dein Peter, was?« Ich lehnte mich an die Wand.

Sie nickte. Sie lehnte sich neben mich.

Die Außentür ging auf und ihr Kopf schrak herum. Zwei Pärchen kamen herein und lachten laut über irgendwas und drängten sich an uns vorbei zur zweiten Tür.

Ich fragte: »Warst du bei der Polizei?«

Sie nickte eifrig. »Bullen, ja. Ich will fliegen. Morgen.«

»Gut.«

Sie faßte nach meiner Hand. »Aber ich Angst.« Ihre großen Brüste zitterten an dem kleinen Körper. Ihr heiles Auge blickte mich von unten an. Ich schwankte zwischen Gefühlen und Vatergefühlen.

»Angst vor ihm?« Ich nickte zu ihrem blauen Auge.

»Ja, er…« Sie krallte sich in meinen Unterarm. »Er mir nachgeh. Ich glaub, er da raußen. Er nicht will ich flieg Brasil. Er will ich zwei blau Aug. Oder schlimmer.«

»Dieser gemeine Kerl.«

Sie sah an mir hoch. »Du bist groß.«

»Geht so.«

»Ich kann mit dir sein, heute nacht? Letzte Nacht in Deutschland.«

Ich grinste schmierig. »Und deine Freundin? In dem Hotel?«

Elizete machte einen großen Mund und schüttelte Kopf und Titten.

»Is schrecklich. Kann nich da sein. Is dies Heroin. Is ganz verrückte.«

»Große Scheiße.«

»Ja. Un Peter kennt Adresse. Un er da draußen.« Sie guckte angstvoll zur Tür. Dann sah sie wieder zu mir hoch mit ihrem großen braunen Auge und ihrem nicht so großen blauen Auge.

»Wie groß ist denn dein Peter?«

Sie ließ den Halogen-Blick strahlen. »Nich so groß. So?« Sie zeigte die Größe mit ihrer Hand. Sie hielt die Hand unter mein Kinn.

»Mhm«, machte ich. »Unter einer Bedingung.«

»Was?« Sie jubelte.

»Eine Sache mußt du für mich machen. Vorher. Okay? Jetzt.«

»Ja?«

»Weißt du, wo Stella wohnt? Oder ihre Telefonnummer?«

»Stella? Die Negra von hier? Nein.«

»Dacht ich mir. Also«, ich faßte sie am Arm und beugte mich zu ihr hinunter und sah ihr in das gesunde Auge. »Frag den Lockigen, den Barkeeper, nach ihrer Adresse.«

Sie nickte. »Ja, gut.«

»Sag, du hast Angst. Oder, nein. Sag, du hast keine Wohnung, wie du es mir gesagt hast. Und du willst zu ihr, zu Stella. Ihre Adresse. Okay?«

»Okay?«

»Gut. Mach schnell. Ich warte draußen.«

Sie ging rein und ich ging raus. Ich lehnte mich ins Dunkle, an die Mauer des Spielplatzes gegenüber. Da lehnte schon jemand anderes. Im Schatten, etwa Spuckweite rechts von mir. Ein blonder Typ mit einer beeindruckenden Lederjacke mit Fransen. Haare halblang. Man hält es nicht für möglich, aber er trug eine Sonnenbrille. Er hatte die Daumen in die Taschen seiner Jeans gehakt und versuchte auch sonst, die coole Nummer raushängen zu lassen. Er war schlank. Ich konnte nicht sehen, was für Muskeln er unter der Lederjacke bereithielt. Ich schätzte ihn auf mindestens eins achtzig. Ich müßte mein Kinn schon ziemlich recken, damit er darunter Platz fände.

Ich schob mir ein Kaugummi in den Schädel und kaute und wartete. Mr. Cool stieß sich von der Mauer ab. Seine Lederjacke machte ein schabendes Geräusch an den Steinen. Er stampfte unruhig mit den Füßen und enthakte einen Daumen und fummelte eine Zigarette zwischen den Fransen hervor. Er zündete sie an und nahm ein paar Züge und drückte seinen Rücken durch und lehnte sich wieder an die Mauer und hakte den Daumen wieder in die Hosentasche.

Er rauchte die Zigarette auf, schnickte sie von sich und führte seinen Tanz auf und zündete eine neue an.

Ich ließ die Kiefer mahlen.

Elizete kam aus der Tür. Sie sah um sich und sah niemanden. Der Fransencowboy barg die Zigarettenglut in der hohlen Hand. Elizete ging unsicher einen Schritt nach links und einen nach rechts. Sie hatte ihre blonden Locken wieder über das blaue Auge arrangiert. Sie wandte sich halb um und faßte wieder nach dem Türgriff. Dann besann sie sich anders und marschierte nach rechts los, Richtung Reeperbahn.

Ich hörte das schabende Geräusch der Lederjacke. Der Fransencowboy schnickte seine Kippe weg und nahm mit langen Schritten die Verfolgung auf. Die Autos parkten eng an unserer Seite, und er mußte erst an mir vorbei. Er hatte diese Boxerschuhe an, die die Luden vor einiger Zeit entdeckt hatten. Das Gestell seiner Sonnenbrille glitzerte, als er an mir vorbeifederte.

Ich stellte ihm ein Bein. Er segelte aufs Pflaster.

»Pardauz!« sagte ich. Die Brille schlidderte in den Rinnstein.

»He!« fluchte unser Sportsfreund auf allen vieren. »Was zum Teufel–?«

Ich nahm sein Kinn volley. Ich hatte keine Lust auf lange Erklärungen. Sein Kopf klappte nach hinten, und seine Arme knickten ein, und er lag still.

Anders hätte ich ihn nicht ertragen.

Ich stieg über ihn hinweg, und – einem gemeinen Impuls folgend – trat ich auf die Sonnenbrille im Rinnstein. Sie knirschte lieblich.

Ich ging auf die andere Straßenseite, wo Elizete stehengeblieben war. Sie hielt ihre kleinen braunen Fäuste geballt und das Kinn vorgereckt.

»Jetzt sag bloß nicht, das war der falsche«, sagte ich.

Sie entspannte ihre Hände, und ihr Kinn lockerte sich. Sie versuchte ein Lächeln, und es gelang ihr fast. »Danke«, sagte sie zögernd. Sie sah zu ihrem Ex-Freund hin, der sich im Dreck wälzte.

»Arme Peter«, sagte sie, als sie ins Polster sank.

»Versteh einer die Frauen.« Ich startete den Motor. »Er hätte seine Zigarette auf deinen Titten ausgedrückt.«

Sie sah mich an. Sie grinste. »Nicht arme Peter.«

»Schon besser.«

Ich schlug links ein, und der große Wagen schwamm mitten hinein in den Blechstrom. Elizete legte ihre Wange an meine Schulter. Ihre nackten braunen Schenkel schimmerten bei jeder Straßenlaterne.

»Wie ist die Adresse?« fragte ich.

»Niederstraße 27.«

»Gut.«

Wir fuhren zum Pferdemarkt und nahmen das billigste Hotel dort. Elizete schmiß sich gleich wie ein Kind aufs Bett. Das Bett quietschte und Elizete auch. Sie grinste frech und riß sich ihr Kleid vom Leib und präsentierte mir ihre großen runden Brüste. Sie hatte Schwierigkeiten, sie in den Händen zu halten. Die Brüste schimmerten samtigbraun, und die Nippel standen daraus hervor wie schwarze Schnuller.

»Willst du sie ficken?« fragte Elizete.

Ich seufzte. »Nein, danke.« Ich starrte die Dinger an. »Nett gemeint, aber ich muß weg.«

19

Niederstraße 27. Das war nur einen Beilwurf entfernt von dem Hinterhof, in dem Stella mir mit dem Kampfgas aufgelauert hatte. Ich scheppterte im Leerlauf über das Kopfsteinpflaster und spähte nach Hausnummern. Die 27 war ein farbloses, heruntergekommenes Gebäude aus der Jahrhundertwende. Fünfstöckig, und von den alten Fensterrahmen blätterte die Farbe. Das sah man nachts zwar nicht, aber man wußte es. Ich rumpelte weiter, auf der Suche nach einer Parklücke. Es gab eine Änderungsschneiderei in der Straße und eine Kneipe mit halbhohen, nikotingelben Vorhängen. Sie hatte den beziehungsreichen Namen Holsten-Eck. Sie lag nicht einmal an der Ecke. Am Ende der Straße quälte sich ein rostiger Passat aus einer Parke raus und verschwand mit kreischendem Keilriemen. Ich nahm seinen Platz ein.

Ich drehte den Zündschlüssel nach rechts, und der Motor erstarb. Ein Mann kam aus dem Holsten-Eck, stolperte und fiel auf die Schnauze. Heute schien ein guter Tag für sowas. Es war ein alter Mann. Er hatte eine von diesen Kapitänsmützen aufgehabt, und sie war ihm beim Sturz vom Kopf geflogen. Er tappte ihr auf Knien hinterher. Irgendwie schaffte er es, sie immer nur vor sich herzuschieben, wie ein Hund, der versucht, einen großen Ball zu fassen. Ich stieg aus und ging zu ihm hin. Ich bückte mich nach dem Hut und reichte ihn dem alten Mann.

»Oh, danke, mein Junge«, krächzte er und packte die Mütze mit zitternden Fingern. Seine roten, wäßrigen Augen bemühten sich, mich ins Visier zu bekommen. Ich half ihm, aufzustehen.

»Danke«, sagte er noch mal. »Geht schon.« Er sah mich schwankend an. Dann lachte er ein freudloses Lachen. Er wollte mir auf die Schulter schlagen, schlug daneben und fiel fast wieder hin. Ich hielt ihn aufrecht. Er stank nach Urin und Verwesung und nach dem Alkohol, der das alles konservierte. Der alte Mann sah mir auf den Kragen, und für einen Augenblick schien er klar im Kopf zu sein. »Das ist die Würde des Alters, mein Junge«, sagte er. Damit warf er den Kopf in den Nacken, hielt die Mütze fest und machte schwungvoll auf den Hacken kehrt. Er schlingerte über den Bürgersteig wie eine Barkasse bei Sturm und stolperte zurück in seine Kneipe. »Hab meine Mütze wiedergefun!« gröhlte er und ballerte die Tür hinter sich zu.

Ich ging zu Nummer 27 und stieg die Stufen zur Haustür hoch. Links und rechts der Treppe, im Tiefparterre, waren früher Läden gewesen. Jetzt waren Sperrholzplatten in die Schaufensterrahmen genagelt. Ich besah mir die Klingeln. Lauter ausländische Namen. Die meisten türkisch, mit »ü« und so. Tavares war ganz unten rechts in der Leiste. Also Hochparterre rechts. Ich ging zwei Schritte zurück und lehnte mich über das eiserne Treppengeländer. In Stellas Wohnung brannte kein Licht. Rechts vom Haus gab es einen Einschnitt, der das Haus vom nächsten trennte. Ich probierte die Haustür. Sie war zu. Ich klingelte. Es passierte nichts. Ich klingelte noch mal, drückte alle Knöpfe. Kein Laut. Die Klingeln waren kaputt. Ich stieg die Treppe runter und ging unter Stellas dunklen Fenstern vorbei zum Einschnitt zwischen den Häusern. Fensterlose Brandmauern drängten zu beiden Seiten in die Höhe.

Ich kam in einen kleinen Hinterhof, in dem Ascheimer und alte Fahrräder vor sich hingammelten. Auf der Rückseite von Stellas Haus gab es Balkons. Die Balkons waren in der Mitte durch ein hüfthohes Eisengitter separiert, so daß jeder der beiden Parteien eines Stockwerks einen halben Balkon zur Verfügung hatte.

Stellas Balkon war etwa drei Meter über dem Boden. Die Balkontür war auf Kipp gestellt. Ich sah um mich. Niemand stand auf einem der Balkone oder guckte aus einem Fenster. In einem erleuchteten Fenster im zweiten Stock des rückwärtigen Hauses sah ich eine Frau in ihrer Küche hantieren. Sie würde nichts sehen, sofern sie nicht ihre Nase an der Scheibe plattdrückte und mit der Hand das Licht abschirmte.

Zwei Tote, dachte ich. Das Video. Guimaraes und sein Geld. Und sein Tod. Was hatte Stella mit all dem zu tun? Guimaraes kannte Stella – »Stella Tavares Standesamt« stand auf dem Zettel. Hier wurden Leute umgebracht, und man hielt mich für einen Mörder. Ich sah zu Stellas Balkontür. Mit fiel nichts besseres ein: Ich mußte da rein.

Die Ascheimer waren aus Blech. Ich nahm mir den leichtesten und schleppte ihn unter den Balkon.

Ich versicherte mich, daß der Eimer fest stand, ohne zu wackeln. Dann zog ich das rechte Knie an die Brust und setzte vorsichtig den rechten Fuß auf den Deckel. Ich faßte den Deckel mit beiden Händen an den Seiten und stieß mit dem linken Fuß ab und wuchtete mich hoch. Ich richtete mich auf und ging noch einmal mit den Augen den Hof durch. Alles klar. Wenn ich jetzt die Arme ausstreckte, konnte ich den Boden des Balkons erreichen. Noch ein bißchen, ohne das Gitter zu fassen. Ich ging weit in die Knie, wie es eben ging, ohne das Gitter loszulassen, und stieß mich ab und machte den Klimmzug. Ich schaffte es und hakte im Schwung einen Fuß zwischen die Stäbe. Unter mir dröhnte der Ascheimer, der sich wie ein Trunkenbold in einer Kreisbahn drehte und schwankte und auf dem Boden knirschte. Dann kam er endlich zur Ruhe, wie ein Geldstück, das auf dem Tresen endlich stillliegt. Die Frau in der Küche im zweiten Stock sah kurz auf den Hof, hatte aber wohl nichts erkannt. Ich holte Schwung wie ein Faultier und hangelte mich übers Geländer.

Die Tür war leicht. Ich schloß sie hinter mir. In der Dunkelheit konnte ich ein Bett erkennen, und Regale, und eine offene Tür, die wohl in den Flur führte. An der Balkontür hing ein Vorhang aus dickem Stoff. Ich zog ihn zu und tappte durch die Finsternis in Richtung Zimmertür. Ich fand den Schalter und machte Licht. Es war ein sehr kleines Zimmer. Vielleicht zehn Quadratmeter. Das Bett war ungemacht. Das bedeutete nichts. Ich machte mein Bett auch nie. Niemand tat das mehr. Es reichte ja wohl, wenn man es jeden Morgen schaffte, aus dem Bett rauszukommen. An der Wand hinter dem Bett hing dieses Why?-Poster, das in den Siebzigern sämtliche Studentenkneipen tapezierte. Ich sah noch einmal hin. Dies Machwerk war neuzeitlich. Statt des tödlich getroffenen Soldaten war hier ein Kellner abgebildet, mit wehenden Rockschößen, der über einen Teppichsaum stolpert. Statt des Gwehres fällt ihm ein Tablett aus der Hand, mit fleckenträchtigem Rotwein und – wie es scheint – Fischsuppe. Rotwein zu Fisch?

Neben dem Poster hing eine Fotografie von Stella, als sie jung war, vielleicht Mitte zwanzig. Anscheinend auf einem Flughafen aufgenommen. Das Regal an der gegenüberliegenden Wand war eine dieser IKEA-Holzgeschichten. Ein Ghettoblaster stand darin, ein paar Bücher – deutsch und portugiesisch –, Klamotten und ein paar große Blechdosen. In den Dosen waren Bonbons und Seidenstrümpfe und Knöpfe und eine Sammlung von Feuerzeugen. Unten im Regal waren Schuhe und Musikcassetten und ein paar Schuhkartons.

Ich ging in den Flur. Die grellbunte Tapete, die hier hing, hätte selbst einen Farbenblinden in den Irrsinn getrieben. An einer Stelle hatte jemand begonnen, sie weiß zu übermalen, dann aber schnell aufgegeben. Die Tapete wellte sich an der Stelle, wo gemalt worden war, und die Bahnen begannen sich dort von der Wand zu schälen. Küche und Bad waren beide klein und funktionell und sagten mir nichts.

Das Wohnzimmer ging nach vorn hinaus. Es war kaum größer als das Schlafzimmer. Es gab hier keine Vorhänge, und ich knipste das Licht nicht an. Die Beleuchtung der Straßenlaternen reichte: Ein Fernseher auf einem Klappstuhl, ein zweiter Klappstuhl vor dem Fernseher und ein Klapptisch neben dem Klappstuhl. Auf dem Klapptisch stand eine halbleere Flasche Vin de Pays und ein Glas, daneben eine leere Tüte Chips.

77

Ich ging zurück ins Schlafzimmer. Ich holte einen der Schuhkartons aus dem Regal und öffnete ihn. Rechnungen, Quittungen, Kontoauszüge. Ordentlich abgeheftet in kleine Päckchen und von Wäscheklammern zusammengehalten. Dann fand ich etwas Interessantes.

Ganz unten im Karton waren drei Pässe. Zwei waren deutsche, einer davon ungültig gestanzt. Der andere war blau. Darauf stand in Gold Republica de Mozambique. Ein Foto war darin, auf dem Stella noch jünger aussah als auf dem, das an der Wand hing. Der Paß war vor über zehn Jahren abgelaufen.

Das Foto in dem gültigen deutschen Paß war neueren Datums, vor wenigen Jahren, oder vielleicht erst vor einem Monat aufgenommen. Beide Pässe waren auf den Namen Stella Tavares ausgestellt.

Im ungültigen deutschen Paß war dasselbe Foto wie im gültigen. Dieser Paß war aber auf den Namen Stella Brandenburg ausgestellt. Geburtsname Tavares. Der Paß wäre noch ein Jahr gültig gewesen.

Ich sah mir noch einmal den gültigen deutschen Paß an. Er war vor zwei Jahren ausgestellt worden. Auf beiden deutschen Pässen galt Stella als verheiratet.

Ich stopfte die Pässe weg und wühlte weiter

Auf den Kontoauszügen passierte nicht viel. Es gab regelmäßige geringe Überweisungen, die nach Arbeits- oder Sozialamt aussahen. Oder Alimenten von Brandenburg. Ich blätterte weiter zurück. Sieh da: Am fünften Januar, vor nicht mal drei Monaten, eine Bareinzahlung von fünftausend Mark. Dann, eine Woche später, nochmal sechstausend.

Dafür mußte man niemanden umbringen, aber die Summen stachen heraus zwischen all dem Trinkgeld.

Ich packte die geklammerten Zettel wieder in den Karton und schob den Karton ins Regal.

Ich nahm mir den zweiten Karton. Er enthielt Fotos. Stella am Hafen. Stella, wie sie im Wald spazieren geht. Vorm Sambrasil, im Winter. Der gelockte Schönling vom Sambrasil, lachend, mit einer Sepplmütze auf dem Kopf. Ich drehte das Foto um. »Raoul« stand da. Jetzt wußte ich wenigstens seinen Namen. Dann Fotos von einem tätowierten Mann, einem älteren Mann, schon fünfzig vielleicht, mit langen grauen Haaren. Auf einem Bild hat er sich eine Schlange um den Hals gelegt. Die Schlange wirkt echt. Das ganze in irgendeinem häßlichen Wohnzimmer. Ich entdeckte noch ein Foto von dem Mann. Wieder mit einer Schlange, die er über sich in die Luft hält. Der

Mann mochte Schlangen. Dieses Foto mußte in Afrika aufgenommen worden sein, wahrscheinlich Mozambique. Man sieht eine Hütte im Hintergrund und einen Land-Rover und eine staubige Steppenlandschaft. Dann hielt ich ein Paßfoto in den Händen. Es war alt, fünfzehn Jahre mindestens. Die Ränder waren schon leicht angegilbt, und die Farben verblichen. Es zeigte einen jungen dunkelhaarigen Mann mit Koteletten und dem Anflug eines Oberlippenbartes. Keine besonderen Kennzeichen. Fast jeder dunkelhaarige Mann, dachte ich mir, konnte mit zwanzig so ausgesehen haben. Auf die Rückseite des Bildes war etwas mit Bleistift gekritzelt. Eine Uhrzeit anscheinend: 11 und dahinter, kleiner: 45. Dann zwei Worte: »Da Gihra« vielleicht. Oder »Da Gilna«. »Da Silva«. Jetzt hatte ich es. Da Silva. Der gleiche Name wie auf dem Zettel wie bei Guimaraes. Ich versuchte mir gerade einen Reim darauf zu machen, als mir das Blut in den Adern stockte wie Diesel im Winter: Etwas stocherte im Schlüsselloch der Wohnungstür herum.

20

Ich warf den Deckel auf den Karton und schob ihn ins Regal zurück. Ich hastete zum Lichtschalter. Stop! Stella mit ihrem Schlüssel hätte die Tür längst aufgehabt. Es war jemand mit einem Dietrich. Und der hatte mit Sicherheit – genau wie ich – das Haus von hinten angesehen, gesehen, daß Licht brannte. Er mußte aber wissen, daß Stella nicht da war, sonst hätte er geklopft.

Ich ließ das Licht brennen und sprang leise zur Balkontür. Ich hörte, wie die Haustür aufging. Ich schlüpfte raus und zog die Tür mit den Fingerspitzen soweit zu, wie es ging.

Auf dem Hof ein knirschendes Geräusch. Jemand zerrte den Ascheimer weg. »Scheiß Gören«, hörte ich. Ich erkannte die Stimme des besoffenen Alten aus dem Holsten-Eck. Ich sah nach unten. Es war tief. Mit dem Ascheimer hätte ich es geschafft. So würde ich mir nur die Füße brechen.

Dumpfe Schritte hinter mir im Schlafzimmer. Ich sah nach drüben, zur anderen Seite des Balkons. Kein Licht dort. Ich flankte rüber und quetschte mich in die erntfernte Ecke und lehnte mich lässig ans Geländer. Im Augenwinkel sah ich, wie eine Lichtbahn auf Stellas

Seite des Balkons fiel. Jemand hatte den Vorhang beiseite geschoben. Die Tür schwang leise auf, und ein Kopf schob sich in die Nacht hinaus. Ein Blick wie ein Lötkolben bohrte sich in meinen wachsweichen Hinterkopf.

Ich pfiff eine orientalische Weise.

Meine Lippen zitterten.

Der Hausmeister war fertig mit seiner Arbeit. Er wischte sich die Hände an der Hose ab und fluchte. Er schwankte etwas und sah dann zu mir hoch. »Scheiß Ascheimer!« polterte er. »He, Mohammed! Sicher wieder deine verdammten Enkel, häh?« Er stemmte die Fäuste in die Hüften und sah drohend zu mir hoch. Ich glaube nicht, daß er viel mehr erkannte, als einen Umriß.

»Ülük«, sagte ich kehlig.

»Was heißt Scheiß Ascheimer auf türkisch, Mohammed?«

»Galatasarei, Ülük«, krächzte ich.

»Hah!« Der Hausmeister winkte ab. »Geh zurück zu deinen Kamelen!«

»Ülük.«

Der Hausmeister schlurfte fluchend weg über den Hof und verschwand in einem Kellereingang. Rechts von mir wurde die Balkontür zugezogen. Der Vorhang fiel, und die Lichtbahn war weg.

Mein Pulsschlag beruhigte sich, ich drehte mich um. Ich erschrak. Hinter dem Glas der Balkontür auf meiner Seite stand ein alter, weißhaariger Türke. Seine Haare hatte das Alter so weiß gemacht wie meine das Wasserstoffsuperoxid. Er hatte funkelnde Augen und ein funkelndes Messer in der knorrigen Rechten. Er trug einen Bademantel, an dem sich ein verstrubbelter, kleiner Junge ängstlich festkrallte.

Ich machte eine beruhigende Geste mit den Händen und kletterte über das Geländer. Hier gab es ein Regenrohr, das recht robust aussah. Ich packte das Rohr und kletterte daran zu Boden. Ich riß mir dabei die Hände auf und auch die Jacke. Ich unterdrückte verschiedene Flüche.

Im Gang zwischen den Brandmauern blieb ich stehen. Ein großer, dunkler Lancia war in zweiter Reihe geparkt. In seinem dunklen Inneren glühte eine Zigarettenspitze.

Ich lehnte mich an die Mauer und wartete. Es begann zu nieseln. Mikroskopisch feiner Nieselregen. Eigentlich eher Luftfeuchtigkeit. So richtig bemerkte man ihn erst, wenn die Haare feucht waren und man anfing zu niesen. Ich nieste unterdrückt. Im Innern des Lancia leuchtete es kurz auf. Der Fahrer steckte eine weitere Zigarette an.

Dann tauchte der zweite Mann neben dem Wagen auf. Er war groß und trug einen dunklen Mantel. Gregor, der Parkwächter von Grenz. Er riß die Tür des Lancia auf, als würde er italienische Autos hassen. Der Wagen schwankte leicht, als er sich in den Sessel warf. Der Motor sprang heulend an, die Scheinwerfer hoben die Schatten aus dem Kopfsteinpflaster, und der Wagen beschleunigte mit quietschenden Reifen.

21

Eine schmale Gasse zwischen Reeperbahn und Hafen. Die Häuser waren niedrig, zwei, drei Stockwerke. Einige sahen aus, als seien sie vor dem Krieg höher gewesen. Im nassen Kopfsteinpflaster schimmerte der Neonschriftzug des Club de Sade. Die Fenster des Erdgeschosses und des ersten Stocks waren abgeklebt. Schwarz wie die Sünde. Neben der schwarzlackierten Eingangstür hing einer dieser kleinen Kästen, in dem normalerweise die Speisekarte klebte. Ich sah vom Wagen aus, daß keine Karte darin war. Im Club de Sade blieb die Küche kalt.

Ich wartete hinter einem Taxi, einem Mazda, das mit Warnblinker vor dem Club stand. Die Straße war zu eng, um vorbeizukommen. Links und rechts war alles zugeparkt. Der Taxifahrer machte ein Zeichen aus dem Seitenfenster: Ist gleich soweit.

Endlich ging die Tür des Clubs auf. Ein massiger, älterer Herr erschien, offenbar angeheitert. Eine blonde Frau, im hautengen Schwarzen, hielt ihm von drinnen die Tür auf. Der Kunde verabschiedete sich artig und tätschelte ihr den langen schwarzen Handschuh. Sie nickte und lächelte und schob ihn sanft hinaus in den Regen und zog die Tür zu.

Zielsicher und beschwingt kariolte der alte Haudegen auf meinen Benz zu. Die vertraute Taxi-Silhouette. Er ging nach hinten gebeugt, wie auf einer abschüssigen Straße, den Hut fest in die Stirn gerückt. Er rüttelte an der Beifahrertür.

Das Taxi hupte.

Ich beugte mich auf den Beifahrersitz und deutete nach vorn. »Da spielt die Musik!«

Er kapierte. Er hielt sich an seinem Hut fest, stolperte los und enterte das Taxi. Der Mazda rauschte weg. Ich fuhr an und quietschte weiter vorn auf den Kantstein. Ich stieg aus und ging zu der schwarzlackierten Tür. Es gab ein taschenbuchgroßes Guckfenster und einen silbernen Klingelknopf, darunter stand, Bitte läuten.

Ich läutete bitte.

Jemand stöckelte heran. Das Guckfenster öffnete sich, und ein stark geschminktes, weißes Gesicht erschien. Mitten in der Farbe gab es zwei Augen. Kleine schwarze Schatten, wie die Löcher in einer Steckdose.

»Guten Abend«, sagte ich höflich.

»Sind Sie Vereinsmitglied?« Sie hatte die rauhe Stimme, die man erwartet.

»Vom FC St. Pauli?« Ich war sehr witzig.

Sie war nicht sehr witzig. »Wir sind ein eingetragener Verein«, schnarrte sie.

»Wie wird man denn Mitglied?« fragte ich.

»Fünfhundert Mark.«

»Mehrwertsteuer schon drin? Oder zahlen Vereine keine Steuern?«

»Alles drin. Versicherung. Falls Ihnen was zustößt.«

»Fünfhundert Mark sind 'ne Menge Schotter.«

»Deswegen wollen wir sie ja haben.«

»Ich hab Frau und Kinder.«

»Keine Familienermäßigung. Was nun? Rein oder raus?« Sie wartete eine halbe Sekunde auf eine Antwort, dann knallte das Guckfenster zu.

»Heh!« Ich bohrte die Klingel ins Mauerwerk.

Das Fenster ging wieder auf. »Haben Sie sichs überlegt?« Sie hatte sich anscheinend zusammengerissen. Vielleicht ein böser Blick vom Manager. Sie lächelte. Ich hatte Angst, die Farbschicht könnte ihr aus dem Gesicht platzen.

»Was wird denn geboten? Für fünfhundert Mark?«

»Wir widmen uns der Pflege der literarischen Hinterlassenschaft des Marquis de Sade.«

»Lesestunde?«

»Rollenspiele.«

»Aktiv oder passiv?«

Sie musterte mich. Sie versuchte, mich einzuschätzen. Einzuordnen.

»Beides«, sagte sie schließlich. »Aber heute ist sowieso gleich Feierabend.«

»Wann?«

»Um vier.« Sie packte ein bißchen Verlockung in die rauhe Stimme: »Kommen Sie morgen wieder, mein Herr.« Die Steckdosenlöcher blinkerten. Diesmal schloß sie die Klappe leise.

Ich machte mich auf die Suche nach einem armen Schlucker.

Auf dem Hans-Albers-Platz fand ich ihn. Er konnte noch stehen, das war wichtig für meine Zwecke. Er stand zwischen Müllsäcken an dem Toilettenhaus, das das Wahrzeichen des Platzes ist, und ließ den Rest von zwei Litern Lambrusco durch seine Leber schwappen. Er hatte wildes, dunkles Haar, das verfilzt auf seinem Kopf saß wie ein Mop. Unter Schorf und schwammigen Wangen mit aufgeplatzten Adern hatte er ein scharf geschnittenes Gesicht. Seine Augenbrauen waren tiefschwarz und begannen auf seiner Stirn hin- und herzuschnellen, als er mich sah.

Ich nickte ihm zu. »Was kostet so 'ne Flasche?«

»Was gehts dich an?« knurrte er. Er griff die Flasche fester.

»Willst du dir ein paar Mark verdienen, auf die Schnelle?«

»Alle Welt will das.« Er machte eine Geste über den ganzen Platz. Die Nutten standen an ihren Ecken und warteten. Der Penner zeigte mir seine faulen Zähne und kicherte. Er machte die Geste des Schwanzlutschens. Plötzlich stand er stocksteif. Er zeigte auf mich. Seine Augen verengten sich. »Du schwule Sau!« preßte er hervor. »Du willst mich belei'igen!«

»Nicht doch.« Ich beruhigte ihn mit ausgestrecktem Arm. »Niemand beleidigt dich.«

»Aha.« Er hob sich die Flasche an die Lippen und trank den Rest Wein in zwei Schlucken. Er ließ die Flasche los. Sie zersplitterte. Er ruckte mir sein Kinn entgegen. »Also?«

»Zwei solche Flaschen.«

Er rülpste. »Was soll ich dafür tun, Chef?«

Wir gingen zur Tankstelle in der Taubenstraße, und ich kaufte ihm eine Flasche Lambrusco und erklärte ihm, was er dafür tun sollte.

Die schwarzlackierte Tür öffnete sich. Fräulein Steckdose kam raus und machte sie hinter sich zu. Sie war allein. Auch kein Taxi, das wartete. Sie mußte in der Nähe wohnen. Sie hatte ihre Pumps gegen Turnschuhe vertauscht. Über dem Kleid trug sie einen langen, hellen

Mantel. Zwischen Nylons und den weißen Turnschuhen leuchteten zwei grüne Socken. Unter ihrem weißen Kinn ein grüner Schal.

Kein Mensch war in der Nähe.

Der Penner sprang hinter einem Wagen hervor und packte sie bei den Titten und preßte sie an die Wand. Er rammte ihr seinen Unterarm ins Maul. »Kein Mucks!« knurrte er.

Sie machte keinen Mucks.

Ich ließ ihn ein bißchen walken, dann kam mein Auftritt.

»He, du Penner!« Ich packte ihn bei den Schultern, riß ihm die stinkende Jacke auf die Ellenbogen runter und gab ihm einen zarten Kinnhaken. Er krachte auf die Kühlerhaube eines geparkten Autos und sank dann zu Boden.

»Alles klar?« wandte ich mich an die Belästigte.

Sie zeigte hinter mich. »Achtung.«

Etwas krachte an meinen Hinterkopf. Das gehörte nicht zum Plan. Es wurde schwarz um mich.

»Mein Gott, der verblutet ja!« Jemand berührte mich.

Ich wollte nicht verbluten.

»Wa–?« Mein Kopf kam hoch. Er wog zwei Zentner. Ein Gesicht wich über mir in die Höhe.

»Das ist nur Rotwein. Riechen Sie doch.« Die Nutte stand neben dem Mann. Sie hielt meinen Führerschein in den Fingern.

»Tatsächlich.« Der Mann beugte sich zu mir runter und schnüffelte. »Uuh! Übler Fusel.« Er drehte sich um. »Na denn!« Er verschwand.

Madame de Sade half mir auf. »Gehts?«

»Ja, klar. Muß ja.«

»Ich glaub, da muß sich jemand bei Ihnen bedanken.« Sie stopfte mir meinen Lappen in die Hosentasche.

»Ehrensache«, sagte ich.

»Ich meine nicht mich.« Sie hielt mir plötzlich ein Schnappmesser vor die Nase. Als hätte sie es aus der Luft gezaubert. Sie ließ es aufschnappen. »Ich meine den verrückten Penner. Zwei Sekunden später hätte ich ihm die Klinge durch die Eingeweide gezogen.«

Mir wurde schlecht. Ich holte tief Luft und lehnte mich an die Hauswand. Es ging schon wieder. Ich strich mir über die nassen Strähnen. »Bier wäre besser gewesen. Für die Haare.«

»Oder Eigelb. Hatten Sie denn erwartet, er würde einfach so abschieben?«

»Sie werden lachen. Ja. Das hatte ich erwartet.«

»Sie sehen sich die falschen Filme an.«

Ich sagte nichts.

Sie zupfte mich am Ärmel. »Kommen Sie. Ich geb einen Kaffee aus.«

»Das hatte ich eigentlich vor.«

»Nichts da.« Wir setzten uns in Bewegung. »Sie haben ein Leben gerettet. Vielleicht wars den Einsatz sogar wert. Nachdem er Ihnen die Flasche über die Rübe gehauen hatte, sah er mich so komisch an. Als wollte er sich entschuldigen. ›Niemand nennt mich Penner‹, hat er gesagt. Dann ist er abgehauen.«

»Komische Nummer«, sagte ich.

Wir gingen ins Mitternacht, eine kleine, verqualmte Keller- kneipe mit einer glatzköpfigen jungen Frau als Barkeeper. Die Gäste gaben sich Mühe, möglichst kaputt dreinzuschauen. Ich mußte mir nicht extra Mühe geben. Ich ging ins Klo und machte mich frisch. Als ich wiederkam, saß sie an einem kleinen, niedri- gen Tisch in einer Ecke, zwei Kaffees vor sich. Ich setzte mich und rührte angewidert in meinem Kaffee, wie Jimmy Dean nach seinem Unfall. »Wie heißen Sie?« fragte ich über die Tasse hin- weg.

Sie steckte sich eine Camel-ohne an. »Wie wärs mit Wanda?«

»Klingt gut.« Ich trank einen Schluck Kaffee. »Darf ich ›du‹ sagen?«

»Lassen Sie uns beim ›Sie‹ bleiben. ›Du‹ sage ich bei der Arbeit.«

»Bringt die Arbeit Spaß?«

Ihre kleinen Augen verengten sich nur für den Bruchteil einer Sekunde. Dann war sie wieder die Beherrschung selbst. Goß Heiß- wachs über den porösen Lack ihrer rostigen Seele. So wie die Schminke, die ihr Gesicht verbarg. »Klar«, sagte sie. »Arbeit ist das Salz in der Suppe des Lebens.«

»Was ist denn das für 'ne Suppe?«

»Ochsenschwanz. Was sonst?«

Ich stützte meine Ellbogen auf die Tischplatte. »Was macht ihr denn da so, in eurem Club?«

Sie nahm einen tiefen Zug von ihrer Zigarette. Dann tötete sie die Kippe im Ascher. »Schreibst 'n Buch, oder was?«

»Genau. Soziologie. Achtundzwanzigstes Semester.«

Sie lachte nicht. Sie sah mich an. Dann zuckte sie mit den Schultern. Ihr Blick bekam etwas Verächtliches. »Was halt verlangt wird. Englisch. Mit Instrumenten. Natursekt.«

»Natursekt.« Ich verdrehte die Augen.

»Stehst nicht drauf?« Sie hatte wieder ihre Nuttenstimme.

»Nein.«

»Seltsam. Alle stehen drauf. Ist das große Geschäft zur Zeit.«

»Wohl eher ein kleines.«

»Mach dir nichts vor.« Sie duzte mich. »Es gibt auch Leute, die große Geschäfte abschließen.« Sie sah plötzlich zur Decke. Als wäre da irgendwas. Aber da war nichts. »Die Leute sind krank«, sagte sie voll Abscheu. »Sex ist schmutzig. Ein Haufen Scheiße. Ekelerregend.« Sie fummelte eine Zigarette aus ihrer Packung und steckte sie sich zwischen die Lippen, ohne sie anzuzünden. »Ich weiß nicht, ob das immer so war.«

»Sex ist wie das Leben«, sagte ich.

Sie zündete ihre Zigarette an.

Ich hustete. Der Qualm hier unten wurde unerträglich. »Und wie siehts mit Messern aus, oder Rasierklingen?«

»Schneiden?«

»Doktorspiel oder sowas. Der kleine Chirurg.«

»Kommt vor.« Ihre Augen waren ausdruckslos. »Wir operieren auch.«

»Auch Frauen?«

»Es kommen nur Männer.«

»Und daß sich eine von euch mal operieren läßt?«

Sie schüttelte den Kopf. »Bei uns nicht.«

»Kennst du eine Viola?« Ich beschrieb Viola. Nein, kannte sie nicht. Könnte man auch so nicht sagen, ohne Foto. Da hatte sie recht.

»Hör mal«, sagte sie auf einmal. »Was willst du eigentlich?«

Ich sagte: »Mich interessieren Schnitte an Brustwarzen, an der Vagina und am Rektum.«

»Am was?«

»Arschloch.«

»Nee. Weiß ich nix von. Bist du von der Sitte, oder was?« Sie war jetzt eindeutig feindselig.

»Seh ich so aus?«

»Du siehst aus wie Scheiße.«

Ich reagierte nicht darauf. »Du mußt ja auch nichts wissen. Aber vielleicht mal was gehört?«

»Ich hab schlechte Ohren. Was hast du gesagt?«

»Schon mal Q-Tips probiert?«

»Zu teuer.«

»Wie teuer ist denn so 'ne Packung?«

»Zu teuer. Die sind gesundheitsschädlich, haben sie festgestellt. Bohren sich glatt durchs Hirn und kommen auf der anderen Seite wieder raus.«

»Man muß vorsichtig sein.«

»Eben.« Sie packte ihren Kram zusammen und stand auf. »Ich habe eine Tochter.«

Ich nickte.

Sie ging zur Glastür und zog sie auf und ging raus. Die grünen Socken stiegen die Treppe hoch auf die Straße.

Auf dem Weg zum Wagen stellte sich mir eine Nutte in den Weg.

»He, Süßer«, sagte ein dünnes Stimmchen. Zwei Augen wie Milchglas sahen durch mich hindurch. Das Mädchen hustete. Sie hatte so gut wie nichts an. Sie war jung. Aus jeder Disco würde man sie um zehn rausschmeißen. »Hast mal Zeit für mich?« Sie hustete wieder. Ich schüttelte den Kopf und ging an ihr vorbei. Ich hatte Sex immer für eine gute Sache gehalten. Aber manchmal war ich mir nicht so sicher.

22

Als ich ins Hotelzimmer trat, saß Elizete im Schneidersitz auf ihrem Bett und saugte an einer Zigarette. Sie hatte beide Betten zusammengeschoben, und vor ihr qualmte ein tellergroßer Aschenbecher. Drei Bierdosen standen auf dem Nachttisch, eine davon offen. »Hallo«, sagte das Mädchen und wedelte mir durch den Qualm hindurch zu. Ich hatte heute schon genug Qualm gesehen. Ich ging zum Fenster und machte es auf.

»Du solltest schlafen«, sagte ich.

»Kann nich.« Ihr geschwollenes Auge zwinkerte. »Bin zuviel wach. Nicht, aah, relaxado.«

»Entspannt.«

»Ja.« Sie nickte. Sie legte ihre Zigarette auf den Rand des Aschers und stemmte sich auf die Hände und kreuzte die Beine andersrum.

Ich sah ihr dabei zu. Deshalb hatte sie es schließlich gemacht. Damit ich ihre Beine ansah. Sie hatte nur einen Slip an zu ihrem T-Shirt, eins von diesen Dingern, so klein und dünn, daß man ihn sich durch die Zähne ziehen könnte. »Hier ist Bier«, sagte sie mit unschuldigem Blick. »Für entspann. Wills du?« Sie beugte sich zu dem Bier rüber und ließ dabei die Arschbacken glänzen. Sie wurden vom feinen Strich des Slips exakt in der Mitte geteilt. Sie reichte mir die Dose, und ich ließ es zischen und stürzte mir den Inhalt in einem Schwall die Kehle runter. Ich hatte es nötig. Ich zerknüllte die Dose, und sie schepperte in den Papierkorb.

»Huh!« Elizete klatschte in die Hände. »Weg.«

»Yeah«, sagte ich und zog mich aus. Ich schlug die Decke beiseite und schlüpfte darunter. Ich war müde. Wie eine Eintagsfliege nach vierundzwanzig Stunden. »Du machst das Licht aus«, sagte ich. Ich schloß die Augen.

»He!« Sie rüttelte mich. »Schlaf nich, jetz!«

»Bin müde.«

Fünf Sekunden sagte sie nichts. Dann sagte sie: »Warte. Mach Augen auf!«

Ich klappte ein Lid hoch.

Sie zog sich das T-Shirt über die Ohren. Ihre Möpse wurden davon hochgezogen und schwangen dann wieder runter wie zwei köstliche Kokosnüsse. Sie hielt sie in den Händen und preßte sie und drückte sie zusammen. »Na?« machte sie verführerisch.

»Das hatten wir doch schon mal«, erinnerte ich mich.

Sie ließ das nicht gelten. Sie beugte sich vor, und die Dinger pendelten in Zungenabstand über meine Nase.

»Gut?« fragte sie.

»Nicht schlecht.« Ich betrachtete sie mit halbgeschlossenen Lidern.

Sie rollte auf den Rücken und streifte sich den Slip über die Beine. Es glitzerte golden. Auch ihr Schamhaar war blond gefärbt. Sie stemmte alle viere auf die Bettdecke und sah mich herausfordernd an. Ihre braune Haut schimmerte.

»Du gesag, Deutschland is Paradies«, sagte sie halblaut. Sie schüttelte den Kopf. »Nein.« Sie drehte ihren Hintern zu mir und drückte den Rücken durch, und ihre Finger erschienen zwischen ihren Schenkeln und öffneten den rosa Spalt zwischen den blonden Löckchen. »Paradies is hier.«

Ihr Kopf kam hoch und sie strich sich mit einem Finger langsam, genüßlich über die vollen Lippen. Der Finger umkreiste die Lippen und verschwand im Mund. »Und hier«, nuschelte sie. »Überall, wo du wills.«

Ich sah mir das an.

»Du brauchs nix tun«, hauchte sie. »Ich entspann dich.«

Im Nixtun war ich groß. Ich schloß die Augen und träumte vom Paradies. Es war ein schöner Traum. Viola war auch dort oben, und wir liebten uns zwischen den Wolken. Irgendwann, ich weiß nicht, wann, öffnete ich die Augen. Ich sah blonde Rastalocken zwischen meinen Schenkeln, eine blonde Mähne, die sich hob und senkte, und einen braunen Hintern, der sich dahinter in die Höhe reckte.

Ich schloß wieder die Augen und träumte weiter.

Dann fragte ich, oder ich stöhnte: »Sag mal Elizete…«

»Hmhm?«

»Was heißt eigentlich ›Mengo‹?«

»Mengo?« Sie sprach mit vollem Mund. »Das is Flamengo. Clube de Futebol. Flamengo Rio de Janeiro.«

»Ach so.« Ich war enttäuscht. Nur ein Fußballclub.

Elizete machte sich den Mund wieder gewaltig voll, und ich vergaß meine Enttäuschung.

23

Ein Staubsauger weckte mich um neun. Er machte Lärm wie ein Tiefflieger und ballerte gegen die Zimmertür. Ich schüttelte Elizete, die, eingerollt wie eine Kugel, neben mir lag. »Aufwachen! Levante! Die Heimat ruft!«

Sie blinzelte mißmutig aus dem Laken wie ein Maulwurf aus dem Rasen des Maracana-Stadions.

Eine halbe Stunde später saßen wir im Auto und im Stau.

Der Tag schimmelte neblig-trüb auf die Windschutzscheibe. Auch energisches Wischen änderte nichts daran. Alle fuhren mit Licht. Ohne Licht wäre es einfach zu deprimierend gewesen. Einige Leute hätten vielleicht einfach aufgehört, zu leben. Ich fragte mich einmal mehr, wie Menschen vor tausend Jahren auf die Idee gekommen waren, hier, wo das Wetter zum Kotzen war, eine Stadt zu gründen.

Ich fragte mich, wieso der Bastard im Golf vor mir ständig seinen Wagen absaufen ließ.

Und ich fragte mich, was mir der gestrige Tag an Tatsachen geliefert hatte.

Eine der Tatsachen war eine vollendete: Silvio Guimaraes war tot. Selbstmord schloß ich aus. Selbstmord war langweilig. Und Guimaraes wäre der erste Mensch, der sich vor seinem Freitod noch einmal eine komplette Einrichtung bestellt. Wer sowas täte, hätte sich besser erkundigen sollen. Man hätte ihm gesagt, daß er die Sachen nicht mitnehmen konnte. Sie waren ja schließlich nicht feuerfest. Oder sie würden runterfallen. Je nachdem.

Punkt zwei: Silvio und Stella kannten sich. Stichwort »Standesamt«.

Punkt drei: Peter, der Möchtegern-Zuhälter von Elizete. Er war in Brasilien gewesen.

Punkt vier: Stella hatte elftausend Mark auf ihr Konto eingezahlt. Angesichts ihrer sozialen Situation ein ungewöhnlich hoher Betrag.

Fünftens: Da waren noch die beiden Dunkelmänner, die sich auch für Stella interessierten. Gregor und der andere.

Den Rest der Fahrt verbrachte ich damit, mir die Fakten, die mir bekannt waren, als kleine Schrauben, Federn und Zahnräder vorzustellen. Ich mußte sie nur richtig zusammensetzen, und der Staubsauger würde wieder funktionieren.

Aber ich war kein Elektromechaniker. Ich brauchte zumindest einen Bauplan dieser Maschine, die man Leben nennt. Und Sterben. Aber wo fand ich den? Bei wem? Ich spürte, wie mein Herz sich öffnete, warm, mutig, groß. Gleich darauf schloß es sich wieder, abwehrbereit und hart. Wurde zur Festung. Supermans Festung der Einsamkeit. Im ewigen Eis. Ich hustete. Es war sehr kalt dort am Pol, allein. Vielleicht lohnte es sich nicht einmal, weiterzumachen, wenn einem das Herz eingefroren war. Ich hatte nicht mehr gewußt, wozu. Aber jetzt war das anders geworden. Mein Herz, spürte ich, machte sich daran, aufzutauen, und es tat weh, wieder das eigene Fleisch zu spüren. Ich biß mir von innen auf die Wangen. Ich wußte, wer den Bauplan hatte. Und ich wußte, wer das Eis wegschmolz. Ich wußte, wer mein Leben retten konnte, gleich zweimal.

»Viola.«

»O que?«

Ich sah Elizete an. »Viola. Mal den Namen gehört?«

Sie schüttelte den Kopf. »Não. Não conheco.«

Der Nebel wurde dichter. Waschküche sagt man zu sowas. Ich schaltete die Nebelscheinwerfer ein und orientierte mich an den Rücklichtern meines Vordermannes. »Kann sein, daß du ein paar Stunden warten mußt«, sagte ich. »Wegen dem Nebel.« Sie antwortete etwas, aber ich hörte nicht hin. Ich hörte auf mein Herz, das pochte, und ich spürte, wie der Klumpen schmolz. Viola hatte den Bauplan. Ich würde ihn mir holen.

Ich ging mit Elizete zum Lufthansa-Schalter. Ein bleicher Mann mit beginnender Glatze und einem zerknitterten Anzug lehnte am Schalter. Er hatte unsäglich müde Augen, als hätte er Kabelfernsehen.

»Frau Elizete Paim?« fragte er und sah Elizete mit müden Augen an.

Elizete nickte.

»Okay, Wohlfarth.« Er zeigte irgendein Dokument. »Hier ist Ihr Ticket. Ich soll drauf aufpassen, daß Sie auch wirklich fliegen. Okay?«

»Die fliegt schon«, sagte ich. »Keine Sorge. Da gibts Sonne.«

Wohlfarth sah mich bleich an. Seine Augenlider zuckten unkontrolliert. »Okay«, sagte er. »Sonne.« Er kratzte sich am Kinn und gähnte. »Wer sind 'n Sie?«

»Freund«, sagte ich.

»Ah«, sagte er. »Ja. Freunde sind wichtig.« Er wandte sich wieder an Elizete. »Zeigen Sie mal der Dame hier Ihren Paß, schönes Kind.«

Die Lufthanseatin hinterm Schalter lächelte berufsmäßig und ließ fünf lange rosa Fingernägel vorschnellen.

Elizete sah mich fragend an.

»Passaporte.«

»Ah.« Sie schob den Paß rüber, und Wohlfarth gab ihr das Ticket.

Die rosa Nägel machten dies und machten das und ließen den Computer klackern. Als alles erledigt war, reichten sie Elizete das Ticket und den Paß und die Bordkarte. »Ich muß Ihnen mitteilen, daß sich der Flug verzögert. Wegen des Nebels. Achten Sie bitte auf die Lautsprecherdurchsagen.« Wohlfarth grunzte und griff sich das Bündel, und wir gingen zur Handgepäckkontrolle, wo eine Reihe von Passagieren zügig abgefertigt wurde. Zwei Grenzer mit Maschinenpistolen lungerten neben der Sicherheitskontrolle rum. Sie hefteten zwei abschätzende Augenpaare auf mich, mein weißgefärbtes Haar.

Wahrscheinlich entsprach ich in einigen Details dem neuen Typ des Flugzeugentführers aus ökologischen Gründen, den sie im letzten Lehrfilm gesehen hatten.

Wir stellten uns in die Schlange. An einem Tisch längs des Ganges wurden die Taschen geröntgt und durchstöbert. Dahinter war der Metalldetektor und eine Kabine für weitere Durchsuchungen.

Ich faßte Elizete an der Schulter. »Viel Glück«, sagte ich. »Boa sorte.«

Sie nickte ernst zu mir hoch. »Sim.« Dann sah sie mich mit schrägen Brauen an und gab mir einen ernsten Kuß.

»Avanti«, sagte Wohlfarth. Er nickte mir zu und drängte Elizete zur Sicherheitskontrolle.

Am Metalldetektor wandte sie sich noch einmal um und lächelte mir unsicher zu.

Ich lächelte zuversichtlich zurück.

Sie drehte sich um und ging mit Wohlfarth an der Durchsuchungs-kabine vorbei, den Gang entlang und um die Ecke.

Ich rieb mir den Nacken, ließ einen Halswirbel knacken. Eine Frau kam aus der Kabine. Sie zog sich ihren eleganten Kamelhaarmantel zurecht und kontrollierte den Sitz des Gurtes ihrer Fototasche auf der Schulter. In einer blond-braunen Kaskade warf sie ihr Haar nach hinten. Sie war sehr schön. Sie hatte einen großen Mund und dichte Augenbrauen. Sie hatte eine weite, dunkle Hose an, die ihre Fesseln freiließ. Sie hatte auch neue Pumps. Die alten waren kaputt, sie hatte sie vor Tagen in einen Kanal geworfen. Sie ging mit raschem Schritt den Gang entlang, das lange Haar wehte ihr hinterher wie ein Schleier. Sie bog um die Ecke, ihrem Flugzeug entgegen.

Viola.

24

Ein Sicherheitskontrolleur stellte sich mir in den Weg. »Ticket und Bordkarte, bitte.«

Die Grenzer tasteten nach ihren Feuerspuckern. Sah ich aus wie ein verdammter Araber?

»Die Leute hier«, sagte ich und machte eine Geste in den Gang hinein. »Das ist alles für Rio, nicht?«

Der Sicherheitskontrolleur achtete wachsam auf all meine Bewegungen. »Ja.«

»Kein anderer Flug?«

»Nur Rio.«

»Danke.«

Ich rannte zum Lufthansa-Schalter. »Wann geht die nächste Maschine nach Rio?«

»Oh, da haben Sie Glück«, zwitscherte es. »Die Maschine ist noch hier. Wegen des Nebels. Es sind noch Plätze frei.

»Ich habe leider kein Geld dabei.«

»Wir nehmen auch einen Scheck. Oder Ihre Kreditkarte.«

»Ich habe auch keinen Scheck. Und keine Kreditkarte.«

»Oh.« Das Lächeln erstarb. »Die nächste Maschine geht in genau einer Woche.«

»Der Nebel«, sagte ich »wie lang kann das dauern?«

»Das weiß ich leider auch nicht.« Sie zuckte mit ihren Schulterpolstern.

Es wurde Zeit für mein jungenhaftes Grinsen. Es fiel mir täglich schwerer, es hervorzuzerren, aber ich schaffte es schließlich doch, und kitzelte ihr ein paar Infos aus den duftigen Poren. Laut Wetterdienst würde man am Nachmittag, so gegen fünf, mit auffrischenden Winden rechnen. Bis dahin könnte der Nebel durchaus alle Flieger am Boden halten. Aber es gäbe einen Flug ab Frankfurt um 16 Uhr 45. Da wären noch Plätze frei. Und in FRA sei kein Nebel gemeldet.

Ich sagte danke und adios und hetzte auf den Parkplatz. Es war kurz vor elf.

Jetzt mußte ich mich sputen.

Ich brauchte meinen Paß.

Und ich brauchte Geld.

Die Autos, die in der Amandastraße parkten, waren nicht sämtlich Schrottkisten. Aber es waren auch keine Luxuskarossen. Der neue dunkelblaue Lancia fiel auf, wenn man auf neue dunkelblaue Lancias achtete. So viele gab es davon nicht. Und keine zwei mit demselben Nummernschild.

Ich öffnete die Tür der Telefonzelle, an der ich gelehnt hatte und von der aus man die Straße überblicken konnte. Skins rule OK, hatte jemand über den Apparillo gesprüht. Oi! Oi!. Ich nahm den Hörer ab: Tuuuuu. Die Speicheranzeige leuchtete grün. Alles bestens. Ich warf drei Sachen in den Schlitz und wählte meine eigene Nummer.

»Guten Tag«, meldete sich nach fünf Tuuts ein angenehmer, vibrierender Baß, bei dem man glatt schwul werden könnte. »Sie wählten den Anschluß von Leo Krieger. Ich bin zur Zeit leider nicht erreichbar. Wenn Sie eine Nachricht hinterlassen wollen, so haben Sie nach dem Pfeifton ausreichend Zeit. Sagen Sie bitte Ihren Namen und Ihre Rufnummer und sprechen Sie nach dem Pfeifton. Füüüp.«

Ich hielt eine abgewickelte Klorolle und ein Taschentuch vor die Sprechmuschel. »Leo«, sagte ich mit verstellter Stimme. Es war egal, wenn man hörte, daß die Stimme verstellt war. Das was jetzt kam, würde niemand mit Normalstimme durchgeben. »Es ist jetzt 13 Uhr. Die Kollegen machen grade Mittag. Dann gibts bei dir 'ne Hausdurchsuchung. In was für 'nem Scheiß du auch wieder steckst!« Und dann noch, zur Verwirrung: »Wir sehen uns in Bremen.«

Ich hängte ein und trat aus der Zelle und wartete an der Ecke.

Ich wartete fünf Minuten.

Dann kam ein langer Mann mit langem Mantel aus der Haustür. Gregor. Wer sonst. Der Mann ging mir auf die Nerven. Er war eine schlechte Angewohnheit. Nicht loszuwerden. Er kontrollierte mit raschem Blick die Straße und ging rüber zum Lancia. Er griff nach dem Türgriff und blieb eine Weile so, als sei seine Hand daran festgewachsen. Dann stieg er endlich ein, startete und fuhr los.

Ich wartete, bis er außer Sicht war, dann polterte ich die Treppen hoch. In meiner Wohnung war alles, wie ich es vor zwei Nächten verlassen hatte. Ich nahm meinen Paß und noch ein Reisewörterbuch Portugiesisch. Ich kratzte alles Geld zusammen, das ich finden konnte. Es wanderte zu den Scheinen, die ich mir von Carl geschnorrt hatte, und zu dem Packen Dollars, meinem voll ausgeschöpften Dispo.

Ich lief zu meinem Wagen und startete und gab Gummi. Der Tacho ging bis 220. Mal sehen.

Später, auf der Autobahn nach Frankfurt, dachte ich über die Menschen nach. Die Menschen waren eigentlich Gefäße. Im Laufe ihres Lebens wurden sie gefüllt, hauptsächlich mit Schmerzen.

Pünktlich um 16 Uhr 45, angeschnallt, preßte mich der Schub der Turbinen ins Polster. Es röhrte gewaltig. Jede Faser des Jumbo erzitterte. Immer schneller donnerte die riesige Maschine über die

Startbahn. Sie schwankte von links nach rechts. Die silbergrauen Flügel wackelten, als würden sie gleich abbrechen. Sie gruben sich in die Luft, stemmten die schwere Maschine hoch, und dann das erhebende Gefühl, als die Reifen den Kontakt mit der Startbahn verloren.

Ich schlief sofort ein. Den gesamten Flug verbrachte ich im Schlaf, oder in einer Art Halbschlaf.

Irgendwann wachte ich auf und blinzelte. Es lief ein Film. Irgendwelche Gestalten eilten fackelschwingend durch einen Tunnel oder sowas. Ich nahm mir die Kopfhörer.

»Im Namen Gottes!« schrien die Gestalten. »Im Namen Gottes!« Die Katakomben Satans. Ich nahm die Kopfhörer ab, kuschelte mich in die Decke und schlief weiter.

Jemand rüttelte mich sanft an der Schulter. »Entschuldigung, mein Herr.« Es war eine Stewardess. »Wir landen. Schnallen Sie sich bitte an.« Sie lächelte und schritt weiter den Gang entlang, auf der Suche nach Schläfern.

Ich schnallte mich an. Die Maschine neigte sich in eine Landeschlaufe. Es war Nacht. Ein blinkender elektrischer Horizont hob sich ins Fenster, die Stadt, kippte dann wieder weg. Sie kam wieder, beleuchtete Straßenzüge, dann wurde sie von Wolken geschluckt. Eine Weile gab es nur Wolken. Dann gab es keine Wolken mehr. Da waren Häuser, hohe Häuser. Dann niedrige Häuser. Einzelne Scheinwerferpaare. Die Häuser wurden größer, man sah Einzelheiten. Autos. Höfe. Immer schneller glitten sie hinter dem Fenster vorbei. Hütten. Stromkabelgewirr. Zwei Hunde in einem beleuchteten Hinterhof. Dann nur noch die Lichter der Landebahn. Ein Ruck, ein Quietschen, der Flug war zu Ende.

25

Rio war schwül-warm. Es fiel mir schwer, richtig wach zu werden. Die ungewohnte Wärme haftete an mir wie eine angenehme Heizdecke.

»Um cafezinho.« Der Barmann stellte das winzige Täßchen vor mir auf den abgewetzten Blechtresen. Er war etwas dunkler als ein Südeuropäer, fast arabisch, aber mit weicheren Zügen. Sein

Gesicht war glatt und rein und irgendwie jungenhaft. Seine Augen glänzten.

Ich kippte den Kaffee. »Brrr. Widerliches Zeug.«

»Wieso trinken Sie ihn?«

Ich ließ den Blick durch die große Halle schweifen. »Selbsthaß.«

Der Barmann neigte den Kopf zu einer Frage. Aber es fiel ihm nicht die richtige Frage ein. Vielleicht hatte ich auch ein Wort konstruiert, das es gar nicht gab. Der Barmann lächelte schließlich. »Tem que tomar com acucar. Man muß ihn mit Zucker trinken. So.« Er goß sich selbst einen ein und schaufelte vier gehäufte Löffel Zucker in das winzige Täßchen. Er schlürfte und hob die Augenbrauen. »Uma delicia!« Er sprach klar und melodiös. Ich hatte keine Schwierigkeiten mit der Verständigung. Auch die Zollbeamten hatten so gesprochen. Nichts von diesem Genuschel und Geblöke und Silbenverschlucken, mit dem die Portugiesen selbst ihre Sprache verunstalten. Wenn ich ein Wort nicht wußte, nahm ich einfach irgendwas aus dem Englischen, hängte eine portugiesische Endung an, und die Leute verstanden. Zumindest taten sie, als ob sie verstünden. Vielleicht waren sie nur höflich. Ich hatte, während ich hier wartete, fünf offiziell wirkende Herren gefragt, ob sie vielleicht wüßten, was mit der Maschine aus Hamburgo los sei. Alle fünf wußten. Sie gaben mir fünf verschiedene Auskünfte. Ich gähnte. Hier in Rio war es inzwischen ein Uhr nachts, und alle warteten auf die Maschine aus Hamburgo. Nur ihretwegen wurde der Flughafen noch offengehalten. Auf der anderen Seite der Halle gab es eine weitere Bar. Etwa fünfzig Menschen standen dort in Gruppen herum und warteten auf Freunde, Verwandte oder Geschäftspartner. Es war ein buntes Völkergemisch, und doch waren sie alle Brasilianer. Blonde waren darunter, einige Asiaten. Die Frauen stellten leckere braune Beine zur Schau. Ein Kind plärrte. Ein paar Flughafenangestellte lungerten um einen Gepäckwagen herum, qualmten und gestikulierten matt. Einer lachte kehlig.

Der Barmann gähnte.

Ich nickte seiner Kaffeetasse zu. »Nicht viel Koffein drin.«

Er schüttelte den Kopf. »Soja. Alles Soja. Der gute Kaffee geht zu euch, nach Amerika. Wir haben Schulden. Brasilien hat Schulden.«

Ich sagte: »Ich bin Deutscher.«

»Deutscher. Amerikaner. Wo ist der Unterschied? Ihr kommt alle aus dem Gang dort.« Er deutete auf den Gang, vor dem die Leute warteten. »Ihr habt das Geld. Ihr seid reich. Ich bin arm.« Er lächelte unbekümmert, als gönne er mir den Reichtum, und als würde ihm seine Armut nichts ausmachen. Aber es war nur der Mund, der lächelte. Die Augen waren müde und resigniert. Sie glänzten vor Müdigkeit. Ich schielte auf die hohen Wangenknochen des Mannes. Seine dünnen Arme.

»Zigarette?« Er bot mir eine an.

»Nein danke.«

Er steckte sich eine an und blies einen dünnen Rauchstrahl in die Höhe. »Was tun Sie in unserer wunderbaren Stadt?« fragte er höflich.

»Karneval ist vorbei.«

»Geschäfte.«

»Geschäfte. Ihr Amerikaner immer Geschäfte.«

»Wie war der Karneval?« Ich streckte mich. Versuchte, die Müdigkeit aus den Muskeln zu pressen. Das Kind plärrte wieder.

»Es ging.« Der Barmann überlegte. »Es hat geregnet. Sehr viel geregnet. Tausend Menschen sind gestorben. Oder Zehntausend?«

Er nahm unsere beiden Tassen und tunkte sie kurz ins Spülbecken und stellte sie ins Regal. »Die Stadt war unter Wasser. Es gab Staus bis weit raus.« Er stützte die schmalen Hände auf den Tresen. »Dann kamen sie runter von den Hügeln. Mit Waffen. Sie haben alles ausgeraubt.« Er sah mich an, als warte er auf eine Reaktion.

Ich hob eine Braue.

Er nahm seine Zigarette vom Aschenbecher und saugte mit hohlen Wangen. »Es war die Gelegenheit. Früher haben nur die Politiker geklaut. Und die Polizei. Die PM. Policia Militar. Jetzt tun es auch die Leute.« Er lachte. Rauch schoß ihm stoßweise aus Mund und Nase. »Jeder beklaut jeden. Das ist die Krise. Die Krise.« Er nickte. »Die Leute wandern aus. Ich hab einen Schwager, der ist in Portugal jetzt. Er sagt, es ist gut dort. Sie haben keine Inflation. Kennen Sie Portugal?«

»Es geht.«

»Ist es gut dort?«

»Es geht. Wenn man Geld hat.«

»Ich hab kein Geld.« Er lachte.

»Dann ist es auch nicht gut.«

Er lachte weiter. »Ich müßte hier drei Jahre arbeiten, nur für das Ticket. Dann hätte ich genug Geld. Aber ich dürfte nichts essen.« Er hob den Kopf, blickte an mir vorbei. »Sehen Sie.«

Auf den Monitoren tat sich etwas. Die Maschine war gelandet.

»Endlich«, sagte ich. Ich bezahlte meine Rechnung mit einem Dollar. Das war eine Menge Trinkgeld, und der Barmann bedankte sich erfreut. Ich hob die Backen und nickte und verdrückte mich nach draußen.

Draußen war es wärmer als drinnen. Eine lange Reihe blau-weißer Taxis wartete am Bordstein. Dahinter war eine Grünfläche. Zikaden summten wie irr aus irgendwelchen Büschen. Der Himmel triefte vor Sternen. Es war ein unermeßlicher Himmel. Ein Himmel, der an einen Gott glauben lassen konnte. Und der einen Gott fürchten lassen konnte. Ein riesig aufgequollener orangener Halbmond hing zwischen den Sternen. Er lag auf dem Rücken, wie ein Wiege. Es waren fremde Sterne, die dort am Himmel funkelten, die Sternbilder des Südens. Und es war ein anderer Mond. Der Mond einer anderen Welt.

»Hotel?« rief jemand.

Ich sah mir die Taxen an. Ich erkannte Opel Asconas und VW Käfer und alte Passats. Andere Wagen sahen aus wie Imitationen alter Fords oder des VW Variant. Die Fahrer lehnten rauchend an ihren Kotflügeln, oder sie hingen in ihren Sesseln und rauchten.

»Hotel?« Einer der Fahrer, die draußen standen, schnickte seine Kippe fort und hob mir sein Kinn entgegen.

Mein Zeigefinger sagte nein.

Ich lehnte mich an eine Betonsäule, von wo aus ich die Halle im Blick hatte. Nach einer Weile kamen die Geschäftsleute aus der Biz Class. Ihr energischer Schritt hallte von den Wänden wider. Ich ging zu einem Taxi und stieg ein.

»Hotel?« Der Kerl am Steuer war ein Schwarzer mit zernarbtem Gesicht und gewaltigen Nasenflügeln. Er startete und fummelte am Taxameter.

Ich sagte: »Wir warten noch auf jemanden.«

»Ah.« Er stellte den Motor aus. Das Taxameter ratterte weiter. »Wo solls denn hingehen?«

»Wir werden sehen.«

»Ah.« Er stellte seinen Rückspiegel ein. »Americano?«

»Was sonst?«

»Was sonst?« Er grinste. Ihm fehlten sämtliche Schneidezähne. Er streckte fünf Finger hoch und zählte ab: »Ingles? Alemao? Japones? Frances?« Er furchte die Stirn. »Ah... Holandes?«

»Russo«, schlug ich vor.

»Russo!« Er lachte. »Russo?« Dann sah er mich mißtrauisch an. Er wich bis an seine Türverkleidung zurück und bekreuzigte sich.

»Russo?«

»Naaain«, beruhigte ich ihn. »Njet.«

»Ah.« Er lächelte wieder. Aber es war ein wachsames Lächeln.

Die Geschäftsleute strömten aus dem Flughafengebäude und stürmten die anderen Taxen. Türen schlugen, Motoren starteten, Scheinwerfer zuckten auf. Sie rauschten ab, und die nächsten Wagen rückten auf. Mein Fahrer startete und rollte ganz nach vorn.

»Was riecht hier eigentlich so?« fragte ich. Ein seltsamer, süßlicher Geruch.

»Alkohol,« sagte mein Fahrer.

Ich sah ihn tadelnd an.

»Eu não!« Er lachte. »O carro.« Er klapste aufs Lenkrad.

Dann sah ich Elizete. Ich war völlig überrascht, sie hier zu sehen. Ich hatte sie vollständig vergessen gehabt. Sie wirkte etwas verloren. Zögernd trat sie aus dem Licht der Halle in das Halbdunkel des Vorplatzes heraus. Ihre blonden Dreadlocks klebten platt an ihrem Kopf. Ihre Augen waren verquollen, als hätte sie geheult oder als wäre sie erst gerade eben aus einem fernen Traum erwacht. Sie sah um sich, als warte sie auf etwas. Etwas Vertrautes, das erscheinen mußte. Aber es erschien nichts. Die anderen Passagiere strömten links und rechts an ihr vorbei zu den Taxen. Elizete nagte an ihrer Unterlippe. Sicher war sie niemals zuvor in Brasilien Taxi gefahren. Das war etwas für die Reichen. Sie fuhr sich durch die Zöpfe, und jetzt näherte sie sich zögernd einem Wagen, öffnete dann mit einem Ruck die Tür und kletterte hinein.

Der Wagen fuhr ab.

Ich hatte den Mann vorher nicht bemerkt. Aber er mußte schon vorher dort gestanden haben. Er stand im Schatten hinter einem großen Kübel mit Gesträuch und beobachtete den Ausgang. Er war groß und schlank und trug einen gutgeschnittenen Anzug. Er stand völlig unbeweglich, nur seine Augen sprangen rasch von einem Gesicht der Ankommenden zum nächsten.

Jetzt schien er jemanden erkannt zu haben.

Ich folgte seinem Blick.

Viola.

Sie trug ihren Mantel in der Armbeuge. Unter ihren scharfgeschnittenen Brauen blickten die grünen Augen wachsam. Die Foto-tasche hing an ihrer Schulter, und vor sich schob sie einen Gepäck-wagen, auf dem ein Koffer lag. Sie hatte den Kopf leicht in den Nacken gelegt, und ihr Haar rauschte hinter ihr her wie in einer Brise. Sie strich sich eine Locke hinters Ohr und schob den Wagen zu der wartenden Taxischlange.

Der Mann im Schatten trat hinter dem Grünzeug hervor. Seine Hand fuhr unter das Jackett.

»Scheiße!« Ich stieß die Tür auf.

»He!« rief der Taxifahrer.

Ich sank in den Sitz zurück.

Der Mann hatte seinen Arm um eine blonde Frau geschlungen. Sie quiekte verzückt und sank ihm an die Brust. Er hielt eine kleine Geschenkschatulle in der rechten Hand, die er ihr an den Rücken preßte.

Viola verstaute inzwischen den Koffer mit Hilfe eines Fahrers in einem Passat. Der Fahrer knallte den Kofferraumdeckel zu, und beide stiegen ein.

Ich zeigte auf den Passat. »Hinterher. Unauffällig.«

Mein Fahrer hob eine Augenbraue.

Ich zeigte ihm meine Bordkarte. »Miami Vice.«

Das fand er gut. Er wieherte laut und hängte sich an die Hinter-räder des Passat.

Die Fahrt ging über eine vierspurige Schnellstraße mit Leitplanken und Schlaglöchern. Scheinwerferlicht riß große Werbetafeln aus der Dunkelheit. Die meisten rieten einem, die richtigen Unterhosen zu tragen. Der Verkehr, anfangs spärlich, wurde stärker. Viele Wagen fuhren ohne Licht. Man nahm sie erst wahr, wenn ihr Auspuff einem die Stoßstange zerkratzte. Bei Spurwechseln wurden die Blinker nur zur Verwirrung des Gegners eingesetzt. Die Lastwagen waren ge-fährlich.

Die Schnellstraße verzweigte sich, und wir folgten dem Passat über eine Brücke, unter der Holz- und Wellblechhütten standen. Im schwächlichen Schein eines Lichtmastes taumelte unten ein Mann über eine Sandpiste zwischen den Hüttenreihen. Überall bellten Hunde.

»Haben Sie eine Pistole?« Der Fahrer sah mich kurz an. Wir rummsten durch ein Schlagloch.

Ich sagte nichts. Ich sah ihn mit unbeweglichem Gesicht an. Vielleicht hatte er eine und wollte sie an einem reichen, unbewaffneten Touristen ausprobieren.

»Weil nämlich«, sagte er. »Ich will keine Schießerei oder sowas. Ich kenne den Fahrer. Und um die Frau wäre es auch schade.«

»Wird hier viel geballert?« Ich pulte in einem Ohr.

Er sah mich überrascht an, als hätte ich gefragt, ob in Rio auch mal die Sonne scheine. »Kommt schon vor«, sagte er.

Ich rutschte mich in meinem Sitz zurecht. »Die Frau ist meine Cousine«, sagte ich. Mir war das Wort für Cousine eingefallen.

»Ah.«

»Cousinen sind mir heilig.« Ich bekreuzigte mich.

»Ah.« Zweifelnder Blick.

Wieder ein Schlagloch. Ich rummste mit dem Kopf gegen den Wagenhimmel. Der Fahrer fiel gegen mich. Blitzschnell tastete seine Hand über meinen Oberkörper. Dann stemmte er sich an meinem Schenkel wieder zurück in seinen Sitz. »Heilige Nuttenscheiße!« Er guckte befriedigt. »Kann man ein Sofa drin verstecken, in diesen Löchern.«

Violas Taxi überholte vor uns zwei große, röhrende Laster. Wir wollten uns grade dahinter setzen, als plötzlich der hintere Lastzug auf unsere Spur rüberscherte. Kein Blinker, nichts. Mein Fahrer kniete sich fluchend in Bremse und Hupe. Der Laster hupte zurück. Seine Hupe war lauter. Der Anhänger peitschte quietschend nach links und rechts wie der Schwanz eines wütenden Krokodils.

»Das wars,« sagte ich. »Weck mich, wenns vorbei ist.«

Es dauerte, bis es vorbei war. Als der Laster die linke Spur freigab, war vor uns die Straße verwaist.

Wir preschten noch eine Weile einsam über den zerklüfteten Asphalt. Dann endete die Schnellstraße. Wir tauchten in ein Gewirr von Straßen ein, mit niedrigen, schäbigen Kästen von Wohnhäusern. Hier und da vergammelter Art deco. Autowerkstätten. Abgefetzte Werbeplakate. Dazwischen himmelhohe Appartementhäuser. Das Ganze in tropischer Wärme.

Mein Fahrer fuhr an den Straßenrand. Er ließ den Motor laufen und kontrollierte die Straße auf und ab. Er beugte sich über mich und drückte den Türknopf auf meiner Seite runter. Er lehnte sich zurück, sah mich an. »Pech«, sagte er.

Ich sagte: »Ja.«

Er zupfte an einem Nasenflügel. »Und nun?«

Ich sagte: »Keine Ahnung.«

Er hörte auf, an seinem Nasenflügel zu zupfen. »Sie wissen nicht, wo Ihre Cousine hinwollte?«

»Nein.»

»Aber Sie würden es gerne wissen?«

»Ja.«

»Also.« Er strahlte plötzlich. »Machen wir ein Geschäft.«

Ich musterte ihn mißtrauisch. Ich dachte an die zweitausend Dollares, die ich in den verstärkten Nähten meines Hosenladens aufbewahrte. Ich dachte daran, daß Geschäfte in fremden Ländern und in dunklen Straßen meist einseitig verliefen.

Mein Fahrer drückte sich nachdenklich die Nasenflügel. Man hätte ein kleines Teeservice auf ihnen abstellen können. Seine Zunge schnellte durch die Zahnlücke. »Fünfzig Dollares.«

»Zehn.«

Wir einigten uns auf fünfzig.

»Und wie willst du ihn finden?«

»Ich sagte doch, ich kenne den Taxifahrer.« Er streckte eine schwielige Hand aus.

»Ich muß pissen«, sagte ich. Ich öffnete die Tür und stieg aus.

»Vorsicht.«

»Klar.« Ich stellte mich an eine Hauswand und fummelte ein paar Scheine aus ihrem Versteck und stopfte sie in meine Hosentasche. Beim Einsteigen gab ich ihm seinen Fünfziger.

Er faltete den Schein sorgfältig zusammen und steckte ihn unter seine Fußsohle in seinen ausgelatschten Tennisschuh.

Dann hielt er mir zum dritten Mal die Hand hin. »Ulysses«, sagte er.

Ich griff zu. »Leo.«

Wir waren Geschäftspartner.

Ulysses machte den Fahrer in einer Kaschemme ausfindig, in der die Taxistas nach Feierabend ihre Leber badeten. Er gab ihm die Adresse. Eine halbe Stunde später hielten wir in einer Sackgasse vor einem weißen, etwa fünfzehnstöckigen Appartementhaus. Es war recht neu, schmucklos, keine Balkons. Panoramafenster. Ein uniformierter Wächter beobachtete uns vom Eingang aus. Ein Glimmstengel hing zwischen seinen Lippen, und er ließ einen Colt um den Finger kreisen. Er schnickte die Kippe weg, ließ die Knarre ins Holster fallen und gähnte. Er machte einen Schritt auf den Bürgersteig und sah die Straße entlang. Die übrigen Häuser hatten vier bis fünf Stockwerke. Sie waren älter, viele verfallen. Ich streckte meinen Kopf aus dem Wagenfenster. Ganz oben auf dem Appartementhaus war ein Penthouse. Dort oben war Licht. Ich sah hoch zu dem Licht.

»Woher weiß ich, daß die Adresse stimmt?«

»Frag den Wächter. Ob er deine Cousine kennt.«

»Dieser Wächter. Gibt es auch tagsüber einen Wächter?«

»Kommt drauf an.«

»Worauf?«

»Wieviel Angst die Bewohner haben. Wieviel Geld sie haben. Es ist unterschiedlich.«

»Mhm. Hat dein Kollege gesehen, welcher Stock?« Mir war schon aufgefallen, daß draußen an den Klingeln und Briefkästen der Gebäude lediglich Appartementnummern zu lesen waren, keine Namen.

Ulysses verneinte. »Er ist gleich weggefahren. Zuviele Leute, die der Ansicht sind, Taxis sind Goldesel, wenn sie irgendwo zu lang rumstehen.«

Ich nickte. »Wie heißt der Stadtteil hier?«

»Catete. Die Straße heißt Jose Borman.«

Ich merkte mir das.

Ulysses zeigte mit dem Daumen nach hinten. »Zehn Minuten zu Fuß, und du bist am Meer. Rechts ist dann der Zuckerhut.«

Ich merkte mir das auch.

»Hier in Rio kann man sich gar nicht verlaufen. Wenigstens nicht in der Zona Sul. Überall sind Berge. Oder das Meer. Oder Christus weist dir den Weg.«

Er legte den Gang ein und fuhr langsam zwanzig Meter weiter vor. Auf der linken Straßenseite war ein verwildertes Ruinengrundstück. Es standen nur noch die Grundmauern und eine pompöse Treppe, die ins Nichts führte. Bretterverschläge waren an die Mauern gezimmert. Hinter der Ruine, weit dahinter, und hinter den Dächern weit entfernter Häuser leuchtete eine Reklametafel auf einem Hochhaus. »Velho Barreiro«. Sie mußte riesig sein. Sie ging an und aus. Velho Barreiro war ein Zuckerrohrschnaps. Darüber hing der Mond. Groß, orange. Den Rücken zur Skyline gekehrt, die ihm entgegenfingerte.

»Er wacht über uns«, flüsterte Ulysses. Er bekreuzigte sich. Das verstand ich nicht recht. Dann sah ich, was er meinte. Noch viel weiter hinter der Reklametafel strahlte noch etwas. Klein durch die

Entfernung. Man sah es nur in den Intervallen, wenn die Schnaps-reklame erlosch. Es war Christus. Er strahlte vom Corcovado herab, mit ausgebreiteten Armen. Er war sehr weit weg. Ein Schuß knallte, ziemlich nah. Vielleicht war es auch irgendwas anderes. In einem der Bretterverschläge auf dem Ruinengrundstück begann ein Baby zu schreien. Es schrie und schrie, und dann hustete es. Ein Wagen bog in die Sackgasse ein und hielt am Straßenrand.

Ich gähnte. Ich sah auf die Uhr am Armaturenbrett. Drei.

Ulysses wendete das Taxi. Er sagte: »Hotel?«

»Hotel.«

Der Fahrer des anderen Wagens war ausgestiegen und ging über die Straße. Er grüßte den Wächter von der Mitte der Straße aus und ließ uns vorbeifahren. Für eine Sekunde strich das Scheinwerferlicht über seinen Körper. Er trug Jeans und ein kurzärmeliges Hemd. Es war einfach zu heiß in Rio für grüne Trenchcoats. Er überquerte hinter uns die Straße, und vielleicht sah er uns nach. Der Wächter hielt ihm die Tür auf. Lonser.

Das Hotel war im angrenzenden Stadtteil Gloria. In einer kleinen Straße in der Nähe der Nova Cathedral, diesem riesigen Bürohaus in Form einer Rundpyramide. Hinter der Nova Cathedral verlief der alte Aquädukt, über den die Bonde ratterte, die offene Straßenbahn von Rio. Das Zentrum Rios, sagte mir Ulysses, war zu Fuß in zehn Minuten zu erreichen.

Die Straße hieß Rua Joaqim Silva. Schmale zweistöckige Häuser aus der Kolonialzeit. Sie verrotteten langsam. Bunte abblätternde Farben.

Auf dem Bürgersteig verrotteten die Menschen. Ganze Familien lebten hinter ein paar Pappkartons auf der Straße, oder hinter einem gespannten Seil, über das man Zeitungen gehängt hatte, als Sicht-schutz. Das Hotel hieß Liz. Es war billig, aber nicht verwahrlost. Es gab sogar einen Fahrstuhl. Ich zahlte dreißig Dollar für drei Nächte im voraus. Meinen Paß hätte ich noch im anderen Hotel. Man konnte nie wissen.

Ich tauschte an der Rezeption noch ein paar Dollar zu einem vernünftigen Kurs, bat um acht Uhr dreißig geweckt zu werden und fuhr mit dem Lift in mein Zimmer hoch.

Das Zimmer war klein, mit einem großen Doppelbett. Wände und Decke waren lila gestrichen. Die Wand am Fußende des Bettes war ein einziger, riesiger Spiegel, zwei Ecken waren abgesplittert. Am

Kopfende war die Wand schmutzig. Es war Flüssigkeit verspritzt worden, die an der Wand hinabgelaufen war und sie nun mit vertrockneten Schlieren bedeckte. Es roch irgendwie nach Knoblauch, nasser Pappe und altem Holz. Aber es gab eine Dusche, und sie funktionierte sogar. Ich scheuchte die fingerlangen Kakerlaken in die Kanalisation, duschte und haute mich hin.

Das Bett hing durch wie ein Teesieb. Es war heiß und stickig. Von irgendwo kamen ständig Geräusche. Menschen und Maschinen.

Ich ging runter zum Nachtportier und holte mir zwei große, kalte Flaschen Bier. Ich erinnerte den Nachtportier daran, mich um acht Uhr dreißig zu wecken. Ich trank das Bier in meinem Zimmer, allein, schwitzend. Ein idiotischer, schwitzender Säufer, einsam in einem Hotelzimmer.

Ich sah auf die Straße runter, die zweite Flasche in der Hand. Das Bier war schon warm. Da unten konnten auch ein paar Leute nicht schlafen. Etwas regte sich hinter den Pappkartons. Auf den Zeitungen. Es raschelte. Vielleicht liebten sich da unten zwei Geschöpfe. Krallten verzweifelt zehn Finger in das Fleisch des anderen. Scheuerten sich den Arsch wund, auf dem harten Pflaster.

26

S techende Kopfschmerzen weckten mich.

Die Sonne brüllte einen heißen Morgengruß durchs Fensterglas, mir direkt ins Gesicht. Ich hatte keine Ahnung, wieviel Uhr es war, aber acht Uhr dreißig war sicher graue Vorzeit. Ich fluchte und duschte. Mit dem Wasser hätte man Hummer kochen können. Man meint immer, es gäbe nur kaltes Wasser in diesen halbzivilisierten Ländern unterm Äquator. Die Wahrheit ist: Es gibt nur heißes Wasser.

Als ich vor die Tür trat, kochte dort bereits der Asphalt. Die Leute hatten so gut wie nichts an. Ich würde binnen kürzester Zeit rot sein wie ein Feuerlöscher. Zusammen mit meinen weißgebleichten Haaren würde ich auffallen wie ein Inder auf einer Skinheadparty.

Friseur heißt Cabalereiro. Ich fand einen in der Nähe und ließ mir das Haar dunkelbraun färben. Dann kaufte ich mir eine Sonnenbrille mit verspiegelten Gläsern, eine kleine Flasche mit Sonnenmilch, Lichtschutzfaktor zwölf, und fragte mich zum nächsten Reisebüro durch. Es gab eins im Zentrum, in der Nähe der Oper. Das gelbe Hertz-Schild strahlte mir schon aus der Ferne entgegen. Ich lieh mir einen weißen Gol, eine Art VW Polo. Der war am billigsten. Ich zwängte mich in das heiße Blech und tastete mich durch den chaotischen Verkehr.

Ich fand die Rua Borman, nachdem ich zweimal an ihr vorbeigefahren war. Am Tage sah doch alles anders aus. Am Ende der Straße gab es ein Straßencafé. Die Sackgasse war früher eine durchgehende Straße gewesen, die auf eine große, vierspurige Hauptverkehrsader stieß, die Rua do Catete. Jetzt war die Durchfahrt von großen Betonkübeln versperrt, hinter denen die Blechtische und Sonnenschirme des Cafés standen.

Ich parkte rückwärts vor einem der Betonkübel und setzte mich so, daß ich das Appartementhaus im Auge hatte. Von dem Wächter war nichts zu sehen. Ich rückte mir den Sonnenschirm zurecht, bestellte einen Cafezinho, ein großes Mineralwasser und ein Sanduiche. Dann breitete ich den Stadtplan auf dem Tisch aus und machte mich mit der Stadt vertraut.

Ein kleines braunes Mädchen kam an meinen Tisch gehinkt. Sie hatte ein steifes Bein. Sie trug ein zerlumptes Kleid und keine Schuhe. Ihre halb abgerissenen Zehennägel hatte sie rot lackiert. Eine Tasche mit kegelförmigen Tütchen baumelte an ihrer Schulter. Sie nahm eine der Tüten und holte eine Pistazie daraus hervor. Sie legte sie auf die Karte, direkt auf das Museo Historico Nacional. Sie senkte die Augen und sagte etwas mit leiser Stimme, das ich nicht verstand. Sie ging zu den anderen Tischen und legte vor jeden Gast eine Pistazie. Einige Gäste aßen ihre Nuß, andere ließen sie unberührt liegen. Das Mädchen sammelte die übrigen Pistazien wieder ein und verkaufte ein paar Tüten. Ich kaufte auch eine.

»Obrigado«, sagte das Mädchen. »Danke.« Es machte einen unbeholfenen Knicks auf dem gesunden Bein und sah mich mit starren Augen an. Es waren die Augen einer alten Frau. »Obrigado«, sagte sie noch einmal. Dann hinkte sie davon.

Der Kellner kam und lud meine Bestellung vor mir ab. Ich zahlte gleich. Ich hatte mir gerade den Cafezinho ins Gesicht gestürzt, als die Glastür des Appartementhauses aufging und Viola und Lonser blinzelnd in die Sonne traten. Hinter ihnen zog die Schließvorrichtung die Tür zurück ins Schloß. Lonser war gekleidet wie am Tag zuvor. Viola trug blaue Shorts, unter denen ihre bronzenen Beine funkelten, knallgelbe Tennisschuhe und ein gelbes Trägertop. Beide hatten große Plastiktüten in den Händen. Sie stiegen ins Auto, einen blauen Chevrolet Monza.

Ich knitterte den Stadtplan zusammen und schlenderte zu meinem Wagen. Der Monza fuhr los. Ich ließ ihn um die erste Ecke biegen, dann fuhr ich hinterher.

Ich paßte mich der Fahrweise der Cariocas an: Einfach um nichts kümmern. Es klappte ganz gut. Wir fuhren auf der sechsspurigen Uferstraße am Strand von Flamengo entlang. Auf der anderen Seite der Bucht hob sich der Zuckerhut aus der Erde, ein riesiges halbiertes Rugbyei. Die beiden Seilbahnkabinen glitzerten im stahlblauen Himmel. Dahinter, über den Stränden von Copacabana und Leblon, kreisten bunte Drachenflieger und Ultraleichtflugzeuge.

Wir brausten durch zwei Tunnel und glitten dann eine breite, palmengesäumte Avenida entlang. Links und rechts teure, zehnstökkige Appartementhäuser. Vor uns das blaue Meer. Der Atlantik. Wo seine Brandung sich brach, lag sein Strand, die Copacabana.

Wir bogen nach links, die Uferpromenade entlang, die Avenida Atlantica. Es roch nach Salzwasser, Sonnenöl und Abgasen.

Lonser verlangsamte und stieß den Monza in eine Parklücke. Ich rollte vorbei und parkte ein Dutzend Wagen später.

Der Strand war riesig. Geröstete Leibermassen erstreckten sich, soweit das Auge reichte. Aber es gab kein Gedränge. Jeder hatte ausreichend Platz. Überall wurde Fußball gespielt, und Strandtennis, oder gejoggt. Die Frauen zeigten Arsch. Deutsche und Nordamerikanische Urlauber beobachteten das Treiben aus den Schatten ihrer Sonnenschirme heraus, behandelten ihre Sonnenbrände und ließen die Bierdosen glitzern.

Lonser und Viola waren ausgestiegen und setzten mit ihren Tüten von der Promenade hinunter in den Sand. Sie stapften voran, zwischen den Sonnenschirmen und Handtüchern und Fußballfeldern hindurch, und sicherten sich ein Plätzchen. Sie holten ihre Handtücher aus den Plastiktüten und breiteten sie aus. Ich behielt sie im Auge. Sie würden nicht so blöd sein, zu zweit ins Wasser zu gehen. Das taten nicht einmal die dümmsten Touristen.

»He!« Ein brauner Junge mit einem dreckigen T-Shirt streckte seinen Wuschelkopf ins Fenster. »Americano?« Er taxierte rasch das Inventar des Wagens. »I watch your car.« Er war vielleicht zwölf Jahre alt. Er ließ Augen und Zähne strahlen. Auf der Brust seines löchrigen T-Shirts strahlten die Augen und die Zähne eines Politikers. Waldir! stand unter dem Portrait. PMDB.

»Oi Waldir«, sagte ich.

Der Junge klopfte aufs Wagendach. »Vou guardar o carro do senhor.«

»Was kostet mich das?«

»50 Cruzados.«

»Und wenn ich die nicht bezahle, kostet mich das einen Reifen oder einen Scheinwerfer?«

Die Zähne strahlten weiter. Die Augen wurden hart. »50 Cruzados.« Er streckte die Hand vor.

»Ich geb dir fünfhundert Cruzados«, sagte ich.

»Wofür?«

»Hier am Strand gibt es jemanden, der hat etwas, das ich gern haben würde.«

»Ich bin kein Dieb.«

»Gut. Aber du kennst einen guten Dieb. Den besten hier am Strand. Den bringst du mir. Und du kriegst fünfhundert Cruzados.«

»Und was kriegt der Dieb?«

»Auch fünfhundert.«

»Tausend.«

»Was?«

»Der Dieb muß tausend kriegen. Er trägt das Risiko.«

»Gut. Tausend. Hol ihn her.«

»Er ist schon hier«, sagte der Junge. »Ich bin kein Dieb für fünfhundert Cruzados. Aber für tausendfünfhundert Cruzados bin ich der größte Dieb von ganz Copacabana.«

»Du bist ein guter Geschäftsmann.« Ich grinste. »Und das sind die größten Diebe auf der ganzen Welt.«

»Was soll ich klauen?«

»Schlüssel.«

»Von den beiden da?« Er zeigte mit dem Kopf und beschrieb Lonser und Viola.

»Genau.« Ich war beeindruckt. »Du siehst, was um dich herum passiert, was?«

»Ich muß überleben, Mann.«

»Ja.« Ich sah Viola zu, wie sie ihre Shorts auszog. Gott, dieser märchenhafte Arsch. Ein grünes Nichts von einem Tanga verhüllte ein paar Quadratzentimeter ihres Fleisches. Hinten gab es lediglich ein Bändchen. Man nannte es Fio dental, Zahnseide. Ich räusperte mich. »Am besten klaust du nicht nur die Schlüssel. Sondern auch die Brieftasche. Sonst fällts auf.«

»Ich bin doch nicht blöd.«

»Gut. Werden sie was merken?«

Der Junge lachte höhnisch. »Ich könnte der Frau den Tanga klauen, sie würde es nicht merken.«

»Aber alle anderen. Also. Du bringst mir die Schlüssel. Hierher. Dann kriegst du tausend Cruzados. Fünfhundert gibts jetzt.« Ich gab ihm einen blauen Schein.

Er rollte ihn zusammen und schob ihn in die Naht des Gummizuges seiner Turnhose. Dann sprang er in den glühenden Sand hinunter. Er war barfuß.

Ich lehnte mich ins heiße Polster zurück. Ich ließ meinen Unterarm aus dem Wagen hängen und verbrannte mich an der Chromleiste des Fensters.

Am Strand lieh sich Waldir von irgend jemandem einen Ball und schoß ihn in Violas Nähe.

Kurze Zeit später stand er vor meinem Wagen und klimperte mit einem Schlüsselbund. »Oi!«

Ich sah zum Strand. Viola sonnte sich. Lonser war im Wasser. »Danke«, sagte ich. Ich klatschte dem Jungen einen Tausender in die kleine, schmale Hand.

Er sah sich den Schein aufmerksam an. Dann stopfte er ihn zu dem anderen in seinen Hosenbund. Er gab mir die Schlüssel.

Ich sagte: »Zeig mal die Brieftasche.«

Er hielt sie hinter seinen Rücken. »He! Das ist meine.«

»Ist ja gut. Nur zeigen.«

Er gab sie mir widerstrebend. Es war eine gewöhnliche schwarze Lederbrieftasche. Ein bißchen Kleingeld war drin, eine Scheckkarte und eine Rechnung von einer Autowerkstatt. An Herbert Lonser, Rua Borman 34, Apto 902.

Er hatte in Hamburg seinen richtigen Namen benutzt. Er mußte sich sehr sicher gefühlt haben. Oder er hatte einfach keinen falschen Paß. Sowas sollte es ja geben.

Ich gab Waldir die Brieftasche wieder. »Danke«, sagte ich. Ich schob den Rückwärtsgang rein und boxte mich in den Verkehr. Waldir lief über die Straße, direkt in eine Lanchonete, einen Imbiß. Tausendfünfhundert Cruzados. Dafür konnte er sich dreißig Cheeseburger kaufen.

27

Der Schlüssel paßte. Ich drückte die Tür auf. Im Haus war es kühl. Ich ging an ein paar Wohnungstüren vorbei zum Fahrstuhl. Ich drückte die Zehn und rauschte hoch. Oben klebte ich die Lichtschranken im Türrahmen mit zwei Kaugummis zu und stieg die Treppe hinab zum neunten Stock. 902 war gleich rechts neben Fahrstuhl und Treppenhaus. Ich schob den Schlüssel ins Loch und öffnete. Ich kam in einen kleinen Flur, der ins Wohnzimmer mündete. Links ging die Küche ab. Das Wohnzimmer war sehr hell. Das Panoramafenster nahm die gesamte Außenwand ein. Trotzdem gab es kein Panorama. Schon im nächsten Straßenzug waren die Häuser höher als neun Stockwerke. Das Wohnzimmer war klein. Es gab einen Parkettfußboden und helle Holzmöbel. Ein sechseckiger Eßtisch, ein Fernseher und Video, ein niedriges Bücherregal hinterm Fernseher. Eine Reihe Videocassetten. Zehn Stück. Ich ging zum Fenster und sah hinaus. Wenn man sich sehr verrenkte, konnte man tatsächlich, zwischen zwei Häuserblocks hindurch, den Zuckerhut sehen. Er hatte jetzt eine andere Farbe als heute mittag.

Ich preßte die Stirn an die Scheibe und sah auf die Straße hinunter. Kein Taxi. Auch kein Monza.

Ich wandte mich wieder der Wohnung zu. Der kleine Flur machte nach dem Wohnzimmer einen Knick. Hinter dem Knick waren noch vier Türen. Hinter der ersten war das Bad. Toilettenutensilien. Der Rasierpinsel, den ich schon kannte, war leer.

Der zweite Raum schien als Büro und Rumpelkammer zu dienen.

Der dritte war das Schlafzimmer. Das Bett war gemacht. Ein paar Zeitschriften lagen auf dem Beistelltisch. Kein Toter unterm Bett.

Ich drückte die Klinke der vierten Tür. Ein muffiger Geruch schlug mir entgegen. Das Zimmer war lange nicht gelüftet worden. Die Möbel waren rosa und weiß und von einer feinen Staubschicht bedeckt. Das rosa Bett war klein und schmal, und der rosa Überwurf war mit Micky Maus und Minni Maus bedruckt. Über dem Bett hing drohend Kater Karlo. Und weitere Poster von Pferden, kleinen Hunden und ein paar von diesen nebelumhauchten Hamilton-Schönen. Über dem Schreibtisch waren Bilder von Indios angebracht, und auch ein paar Schnitzereien. Ein abgeschabter Teddybär saß auf dem Stuhl und streckte mir seine rote Zunge entgegen. Ich zeigte ihm den Mittelfinger und wühlte in den Schubladen. Wenn in dieser Wohnung etwas zu finden war, so dachte ich mir, dann in diesem Zimmer. Ein Zimmer voll staubiger Erinnerungen. Und niemand, der es wagte, den Staub abzuwischen, unter dem die Vergangenheit begraben lag. Ich fand Kartenspiele und Abziehbilder, uralte Kaugummis und Radiergummis. Unbenutzte Postkarten und Fotos. Viola im Meer. Oder eine Schwester von ihr? Nein, das war sie selbst. Es scheint, als habe sie damals blondes Haar gehabt. Viola auf einem Bagger oder etwas ähnlichem, vielleicht mit elf. Ja, tatsächlich. Sie hat auf den Fotos immer blondes Haar. Viola auf einer Gangway, in irgendeinem Hafen, etwa im selben Alter. Viola auf einer Lichtung im Dschungel, vielleicht ein Jahr später. Fotos von anderen Kindern. Ein Junge beim Fußballspielen. Und dann war da ein Foto, das mir auffiel. Eine rote Locke war mit Tesafilm auf die Rückseite des Bildes geklebt. Die Haare sahen ein wenig über den Rahmen hervor, daher betrachtete ich das Foto genauer. Es zeigte einen rothaarigen Jungen von vielleicht zwölf oder dreizehn Jahren. Er hatte Sommersprossen und grinste dem Betrachter verschmitzt entgegen. Ich drehte das Bild um. Das Tesaband war gelb geworden im Laufe der Jahre. Unter der Haarsträhne stand geschrieben. »Viola, meu amor! A minha borboleta! Nunca vou te esceçer. Te amo. I love you. Osvaldo, o ›Polaco‹«

»Nunca vou te esceçer« heißt: »Ich werde dich nie vergessen«. Ich lächelte. Dieser Osvaldo, der sich selbst »Der Pole« nannte, war anscheinend Violas erste große Liebe gewesen. Er nannte sie Borboleta, Schmetterling. Mein Lächeln schmerzte ein wenig in meinem Gesicht. Es war gezwungen. Auch wenn sie ein Jahrzehnt zurückliegen mochte – die Vertrautheit, die aus diesen Worten sprach, weckte Neid in mir. Mein Schmetterling. Ich steckte das Bild ein. Dann warf ich einen Kontrollblick aus dem Fenster. Oha: Ein Taxi unten. Es fuhr gerade an, beschleunigte. Ich sah keine Fahrgäste. Nun aber rasch. Ich war schon an der Wohnungstür, als ich noch einmal zurückblickte. Etwas war mir aufgefallen. Im Wohnzimmer fielen die Sonnenstrahlen schräg durchs Fenster. Man sah die feine Staubschicht auf den Möbeln, auf den Videocassetten... Auf einer der Cassetten war keine Staubschicht. Die Cassette mußte erst vor kurzem zwischen die anderen gestellt worden sein... Mit flatternden

Händen klappte ich die Hülle auf und holte das Tape raus. Es sah aus wie das, das ich in Hamburg im Schließfach entdeckt hatte. Ich schob mir das Tape in den Hosenbund und riß eine der anderen Cassetten aus ihrer Hülle und tat sie in die leere Hülle. Meine Handfläche wischte über die Staubschicht. Dann endlich sprang ich zur Wohnungstür.

Mein Herz raste. Niemand auf dem Gang. Aber Schritte hallten aus dem Treppenhaus. Ich spurtete die Treppe hoch in den zehnten Stock. Ich stieg in den Lift und pulte die Lichtaugen frei. Die Tür schloß sich mit einem leisen Zischen. Ich drückte den untersten Knopf. Ich rauschte abwärts.

Aber nur ein Stockwerk.

Bei 9 blieb der Lift stehen. Und mein Herz auch. Ich preßte mir die Sonnenbrille auf die Nase.

Die Tür öffnete sich mit einem leisen Zischen.

»Boa tarde.« Eine alte Dame mit einem Iron Maiden T-Shirt.

Ich nickte. Ich drückte den Knopf. Die Tür schloß sich mit einem leisen Zischen. Fast. Die alte Vettel streckte ihren Kopf in den Flur hinaus. Die Tür stoppte. Sie öffnete sich mit einem leisen Zischen. »Ah, boa tarde Viola, Seu Lonser!« schnatterte sie drauflos.

Lonsers Stimme: »Boa tarde. Ta funcionando agora o elevador?«

Sie nickte wie ein pickendes Huhn. »Ta funcionando, sim!« Sie sah mich an. »Ta funcionando, não ta?«

Ich nickte. Ich drückte.

Die Tür schloß sich. Zack, war die blöde Kuh wieder im Rahmen und blockierte die Lichtschranke. »Esse senhor diz, que ta funcionando!«

Lonsers Stimme: »Qual senhor?« Schritte.

Ich drückte. Ich zog die Alte in den Lift hinein. Die Tür schloß sich. Wir glitten hinab.

»Äh?« sagte die Alte. Sie rieb sich das Handgelenk.

»Ta funcionando«, sagte ich. »Não ta?« Ich sah auf die Anzeige. Sie nickte. »Äh, sim, ta.« Sie sah auch auf die Anzeige.

28

Der Verkäufer verschränkte die Hände hinter seinem Rücken. »Wie bitte?« Er war Mitte zwanzig, sportlich und gutaussehend. Er lächelte mich geduldig an. Wie man Touristen geduldig anlächelt, wenn sie seltsame Wünsche vorbringen. »Sie möchten einen Videorecorder kaufen?« Er lächelte auf eine Reihe von Geräten hinab, die auf einem niedrigen Regal standen.

Ich schloß gereizt die Augen. Öffnete sie wieder. Lächelte. »Ich sagte doch, ich muß mir eine Cassette ansehen.« Ich zeigte ihm die Cassette. »Das ist sehr wichtig. Ich brauche einen Recorder, ja. Aber nur für zwei Stunden. Sie haben hier doch sicher ein Hinterzimmer?«

»Ein Hinterzimmer?«

»Ein Büro. Da können wir einen der Apparate anschließen, und basta.«

Der Verkäufer lächelte. Er wippte auf den Ballen. »Ich weiß nicht, ob das geht, mein Herr«, sagte er nachdenklich.

Ich fischte einen Zehn-Dollar-Schein aus der Hose. Greenbacks machten sich immer gut. Ich hielt ihm den Schein zwischen zwei Fingern vor die Brust. »Ich hab gehört, hier kriegt man mit Geld alles geregelt.«

»Da haben Sie richtig gehört.« Er zupfte mir den Schein aus den Fingern und ließ ihn in seiner Hose verschwinden. »Ist es in Ihrer Heimat anders?«

»Teurer.«

»Nun, wir sind hier in der Dritten Welt.« Sein Lächeln blendete noch einmal auf und erlosch dann. Lächelnd hatte er ausgesehen wie ein Verkäufer. Jetzt sah er aus wie ein Mann. Er ging zur Glastür, hinter der sich die Menschen auf dem Bürgersteig umherschubsten. Er machte sie zu und schloß ab. »Ich bin allein hier«, erklärte er. »Und so ein Teil ist schnell verschwunden.« Er deutete die Reihe der Videorecorder entlang. »Welchen?«

»Egal.«

»Nehmen wir den.« Er nahm sich ein Gerät und wuchtete es auf seine Unterarme. Die Schnur schleifte am Boden entlang. »Hier, durch den Vorhang, bitte.« Er faltete die Stirn in Richtung Kasse. Da war ein grüner Vorhang. Ich ging voran und hielt ihm den Vorhang auf. Hinter einem quadratmetergroßen Flur war eine Tür. Ich öffnete die Tür. Es roch muffig nach Holz und Pappe, wie in meinem Hotelzimmer. Der Verkäufer schob sich an mir vorbei in den Raum hinein. Er drückte mit dem Ellenbogen einen Lichtschalter. Das Büro. Es war kaum größer als eine Badewanne. Kein Fenster. An den Wänden Regale mit Ordnern. Ein alter Holzdrehstuhl und ein wurmstichiger alter Schreibtisch.

Der Verkäufer setzte das Gerät vorsichtig auf der Schreibtischplatte ab. »Sooo. Einen Moment, bitte.« Er hob die Hand – warten – und ging in den Verkaufsraum zurück.

Ich ließ mich auf den Drehstuhl sinken. Er quietschte.

Der Verkäufer kam mit einem kleinen Fernseher wieder. Er plazierte ihn neben dem Recorder. Er angelte nach den Kabeln und steckte die Stecker in ihre Buchsen. »So.« Er richtete sich auf und drehte mir die Mattscheibe zu. »Alles klar. Hier sind Sie ungestört. Kanal zwanzig.« Er sah auf seine Armbanduhr. «Zwei Stunden, okay?«

»Danke«, sagte ich.

Er nickte und ging raus und schloß die Tür hinter sich.

Ich nahm ein Kaugummi aus der Hosentasche. Das letzte Wrigley's. Ich packte es aus und schob es mir in den Mund. Ich lehnte mich zurück. Die Lehne quietschte. Die Stuhlbeine knarrten. Ich kaute. Ich nahm das Tape und schob es in den Recorder. Ich schaltete den Recorder an. Start. Ich schaltete den Fernseher an. 20.

29

Rauschen und Flimmern. Dann war das Bild da. Eine Computer-Graphik, ein Vorspann: »Diamond-Video presents:« Fanfaren. »Sweet Young Girls«. Ein Cast lief ab. Kleine Rechtecke, die über einen Sternenhimmel schwebten, näher kamen, bis sie den ganzen Bildschirm einnahmen. In jedem Rechteck eine Schauspielerin mit lustvollem Gesicht, mehr oder weniger fickend. Ein Rechteck schwebt davon, und das nächste gleitet ins Blickfeld. Harte Funkmusik.

Ich beugte mich nach vorn und drückte Fast Forward. Flimmern und Rauschen. Ich wartete zehn Sekunden. Ich drückte Start.

Ein hübsche Schwarze lutscht zwei sportlichen Weißen die Schwänze. Wir sind in einem Büro. Die Männer lehnen an einem Schreibtisch. Die Kamera schwenkt zur Tür. Ein Mann im Nadelstreifen steht verdutzt im Rahmen. Er schaut auf die Schwarze, die hingebungsvoll ihrer Beschäftigung nachgeht.

Er sagt: »Judy, what the hell you're doin' here?«

Sie antwortet nicht. Man spricht nicht mit vollem Mund.

Die beiden Männer am Schreibtisch grinsen.

Der Nadelstreif grinst auch und steigt aus seiner Hose.

Ich spulte weiter vor.

Anscheinend hatte ich eine Niete gezogen. Es war ein hundsgewöhnlicher Porno, wie ihn sich heutzutage die Kids nach dem Kindergarten reintun.

Start.

Eine Blonde und ein Schwarzer. Sie noggert ihm einen.

»Hey, bitch«, quakt er. »I think you'd better–«

Weiter kommt er nicht. Schnitt. Plötzlich eine ganz andere Szene. Ein Raum mit einem Mädchen. Schlecht ausgeleuchtet. Zu hell. Grünstich. Die Kamera wackelt ein wenig, steht dann still. Der Raum ist kahl, mit grauen Wänden. Der Fußboden ist schwarz. Ein Bett und ein Stuhl stehen in der Mitte des Raums. Das Mädchen sitzt auf dem Bett und liest. Das Mädchen ist sehr jung. Sie ist leicht negroid. Es ist schwer zu erkennen, die Farben sind zu schlecht. Aber sie hat leicht krauses, dunkles Haar. Sie hat ein rosa Röckchen an und ein weißes Rüschenhemd.

Die Kamera zoomt an ihr Gesicht heran. Das Mädchen blickt nach unten, auf sein Buch. Ihr Gesicht nimmt jetzt den ganzen Bildschirm ein. Man sieht es von schräg oben. Die Augen sind niedergeschlagen. Einer der Finger des Mädchens erscheint im Bild. Sie bohrt in der Nase. Sie scheint sich ungestört zu fühlen. Oder sie ist die Kamera gewöhnt. Keine Albereien, wie Kinder sie vor Kameras gewöhnlich veranstalten. Denn sie ist noch ein Kind. Mädchen wäre fast zuviel gesagt.

Die Kamera geht leicht nach links, zu ihren Ohren. Sie hat sich ein paar kurze Haarsträhnen hinters Ohr gesteckt. Sie trägt einen Plastikohrclip. Eine kleine rote Kugel in einer blauen Fassung.

Die Kamera geht runter, zieht langsam die bloßen hellbraunen Schultern des Kindes nach. Den Rüschenärmel. Schwenk nach rechts. Am oberen Bildrand sieht man die Lippen des Mädchens, leicht geöffnet, entlangwandern. Ihr kleines Kinn, den dünnen, zarten Hals. Das Heft. Es ist kein Buch, es ist ein Comic.

Ich spule kurz zurück.

Wieder das Close-up vom Gesicht. Ich achte diesmal auf den Comic. Ich kann trotzdem nicht viel erkennen. »-CA« sehe ich gerade. Die letzten beiden Buchstaben des Titels. Könnte englisch sein, oder jede lateinische Sprache. Sinnlos, darüber nachzudenken.

Mir fällt erst jetzt die Musik auf. Irgendwas Klassisches, leichtes. Könnte Mozart sein. Die Kamera fährt fort, den Körper des Kindes langsam abzutasten. Bis zu den Schuhen hinunter. Blanke, schwarze Lackschühchen und weiße Söckchen.

Schnitt.

Das Mädchen ißt. Sie löffelt irgendeinen Quark oder eine Suppe. Sie hat Hunger. Sie sitzt an einem Tisch. Tisch und Stuhl stehen jetzt neben dem Bett. Das Mädchen guckt hoch. Sie hat große, braune Kinderaugen. Sie guckt fragend nach links. Eine große Hand kommt von links ins Bild, nimmt den Teller. Der Teller ist noch randvoll. Sie will den Teller behalten. Sie hat Hunger. Sie greift nach dem Teller, und etwas von dem Inhalt schwappt ihr übers Hemd. Die Männerhand verschwindet mit dem Teller. Die Musik ist heftiger geworden.

Schnitt.

Das Mädchen steht in der Ecke. So wie in der Schule. Es schaut trotzig in die Kamera. Etwas links neben die Kamera, genauer. Wahrscheinlich spricht jemand zu ihr, der links neben dem Kameramann steht. Wahrscheinlich schimpft er mit ihr. Das Mädchen soll sich umdrehen. Man sieht es an ihren Bewegungen. Sie sträubt sich. Dann dreht sie sich doch um. Sie faßt unter ihr rosa Röckchen und läßt eine weiße Unterhose an ihren Beinen zu Boden fallen. Sie sieht sich über die Schulter um. Ihre Augen funkeln böse und ängstlich zugleich. Die Lippen sind zusammengepreßt.

Sie geht auf die Knie runter.

Ein Mann wird kurz eingeblendet, und jetzt weiß man, wieso das Mädchen sich fürchtet. Der Mann hat eine Jeans an und einen freien Oberkörper. Eine Schwarze Kapuze verhüllt sein Gesicht. Sie reicht ihm bis auf Brust und Schulterblätter. Zwei Löcher für die Augen. Der Mann hat eine schwarze Peitsche in der Hand.

Wieder das Mädchen. Es kniet am Boden. Es zieht sich den Rock hinauf, bis auf den Rücken. Ihr blanker, zarter Hintern ist entblößt. Die Kamera zoomt ran. Die Hinterbacken sind ängstlich zusammen-

116

gekniffen. Das Mädchen zuckt zusammen, und im selben Augenblick sieht man die Peitsche und einen roten Striemen, der quer über beide Hinterbacken verläuft. Das Mädchen springt auf und will davonlaufen.

Schnitt.

Das Mädchen ist festgebunden. An einem Stuhl, den man auf die Rückenlehne gelegt hat. Das Mädchen ist rittlings auf den liegenden Stuhl gezurrt worden. Die Knöchel sind am obersten Ende der Rückenlehne festgebunden. Die Kniekehlen dort, wo Sitzfläche und Rückenlehne aufeinandertreffen. Die Vorderseiten ihrer Oberschenkel sind gegen die Sitzfläche gepreßt. Der kleine Kinderhintern wölbt sich über die Stuhlkante. Die Arme sind an die Stuhlbeine gefesselt. Der Mann mit der Kapuze tritt vor sein Opfer. Er hat die Peitsche in der Hand. Er holt aus.

Kurze Einstellung: ängstliches Gesicht des Mädchens. Dann der Schmerz, der sich in ihre Züge gräbt wie glühende Eisenkrallen.

Es ist eine lange Szene.

Schnitt.

Das Mädchen zieht sich aus. Sie steht vor dem Bett und zieht sich das Rüschenhemd über den Kopf. Man sieht, daß sie geweint hat. Vielleicht wegen der Auspeitschung in der letzten Szene. Vielleicht ist diese Szene aber auch Wochen später gedreht worden. Das Hemd fällt zu Boden. Die Brüste des Mädchens sind noch kaum entwickelt. Mit hängenden Armen steht das Mädchen da und starrt in die Kamera. Es weint wieder. Es verzieht nicht das Gesicht. Aber Ströme von Tränen fließen ihm aus den Augen.

Schnitt.

Das Mädchen hat aufgehört zu weinen. Sie hat sich irgendwie beruhigt. Sie knöpft ihren Rock auf, und er fällt zu Boden. Sie trägt eine weiße Unterhose. Sie hakt ihre kleinen Daumen in den Gummizug und steigt aus der Unterhose. Sie hat nur noch Schuhe und Socken an. Sie hält ihre Hände vor ihren Unterleib. Sie schämt sich.

Ihre Augen flackern ängstlich. sie sieht auf etwas links neben der Kamera. Sie nimmt die Hände an die Seiten. Die Kamera zoomt ran, an ihre Vagina. Keine Schambehaarung. Die Kamera zoomt zurück. Das Mädchen sieht ängstlich nach links. Die Kamera zoomt weiter zurück. Man sieht wieder den ganzen Raum. Der Mann mit der Kapuze steht im Raum, links neben dem Mädchen. In der einen Hand hat er die Peitsche. Die andere Hand ist hinter seinem Rücken verborgen. Das Kind versucht ängstlich zu sehen, was er hinter seinem Rücken in der Hand hält.

Er zeigt es ihr. Es ist ein Dildo. So lang und so dick wie der Unterarm des Mannes.

Das Mädchen versteht nicht ganz. Sie sieht den Dildo an. Er ist groß und schwarz und schimmert. Dann zuckt sie zusammen. Sie versteht.

Ich sah mir alles an. Ich spulte nicht vorwärts. Der Film dauerte eine Ewigkeit. Er dauerte ein Leben lang und einen Tod. Wahrscheinlich wäre sie verblutet. Aber sie wollten wohl einen richtigen Schluß.

Sie nahmen die Klaviersaite.

Man sieht nicht, wer es tut. Man sieht sie. In Großaufnahme. In allen Einzelheiten. Ihr Gesicht. Ihren Tod.

Es ist alles echt.

Ich denke an Hollywood. An Horrorfilme. An Maskenbildner, all diese Tricks. Einen Moment lang versuche ich mir einzubilden: Das ist gestellt. Da sind Spezialisten am Werk, hochbezahlte Fachleute.

Aber nur einen Moment lang.

Die Kamera hält eine Ewigkeit auf das Gesicht der Toten. Der Betrachter hat Zeit, das Antlitz des Todes zu studieren. Es ist alles echt.

Mir kommt mein Mageninhalt hoch. Ich halte die sauren Brocken im Mund. Ich taste nach dem Papierkorb, spucke sie hinein.

Als ich wieder hochkomme, befingern sich zwei nackte erwachsene Menschen in einer Badewanne. Die Filmqualität ist wieder eins A. Sie ficken schließlich. Es wirkt alles sehr unschuldig.

Die Tür ging auf, und der Verkäufer stand hinter mir und stützte sich auf die Rückenlehne des Drehstuhls. Er sah mich amüsiert von der Seite an und deutete mit einer Kopfbewegung zum Bildschirm. »Wenn Sie auf sowas stehen...«

»Halt die Fresse!« krächzte ich.

Er stand kerzengerade. »He, du Arschloch! Du hast hier gar nichts zu melden!«

Ich zwang mich zu einer Art Lächeln. »Okay«, sagte ich matt. »Es tut mir leid. Entschuldigen Sie.«

Er beugte sich zu mir herab. »Ist Ihnen nicht gut? Sie sind kreideweiß im Gesicht.«

Ich beugte mich vor und stellte den Recorder aus und nahm die

Cassette aus dem Recorder. Ich stand auf. Meine Knie zitterten. Ich faßte den Verkäufer an der Schulter. Ich fragte: »Haben Sie Kinder?« Meine Stimme zitterte.

Er sah mich befremdet an. »Ich habe einen kleinen Sohn.«

»Passen Sie gut auf ihn auf. Passen Sie gut auf ihn auf.«

Seine Stimme war sehr ernst jetzt. »Das mach ich, Mann.«

Ich ging raus aus dem Büro und raus aus dem Laden. Der Verkäufer schloß mir auf. »Boa tarde«, sagte er. Er sah mir kopfschüttelnd nach.

Draußen brannte die Sonne ihre letzten Strahlen auf die Hauswände. Der Verkehr toste. Ein paar Kinder spielten auf dem Bürgersteig Fußball mit einer Dose. Ich sah ihnen eine Weile zu. Passanten starrten mich im Vorbeigehen neugierig an. Ich schmeckte Staub in meinem Mund und Abgase. Mein Kiefer schmerzte. Erst jetzt merkte ich, daß ich den Mund aufgerissen hatte, weit auf, als hätte ich Angst, nicht genügend Luft zu kriegen. Mein Atem ging stoßweise. Ich drehte mich zur Mauer und riß mich zusammen und massierte meine Kiefermuskeln. Dann ging ich schnell fort.

Im Gehen wog ich das Videoband in der Hand. Ich sah es an.

Ich kannte den Markt nicht.

Aber ein paar Zigtausend, konnte ich mir vorstellen, war das sicher wert.

Mit einem guten Vertrieb vielleicht noch eine Null mehr.

30

Ich ging durch das Drehkreuz und gab dem Busschaffner zwei kleine Scheine. Drehkreuz heißt auch borboleta, fiel mir ein. Schmetterling. Wie Viola. Ein paar Metaphern gingen mir durch den Kopf, aber keine war gut. Zu mir selbst fiel mir nur eine Metapher ein: Ich hatte die Hosen voll. Es gab nach dem, was ich gesehen hatte, nur wenige Gründe, weshalb ich noch am Leben war. Einer davon war Glück, nahm ich an. Einen zweiten gab es wahrscheinlich nicht.

Der Bus war voll, und ich hängte mich an die Stange. Ich badete in Schweiß. Es war bedeckt, schwül. Ein grellweißer Himmel lastete über der Cidade maravilhosa, der wunderbaren Stadt. Weitere Fahrgäste drängten nach und preßten mich in ein Knäuel von Fleisch und nassen T-Shirts. Der Motor brüllte auf, und der Bus ordnete sich ruckweise in die Blechlawine. Ein älterer Mann mit gelblicher Haut las vor mir seine Zeitung. »Mörderischer Verkehr«, hieß es in der Schlagzeile. Die Zahl der täglichen Verkehrstoten reiche schon fast an die Zahl der täglich Ermordeten heran. Es gab zwei Kästchen weiter unten im Artikel. Durchschnitt der täglichen Verkehrstoten: 28. Daneben der Durchschnitt bei den Ermordeten. 33 täglich, momentan. Ich rechnete das durch. Zehntausend Ermordete in einem Jahr. Hunderttausend in zehn Jahren. Ein Menschenleben war hier nicht viel wert. Der Bus schlingerte und bremste scharf. Meine nasse Hand glitt fast von der Haltestange ab. Ich nahm die andere zur Hilfe.

Das Video hatte ich poste restante an mich selbst adressiert. Da lag es erstmal sicher, und ich konnte mir die weiteren Schritte überlegen. Draußen ratterten Häuserfronten vorbei. Welche Schritte? Es war heiß. Ich japste nach Luft. Ein Kloß hatte sich dort gebildet, wo einmal mein Solarplexus war. In meinem Hirn stürzten Gedankenfetzen ineinander. Ich konnte keinen klaren Gedanken fassen. Es war, als würde mir irgendein Stoff fehlen, der für klares Denken notwendig war. Stress, dachte ich. Das ist Stress. Das war alles zu groß für mich. Einige Nummern zu groß. Wenn ich doch wenigstens jemanden hätte, mit dem ich darüber reden konnte. Vielleicht würden die Dinge dann an Klarheit gewinnen. Eine plötzliche Woge der Verlassenheit, der Einsamkeit schlug über mir zusammen. Meine Augen glitten über die Gesichter der Fahrgäste, als suchte ich vertraute Züge, einen gütigen Blick. Einen Menschen, der mich verstand, der mir all meine Sorgen nehmen würde. Ich sah eine schwarze Sonnenbrille.

Der Mann war groß. Dunkles Haar, Halbglatze. Kräftig. Seine Brille starrte mich unverwandt an. Ich konnte seine Augen nicht sehen. Er zahlte beim Schaffner und nahm sich sein Bilhete, ohne den Blick von mir abzuwenden. Er hatte eine Plastiktüte in der Hand. Als er durchs Drehkreuz ging, stieß sie gegen das Gestänge. Es klickte metallisch. Der Mann stellte sich drei Meter hinter mir ans Fenster. Ich sah mich selbst im Spiegelbild der Sonnenbrille. Dann wandte er den Kopf beiseite, sah nach draußen. Mein Herz begann in meinem Hals zu pochen. Der Mann war auf dem Postamt gewesen, als ich die Videocassette aufgegeben hatte. Hatte er nicht in der Reihe direkt hinter mir gestanden? Er trug einen beigen Leinenanzug. Die Jacke hatte er an, auch eine Krawatte, obwohl es dafür eigentlich zu heiß war.

Ich zwang mich, hinauszusehen, mir nichts anmerken zu lassen. Wir fuhren die Rua do Catete entlang, hielten an meinem Hotel. Ich stieg nicht aus. Der Bus fuhr weiter, es ging bergauf. Rua das Laranjeiras, die Orangenstraße. Eine Menge Leute stiegen hier aus, und eine französische Touristengruppe nahm ihre Plätze ein. Der Mann mit der Sonnenbrille lehnte unverändert am Fenster. Wir fuhren weiter bergauf, an eleganten vierstöckigen Appartementhäusern vorbei. Dazwischen gab es schöne, alte Villen, die meisten zu Restaurants oder Banken ausgebaut. Plötzlich hörte die Straße auf, endete in einem geteerten runden Platz. Der Busfahrer wendete. Dann hielt er, und der Motor erstarb mit einem Ruckeln. Der Fahrer wuchtete sich aus dem Sitz und stieg aus. Endstation.

Die Menschen verließen den Bus und zerstreuten sich. Die Franzosen und ein paar Brasilianer folgten einem großen Schild, auf dem zu lesen stand: »Visite o Corcovado. O Cristo Redendor.« Darunter die Christusfigur, die ihre schützenden Arme über die Stadt breitet. Ich schloß mich ihnen an. Der Mann mit der Sonnenbrille folgte mir.

Es gab eine Zahnradbahn, die bis oben auf den Berg fuhr. Zusammen mit den Touristen strebte ich der Station zu und löste eine Fahrkarte. Es war sehr ruhig hier, nichts mehr zu spüren von dem hektischen Treiben der Großstadt. Der Dschungel fing gleich hinter der Station an, große, flechtenbewachsene Bäume öffneten den Geleisen einen dunkelgrünen Tunnel. Es roch nach Moder, nassem Blattwerk, Blütenduft süß dazwischen. Ich verschränkte die Hände hinterm Rücken, wippte auf den Ballen und beobachtete mit einem Auge die weiteren Fahrgäste beim Ticketkauf. Ich konnte meinen Verfolger nirgends ausmachen. Sollte ich mich getäuscht haben? Dann von fern das Kreischen von Geleisen. Das Geräusch wurde von einer Horde unsichtbarer Affen aufgenommen, und ein großer, blauroter Ara flatterte von einem niederen Ast bis auf den Wipfel. Die Bahn kam in einer engen Kurve aus dem Urwalddickicht hervor. Sie war blau, mit runden, freundlichen Scheinwerfern. Zwei Triebwagen vorn und hinten, in der Mitte ein weiterer Waggon. Die Türen öffneten sich, und einige Dutzend Touristen und eine Schulklasse traten schnatternd auf den Bahnsteig hinaus. Die Bänke waren aus Holz. Ich sicherte mir einen Platz ganz hinten, mit dem Rücken zur

Wand. Die Türen schlossen sich mit einem Knall, und die Bahn setzte sich langsam in Bewegung.

Es gab noch zwei weitere Haltestellen an der Strecke, auf größeren Lichtungen. Häuser dahinter, Mauern mit Glasscherben oben drauf, kleine Bananenanpflanzungen. Dann ging es steil bergan. Links und rechts dampfte der Dschungel. Fremdartiges Gekreisch drang aus dem Nebel hervor. Die Bäume wurden größer, ihre Wurzeln dick wie Menschenleiber. Prächtige Papageien saßen in dem Grün wie hingetupft. Ich verschränkte die Arme. Es wurde kälter. Je weiter es nach oben ging, desto mehr nahm der Nebel zu. Unlustiges Gemurmel setzte ein. Oder waren das schon die Wolken? Würde man denn da oben überhaupt was sehen? Ich zog fröstelnd die Schultern hoch.

Als wir an der Endstation hielten, betrug die Sicht noch etwa zehn Meter. Zusammen mit der enttäuschten Menge stieg ich die endlosen Steintreppen empor bis in den Himmel, in dem Jesus weilte. Er war nicht zu sehen, die Wolken ließen immer nur bis zum jeweils nächsten Treppenabsatz blicken. Man mußte an ihn glauben. Auf den Zwischenplattformen gab es Souvenirläden, Postkartenstände und kleine Männer, die Getränke verkauften. Dann, auf der obersten Plattform, ein Restaurant mit Cafébestuhlung draußen. Von der Statue erkannte ich lediglich den Sockel. Ich ging an die Brüstung und lehnte mich darüber. Etwa drei Meter weiter unten versank die Aussichtsplattform in einem Meer aus nebeldurchzogenem Gestrüpp und Dornenbüschen. Plastiktüten hingen überall in den Ästen. Papierfetzen, Coladosen, Filmschachteln. Eine kräftige, große Hand legte sich neben mir auf die Brüstung. Die Hand hielt eine schwarze Sonnenbrille. Ich fuhr herum. Es war der Mann im hellen Anzug. Mein Verfolger. Er sah angespannt an mir vorbei in den Nebel. Seine rechte Faust umschloß den Griff der Plastiktüte. Er ließ die Kiefernmuskeln mahlen. Eine Ader in Form eines Ypsilons pochte auf seiner Stirnglatze.

Ich stieß mich von der Mauer ab und mischte mich, so ruhig ich konnte, in die Menge. Die Plattform war jetzt voll mit Menschen. Man fotografierte sich vor dem Sockel der Christusstatue, die von den Knöcheln aufwärts ins Weiß-grau der Wolken ragte. Das Restaurant würde zunächst am sichersten sein. Die Leute saßen dort herum, warteten auf ihre Bestellungen und beobachteten sich gegenseitig. Ich rieb mir die Stirn. Mein Kopf war heiß. Rechts, an der Seite des Restaurants, etwas abseits der Tische, führte eine grüne Holztür zur

Toilette. Ich sah mich um. Der Mann mit der Sonnenbrille war wieder verschwunden. Ich hätte ihn im Auge behalten sollen. Mist, verdammter! Ich war in Panik. Ich machte einen Fehler nach dem anderen. Ich würde mir die Stirn abkühlen, den Nacken, dann würde ich wieder denken können. Ich stieß die Holztür zur Toilette auf. Der Uringestank war unbeschreiblich. Neben der Klosettschüssel häufte sich das schmutzige Papier. Im Waschbecken daneben lagen auch noch ein paar Fetzen. Grünschillernde Fliegen. Die Tür knarschte und ließ sich nicht verriegeln. Ich trat vors Waschbecken und klatschte mir Wasser ins Gesicht. Mit dem kühlen Wasserstrahl wurden auch meine Gedanken langsam klarer, ruhiger. Etwas klickte. Ich fuhr zusammen. Der Türknauf drehte sich. Er drehte sich langsam. Langsam. Ich starrte wie gelähmt auf den Knauf. Langsam drehte er sich ganz herum. Dann wurde die Tür aufgezogen. Ich atmete auf. Es war nur ein kleiner Junge. Vielleicht zwölf Jahre alt. Er starrte mich unverwandt an.

»Occupado«, sagte ich. Da tauchte hinter dem Jungen ein großer Schatten auf. Der Mann mit der Sonnenbrille.

Der Junge wandte sich um. »Desculpe.« Mein Verfolger sah kurz zu mir hinein, ging dann nach rechts davon. Der Junge wollte die Tür wieder schließen, aber ich stieß sie auf und wandte den Kopf nach dem Mann im hellen Anzug. Wieder konnte ich ihn nirgends entdekken. Ein einziges Geschiebe vor der Tür. Ich schob mich an den Tischen vorbei und tauchte in die Masse der Touristen ein. Etwas schrie über mir. Ein großer Vogel stieß aus dem Dunst nach unten, war nach drei Flügelschlägen wieder unsichtbar. Ich drehte den Kopf nach ihm, und der Mann mit der Sonnenbrille stand direkt vor mir. Er lächelte mich an und griff in seine Plastiktüte. Er holte eine Polaroidkamera daraus hervor. »Sorry«, sagte er. »Would you mind taking my picture?«

Ich sah ihn an.

»You understand?« Er zeigte auf die Kamera. »A photograph?«

»Oh«, sagte ich.

Er lächelte. »In front of this Jesus?«

»Oh, yes«, stammelte ich. »Yes, sure.«

»Thank you.«

»You're welcome.«

»Hope so.« Er reichte mir den Apparat. Seine andere Hand knüllte die Tüte. »I always carry it in a plastic bag. They don't think it's any valuables inside there. People kill you here for a camera.«

»Yeah. Sure. Yeah.« Ich fummelte an der Polaroid herum. Meine Finger zitterten noch immer. »You can't be careful enough.« Ich setzte mir die Kamera ans Auge.

Der Amerikaner stellte sich in Positur. »Allright«, sagte er. »Shoot!«

Ich drückte den Auslöser. Der Flash flammte auf, und der Mann zuckte zusammen. Er schrie auf. »Hell!«

»Was ist?«

»M-... my shoulder.« Der große Mann sah mich aus großen Augen an. Die Sonnenbrille glitt ihm aus der Hand und fiel zu Boden. Die andere Hand hatte er auf seine linke Schulter gepreßt. Er nahm die Hand hoch. Die Schulter seiner Anzugjacke war zerfetzt. Darin tränkte sich die Wattierung rot.

»My God.« Das Gesicht des Mannes wurde bleich. »Jee-zus.«

In diesem Moment spritzte neben mir Putz von der Mauer. Ein Knall, als hätte jemand mit dem Hammer dort hineingeschlagen. Ich sprang zur Seite, rempelte eine Frau, die entrüstet loszeterte. Der Ami stolperte davon. »A doctor. I gotta see a doctor«, stammelte er.

Ich lief im Zickzack durch die Menge. Niemand der Umstehenden hatte etwas von den Schüssen bemerkt. In meiner Hand surrte das Bild aus der Polaroidkamera. Ich wühlte mich in einen Pulk brasilianischer Touristen, der der Brüstung zustrebte. Mit dem Rücken zur Mauer ließ ich das Polaroid in meiner Hand flattern. Ich blickte blinzelnd um mich. Die Wolken wurden dicker, und die Sicht betrug nur noch wenige Meter. Auf dem Foto wurden Konturen erkennbar. Menschen. Der Sockel, auf dem Jesus steht, der Erlöser. Eine Menschenmenge darum herum. Im Vordergrund der Amerikaner. Seine Anzugschulter zerfetzt gerade. Ein Blutspritzer zieht sich wie ein feiner roter Faden schräg nach oben. Dahinter, in der Menschenmasse, steht der Junge, der die Tür der Toilette geöffnet hatte. Er trägt ein Sweat-Shirt auf dem linken Arm, und auch die rechte Hand ist darunter verborgen. Vor dem Sweat-Shirt ist etwas Diffuses wie Rauch, der die Konturen dort unschärfer macht. Aber es ist dennoch klar zu erkennen, was der Junge unter dem Kleidungsstück verbirgt. Man erkennt die Mündung des Schalldämpfers, der genau aufs Zentrum der Kamera zielt. Auf mich.

Ich ließ den Arm mit dem Foto sinken.

Der Junge stand direkt vor mir. Das Sweat-Shirt überm Arm. Seine Augen waren stumpf und alt. »Seu Leao?« sagte er.

Keine Ahnung, weshalb er mich warnte. Ich warnte ihn nicht. Ich schlug seine Pistolenhand runter. Ein Schuß ploppte und pfiff davon. Meine Linke knallte an das winzigkleine Kinn. Ich merkte es kaum, doch es hob den Jungen vom Boden und ließ ihn über die Mauer kippen.

Es ging alles so schnell, purer Reflex. Meine Faustknöchel pochten. Zwei oder drei Augenpaare, die gesehen hatten, was passiert war, blickten mich wortlos an. Auf dem Boden vor mir lag die Pistole. Er hatte sie losgelassen, als er k. o. ging. Ich hob sie auf, langsam wie ein Traumwandler, und beugte mich über die Brüstung. Die grünen Büsche, Müll. Nebelschwaden. Von dem Jungen war nichts zu sehen.

Ich sicherte die Pistole und schraubte den Schalldämpfer ab und steckte beides in meine Hosentaschen. Ich ging davon. Niemand hielt mich auf. Niemand folgte mir. An der Treppe achtete kein Mensch mehr auf mich. Ein Papagei schrie in der Ferne, nicht besonders laut.

31

Lonser stieg in seinen Wagen. Sie hatten also einen Ersatzschlüssel. Viola beugte sich zum Fenster hinab und hauchte einen Kuß. »Ate logo«, sagte sie. Bis bald. Ich hörte nicht, was er sagte. Er ließ den Wagen an, schaltete das Licht ein und fuhr weg.

Viola sah den kleiner werdenden Rückleuchten nach, bis sie verschwanden. In einer der Bretterbuden auf dem Ruinengrundstück war Licht. Das Licht preßte sich durch die Ritzen zwischen den Brettern auf die Straße hinaus. Es flackerte. Gitterstäbe aus flackerndem Licht lagen auf Violas Körper.

Es war warm. Sie trug immer noch das gelbe, nabelfreie Top.

Ich drückte ihr die kalte Mündung der Automatic in den nackten Rücken. »Ruhig«, sagte ich auf deutsch.

Ihre Haut erzitterte wie die eines Pferdes. Sie sagte nichts.

»Wo fährt er hin?« Ich stieß ihr das Metall ins Rückgrat.

»Sao Paulo.« Ihre Stimme war belegt.

»Wozu?«

»Geschäfte.«

»Was für Geschäfte?«

»Banken.« Sie sah mich über die Schulter an. Einen Moment verweilte ihr Blick an meinen gefärbten Haaren. »Dollars. Sind schwer zu kriegen zur Zeit. Inflation. Alle wollen Dollars.«

»Mhm.« Ich massierte ihre Rückenwirbel. »Aber der Laden läuft, was? Trotz ein paar Rückschlägen beim Export.«

Ich stieß die Waffe hart gegen ihr Rückgrat, und sie schrie leise auf vor Schmerz. Ich hatte festgestellt, daß ich ein Mensch mit einer Art Moral war. Filmkonsument. Gern auf der Seite des Guten, der zum Schluß siegt und die Frau seines Herzens kriegt. Ich wurde nicht gern um mein Happy End betrogen. Ich mochte es nicht, wenn die Frau meines Herzens für die Gegenseite spielte. Mein Herz, das sich geöffnet hatte, weit geöffnet, und sein köstliches, empfindliches Fleisch schutzlos dargeboten hatte. Ein Pfahl war in dieses zarte, verwundbare Fleisch gestoßen worden, und mein Herz hatte sich geschlossen wie die harten Schalen einer Mördermuschel. Die harten Mördermuschelschalen hatten den Pfahl mit einem heftigen Zusammenschließen zweigeteil. Der eine Teil, die Spitze, würde für immer in meinem Herzen bleiben. Aber wenn es der Mördermuschel möglich sein würde, würde sie auch den Menschen zweiteilen, der ihr diesen Pfahl ins Innerste gestoßen hatte.

Viola drehte ihren Kopf wieder nach vorn. Sie blickte die Straße hinunter. »Was. Willst. Du?« Sie biß die Wörter einzeln ab.

»Gehn wir«, sagte ich.

»Wohin?«

»Gehn wir hoch. Zu dir. Du hast doch jetzt sturmfreie Bude.« Ich legte meine Jacke über die Pistole. »Und keine Faxen. Ich hab heute schon jemand umgelegt.«

Sie machte keine Faxen. Der Wächter öffnete uns die Haustür. Der Colt schlenkerte um seinen Schenkel. Der Wächter lächelte. Viola lächelte. Ich lächelte. Lächelnd bestiegen wir den Fahrstuhl. Ich drückte die 9.

Viola lehnte sich an die Wand. Sie schob die Hüften vor. Die Haut an ihrem Bauch war wie aus Samt. »Du kennst dich aus, was?«

Ich kräuselte die Lippen.

Ihre Augen folgten der Stockwerksanzeige über der Tür. Sie verschränkte die Arme unter ihren Brüsten. Die Brustwarzen waren hart unter dem gelben Stoff. Sie senkte ihren Blick genau in meine Augen.

Ich schüttelte den Kopf. »No chance.«

Das einzige, was an mir reagierte, war der Pistolenlauf. Er hob sich, bis er genau auf ihre Augen zielte. Violas Haltung straffte sich. Sie vermied es, in das dunkle Loch zu sehen. Ein Muskel an ihrem Hals begann zu zucken.

»Angst?« sagte ich.

»Stehst du drauf?«

»Mhm.« Ich tippte auf das Schießeisen. »Er steht drauf.«

Der Fahrstuhl hielt, die Tür glitt auf. Wir gingen zu ihrem Appartement. Sie öffnete. Ich stieß sie ins Wohnzimmer, auf das Sofa. Ich ließ mich auf dem Sessel gegenüber nieder.

»So«, sagte ich. »Die Rollen sind verteilt. Ich bin der Mann mit der Feuerwaffe. Du bist die Frau. Ohne Waffe.«

Sie gab mir einen scheelen Blick.

»Gut. Keine Vorreden. Dann erzähl.«

»Was?« Sie hob ärgerlich die Schultern.

Ich stöhnte. »Na was? Ich war heute mittag hier, klar? Ich hab mich ein wenig im Videoangebot umgetan, klar? In der Erwachsenenabteilung.«

Violas Blick tastete über das Regal hinterm Fernseher.

Ich rückte auf die Sesselkante vor. »Nicht gerade jugendfrei, was ihr so anbietet. Bei den Darstellern scheint man allerdings nicht so sehr aufs Alter zu achten. Oder gerade? Man drückt vielleicht mal ein Auge zu. Oder gleich zwei.«

Violas Körper war jetzt ein einziger verkrampfter Muskel. Sehnenstränge zuckten an ihrem Hals. In ihren Augen war pure Angst.

Ich sah auf die Pistole. Sie zitterte. Meine Knöchel waren weiß. Auch der Finger am Abzug zitterte. Mein Gesicht schmerzte. Ich mußte eine furchtbare Fratze aufgesetzt haben.

Ich atmete tief ein und aus. Ich sah zum Fenster. Da war die Stadt. Tausend erleuchtete Fenster. Hier ging ein Licht an. Da ging eins aus.

Ich sagte: »Ihr hattet das Tape mit in Deutschland.«

Viola sagte nichts. Sie krallte ihre Finger ineinander. Immer wieder ineinander.

»Ihr wolltet es verkaufen.«

Sie kratzte sich dabei mit den Nägeln über die Handrücken.

»An Grenz.«

Sie kratzte sich rote Striemen ins Fleisch. Blut drängte aus den kleinen Kapillaren nach draußen.

»An Grenz und sein hervorragendes Vertriebssystem.«

Sie bemerkte das Blut und hörte auf zu kratzten. Sie preßte einen Handrücken an ihre Lippen.

»Der europäische Binnenmarkt. Dorado für Kapitalisten. Dreihundertzwanzigmillionen Konsumenten. Sag Ja!« schrie ich. Ich schrie sie an. »Sag ja! Ihr wolltet das Grenz verkaufen!«

»Ja.«

Ich lehnte mich nach hinten. Ich verdaute. Mein Magen fand es zum Kotzen. Man soll seinem Magen vertrauen. Ich rieb mir das Gesicht. Viola saugte immer noch an ihrem Handrücken. Sie sah mich über den Handrücken hinweg an.

Ich sagte: »Aber es kam etwas dazwischen.«

Viola schnaubte trotzig.

»Was kam dazwischen?«

Sie verschränkte die Arme und sah mich mit verächtlicher Erwartung an.

»Na? Keine Ahnung? Na gut«, sagte ich, »Paulo kam dazwischen. Paulo war plötzlich gefährlich. Zu gefährlich, um ihn weiter am Leben zu lassen. Denn er kannte dich. Er erkannte dich wieder.«

Viola sah mich schweigend an. Halb interessiert, halb abwartend, so wie man vielleicht den Nachrichtensprecher ansieht.

Sie machte mich rasend. Ich sprang abrupt auf und stürzte auf sie zu. Sie preßte sich in das Sofa. Ich wollte ihr wehtun. Ich rammte ihr die Pistole in den weichen Bauch. Sie japste nach Luft.

»Na«, stieß ich zwischen den Zähnen hindurch. »Fällt unsrer Süßen da nichts ein? Unsrer hilflosen, kleinen Süßen?« Ich hielt ihr den Lauf an die Nase. Ins Auge.

Sie zwinkerte. Sie drehte den Kopf weg. Sie schluchzte.

»Na? Ich hab heute schon einen kalt gemacht. Es ist ganz einfach. Es fällt gar nicht schwer. Es bringt mir vielleicht sogar Spaß.« Ich packte sie am Kinn und preßte ihr die Pistole an die Lippen. Drückte die Mündung zwischen ihre Lippen. Metall klickte auf Zähne. »Ich bin mir sogar sicher, es bringt mir Spaß.«

»Wen?« Sie nuschelte. Sie wagte nicht, sich zu wehren. Ihre Hände hatten sich in den Sofastoff gekrallt. Ihre Wimpern flatterten.

Ich stopfte ihr den Lauf ganz ins Maul. Sie gurgelte, würgte.

»Was wen?« zischte ich. »Wen ich umgebracht habe? Das weißt du doch besser als ich.«

Sie schüttelte vorsichtig den Kopf. Der Lauf klackte innen gegen ihre Zähne. Ihre Augen tränten. Speichel rann ihr aus den zitternden Mundwinkeln.

Ich zog ihr den Lauf aus dem Mund.

Sie spuckte. Hustete. »Ich... was?« sabbelte sie. Sie blinzelte wie irr.

Ich sagte: »Jemand wollte mich umbringen, heute abend.«

»Wo?« Sie bekam ihren Körper wieder unter Kontrolle. Etwas arbeitete in ihr.

Ich zögerte. »Corcovado«, sagte ich dann.

»Kanntest du ihn?«

»Wohl kaum. Ich dachte« – ich hob gespielt die Brauen – »du... vielleicht?«

»Nein«.

Ich schabte sinnend mein Kinn. »Lonser... vielleicht?«

»Quatsch! Wir wußten gar nicht, daß du hier bist.«

»Soso.« Ich kramte ein Kaugummi hervor. Ich stopfte es mir in den Mund. Ich kaute. »Das nimmt mich Wunder.«

Viola sah mich ungeduldig an. »Ist dir jemand gefolgt?«

Ich kaute. Ich grinste sie an. »Du lügst.«

»Warum sollte ich lügen?«

»Warum sollte ein Fisch schwimmen?«

»Meu Deus no cel!« Sie verdrehte die Augen gen Zimmerdecke. Dann sah sie mich prüfend an. Sie nagte an ihrer Unterlippe. »Ich werde dir etwas zeigen.«

»Ohoh!«

»Darf ich aufstehen?«

Ich erhob mich. »Nur zu.« Ich zielte weiter auf sie.

Sie stand auf. Sie ging vorsichtig an mir vorbei und beugte sich über den Fernseher und nahm eine Videocassette aus dem Regal.

»Noch so einer?«

Sie nickte.

»Gut. Ich glaube, ich könnte mich an diese Filmabende gewöhnen.«

Sie legte die Cassette ein und schaltete die Geräte an. Sie setzte sich wieder aufs Sofa. Sie starrte auf die Mattscheibe. Ihr Gesicht war zu einer Maske erstarrt.

Ich rückte mir den Sessel zurecht.

32

A rainha das abelhas« stand in weißen Lettern auf der Mattscheibe. Die Königin der Bienen. Ein Lehrfilm. Ich sah zu Viola hinüber. Sie machte keine Anstalten, vorzuspulen. »Machen wir es spannend«, sagte sie.

»Okay.« Ich lehnte mich zurück. »Ich langweile mich schon seit Tagen.«

Das Reich der Bienen war dem Reich der Menschen ziemlich ähnlich. Es war, wenn man den Deckel vom Getriebe nahm, erbarmungslos und kalt. Der Film zeigte den Machtanspruch der Bienenkönigin, von der es in jedem Stock nur eine einzige geben konnte. Suchte – was vorkam – eine Nebenbuhlerin Einlaß in ein Bienenreich, so wurde sie getötet. Ebenso zeigte der Film die Tötung eines Schmetterlings, der – auf der Suche nach Nektar – in den Stock eingedrungen war. Dann, plötzlich, waren die Farben auf dem Monitor von einem kränklichen Grün. Wir waren wieder in demselben Raum, in dem auch das andere Video gedreht worden war. Oder zumindest war dieser Raum jenem anderen sehr ähnlich. Graue Wände. Dunkler Fußboden. Ein Bett. Es schien ein anderes Bett zu sein als in dem ersten Film. Zumindest hatte es einen anderen Bezug. Ein blondes Mädchen war auf dem Bett festgebunden. Sie lag auf dem Bauch. Man hatte sie an Handgelenken und Knöcheln festgebunden, so daß ihr Körper wie ein X gekreuzigt auf der Matratze lag. Sie hatte von der Sonne gebleichtes Haar, fast weiß, und leicht gewellt. Die Haut – soweit man das bei der schlechten Farbqualität feststellen konnte – war gebräunt. Helle Bikinistreifen.

Es gab keine Musik. diese Cassette schien noch nicht bearbeitet worden zu sein. Ein Rohprodukt. Man hörte Rauschen, und ab und zu lautes Knacken und Poltern. Dann Stimmen, unverständlich. Scheppernndes Lachen. Dumpfe Kommandos. Regieanweisungen.

Die Kamera ging näher und glitt am Körper des Mädchens entlang. Der Rücken. Der Po. Das Geschlecht. Zwischen den gespreizten Schenkeln ein Hauch von blondem Flaum. Verweilen. Wieder am Rückgrat entlang hoch zum Hinterkopf.

Jemand sagt etwas. Ein Befehl.

»Não!« Das Mädchen. Mit erstickter Stimme.

Eine Hand fährt ins Bild und greift dem Mädchen in die Haare und reißt ihren Kopf herum. Man sieht jetzt ihr Gesicht. Trotz und Angst und Tränen sind in dem Gesicht. Kräftige, dunkle Augenbrauen. Grüne Augen, tränenglänzend. Ein großer Mund, mit großen, weichen Lippen.

Ich sah zu Viola hinüber. Sie saß aufrecht auf dem Sofa. Ihre rechte Hand krallte sich in ihren linken Unterarm. Ihre Kiefer mahlten. Der sonst sinnliche Mund ein breiter Strich jetzt. Über ihren Wangenknochen spannte die Haut. Die grünen Augen blickten starr.

Ich sah auf das Gesicht auf dem Bildschirm. Die Wangenknochen waren noch hinter einer dünnen Schicht von Kinderspeck verborgen. Trotzdem war es dasselbe Gesicht. Es waren dieselben Augen. Und in den Augen war derselbe Haß.

Die Hand läßt die Haare los. Das Gesicht fällt in die Matratze zurück und bleibt auf der linken Wange liegen. Das Mädchen schließt die Augen. Eine große Träne kullert über den Nasenrücken, purzelt auf das Laken, wird vom Laken aufgesogen.

Die Kamera fährt wieder am Rücken hinab, zum Hintern. Ein schöner Hintern. Zwei Hände kommen ins Bild und pressen die Pobacken auseinander. Die Schatten verändern sich, jemand fuhrwerkt mit dem Licht herum. Die Kamera schiebt sich näher. Da sind die Narben. Sie sind noch frisch. Frische Schnitte. Sie bluten noch. Das Mädchen brüllt vor Schmerzen.

Als nächstes sieht man einen erigierten Penis. Man sieht das Blut in den Adern pochen. Er glänzt, als hätte man ihn eingefettet. Die Kamera geht zurück, und man sieht den Mann, der an dem Penis hängt. Er trägt die schwarze Kapuze. Es ist ein sportlicher Mann, mit schlankem, muskulösem Körper. Er hat dunkle Haare an den Waden und den Unterarmen. Er ist völlig nackt bis auf die Kapuze, und bis auf ein seltsames blaues Tuch, das um seinen rechten Unterarm geknotet ist.

Der Mann tritt ans Bett. Er steigt auf die Matratze und kniet sich zwischen die Schenkel des Mädchens. Er nimmt seinen Penis in die Hand und plaziert ihn dort, wo es weh tut. Das Mädchen brüllt.

»Das können wir auch kürzer haben.« Violas Stimme. Jetzt. Einige Jahre später. Sie drückt auf die Fernbedienung. Der Ton ist weg. Der Mann auf dem Bildschirm bewegt sich plötzlich, als gelte es, Rekorde zu brechen.

»So ist es fast lustig, was?« Da war keine Heiterkeit in Violas Stimme.

Der Mann wird sichtbar fertig. Er hüpft vom Bett und rast aus dem Bild.

Viola stellt wieder auf normale Geschwindigkeit. Der Ton ist wieder da. Ein Mann schreit etwas. Plötzlich ein Knall. Sehr laut. Noch einer. Die Kamera fährt unkontrolliert durch den Raum. Man sieht Schatten, Gesichter. Einen Mann mit Bart, der überrascht aussieht. Einen Mann, der wegläuft, zu einer Tür. Ein Knall. Der Mann fällt hin. Aus. Schneesturm auf der Mattscheibe. Ohrenbetäubendes Rauschen.

33

Viola stand auf und stellte die Geräte aus. Sie trat ans Fenster. Sah hinaus. Sie schüttelte sich und umschlang sich selbst mit ihren Armen. »Manchmal denke ich, sie sind überall«, sagte sie tonlos. »Hinter den Fenstern. Auf den Straßen. In den Autos.«

»Wer?«

»Männer.« Sie sah mich an. Sie nagte an ihrer Unterlippe. »Ich hab Angst.«

Ich sagte nichts. Ich legte die Pistole beiseite und trat neben sie. Meine Rolle als harter Knochen war erstmal vorbei.

Viola sah auf die Straße hinab. Sie drückte fünf Finger gegen die Scheibe. »Ist dir jemand gefolgt?«

»Ich weiß nicht. Ich hab niemand gesehen.«

Sie überlegte. »Hast du schon daran gedacht, daß der Mann, der dich töten wollte...«

»Woher weißt du, daß es ein Mann ist?«

»Ich dachte. Es sind doch immer Männer.«

»Ja. Wahrscheinlich.«

»...daß der dich gar nicht umbringen wollte.«

»Wie?«

»Vielleicht wollte er dich nur ausrauben. Ein Straßenräuber. Das ist hier ganz normal.«

»Nein. Nein.«

»Mhm.«

Ich dachte nach. Versuchte, mich an alles zu erinnern. »Aber…«

»Aber… möglich wäre es?« Sie hatte Hoffnung in der Stimme.

Ich preßte die Lippen aufeinander. »Verdammt. Nein. Außerdem kannte er meinen Namen.« Die Erkenntnis flößte mir Furcht ein, aber sie erleichterte mich auch. Wenn das Kind tatsächlich zu Tode gestürzt war, dann wenigstens nicht ohne Grund.

»Deinen Namen?«

»Er sprach mich an. Mit meinem Namen. Seu Leao, sagte er.«

Viola biß sich auf die Lippe. »Wir müssen vorsichtig sein.«

»Wir?« Ich lächelte amüsiert.

»Wir.« Ihr Blick verdüsterte sich. »Wir sitzen jetzt beide in einem Boot. Jemand wollte dich umbringen, vorhin, hast du gesagt. Hast du das schon vergessen?«

»Vorhin. Das war vorhin. Inzwischen ist allerhand passiert.«

»Du…« Ich sah die Blitze ihres Zorns, die in ihren Augen zuckten. Aber sie hatte sich sofort wieder unter Kontrolle. Sie ließ die Lider auf Halbmast sinken. Was von ihren Augen noch zu sehen war, schob sich in meine Pupillen. Langsam; fest; unaufhaltsam. Verworfenheit und Unschuld waren in ihrem Gesicht. Und das Versprechen des Absoluten. Ihre Lippen wurden rot und schwer und weich. Sie hob ihre Lippen an meinen Mund. Finger tasteten um meinen Nacken. Ich versank in ihr. Sie preßte ihren Körper an mich. Ich roch Haut, Schweiß, Speichel. Ich fühlte ihre Finger an mir. In meiner Hose. Oh Gott, dachte ich nur noch. Oh Gott.

Auch Paulo mußte so gefühlt haben, als sie ihn küßte. Im Badezimmer in Grenz' Villa. Er wird nicht auf das Rascheln geachtet haben. Das Rascheln des Duschvorhangs, hinter dem Lonser hervortrat. Lonser mit dem Tranchiermesser.

Er wird nur gedacht haben, oh Gott.

Er wird nichts gesehen haben, denn sie wird ihren Kopf an den seinen gepreßt haben, wie sie es jetzt bei mir tat. Und er wird die Augen geschlossen gehabt haben, so wie ich jetzt.

Und als ihm die Klinge die Kehle durchschnitt, wird er gedacht haben, oh Gott!

Und als er auf die Fliesen sackte, röchelnd, in sein Blut, das aus ihm herausfloß, und als Viola sich über ihn beugte und ihm die Klinge in die Augen stieß, vielleicht wird er da auch noch irgendwas gedacht haben.

Ich stieß Viola von mir. Ich fuhr herum. Da war niemand hinter mir.

»Was hast du?« Viola sah auf die Klinke der Wohnungstür. »Hast du was gehört?«

Ich sagte: »Wie hast du Paulo erkennen können? Trotz des Tuches am Arm? Trotz der Kapuze?«

Ihre Augen wurden leer. Immer ihre Augen. »Das Tuch«, sagte sie. »Er hatte es nur umgebunden, wenn die Kamera lief. Er mochte es nicht.« Sie umfaßte ihr Handgelenk. Rieb es. »Es war ja eigentlich egal, wenn ich seine Tätowierung sah. Mengo.« Sie lachte freudlos. »Seither kann ich Fußball nicht mehr ausstehen.« Sie kicherte. »Sie wollten mich ja sowieso töten. Die Kapuze hatte er aber doch immer aufbehalten. Vielleicht konnte er so seine Rolle besser spielen. Mir gegenüber.«

»Wieso habt ihr ihn umgebracht? Rache?«

»Rache.« Das Wort verklang tonlos zwischen ihren Lippen. »Ja. Rache. Aber das war nicht das Wichtigste. Ich hatte ihn erkannt. An der Tätowierung. Und dann natürlich auch an der Stimme, den Bewegungen. Aber er erinnerte sich auch. Er konnte die Erinnerung nur noch nicht einordnen.« Sie sah mich an. »Wir mußten ihn töten, bevor es ihm einfiel.«

»Aber du hattest es schon in der Bar auf ihn abgesehen.«

»Wir wußten da nur, daß er mit Grenz zu tun hatte. Daß er uns an ihn ranbringen konnte.«

»Gut.« Ich hakte das im Geiste ab. »Und wieso seid ihr nach der Tat nicht sofort abgehauen? Als ich Lonser aus dem Wagen zerrte, da hättet ihr doch längst weg gewesen sein müssen.«

»Das ging nicht so schnell. Ich hatte wirklich einen Schock. Schon vorher. Vor dem Streifschuß. Man... man bringt nicht alle Tage jemanden um. Und wir hatten das ja nicht geplant. Wir waren ja selbst überrascht. Es mußte schnell gehen. Das war wohl zuviel für mich.« Sie rieb sich die Nase.

»Mhm«, machte ich. »Und wie bist du eigentlich in die ganze Sache reingeraten?«

Sie zuckte mit den Schultern. »Sie haben mich entführt. Ganz einfach. Von der Straße weg.«

»Wieso dich?«

»Wieso mich?« Sie zupfte an ihrem Top herum »Eine philosophische Frage. Wieso Jesus? Wieso die Ameise, auf die man tritt?« Sie sah wieder aus dem Fenster. Dann sah sie mich an, nahm ein Büschel ihrer Haare in die Hand. »Die sind gefärbt«, sagte sie. »Eigentlich sind sie wie im Film. Richtig blond. Männer stehen auf blonde Mädchen, in vielen Ländern. Es gibt sie hier nicht sehr reichlich. Blonde Mädchen sind etwas ganz spezielles. Farbige, die kann man kaufen. Die Familien sind arm. Verhungern. Aber blonde Mädchen muß man schon entführen.«

»Und wer hat dich da rausgehauen? Die Polizei etwa?«

»Die Polizei?« Sie schnaufte verächtlich. »Die Polizei ist in diesem Land sehr kooperativ. Auf einer gesunden, marktwirtschaftlichen Basis. Wer gut zahlt, für den tun sie alles. Ich wiederhole: Alles.« Sie schnalzte mit der Zunge. »Lonser hat mich rausgehauen.«

»Rambo ist nichts dagegen.«

»Er war lange Zeit Berufssoldat. Fremdenlegion. Diese Sachen.«

»Wie steht er zu dir?«

»Er ist mein Vater.«

»Mhm.«

»Wir hatten viel Glück, daß es geklappt hat. Eigentlich war es ein Wunder. Eine einzige Kugel traf ihn... am Bein. Seither humpelt er. Er hat sogar noch die beiden Cassetten mitnehmen können, die du nun kennst.«

Ich rieb mir die Nasenspitze. Etwas Haut pellte ab. »Und wie hat er dich gefunden? Hast du Brotkrümel aus dem Wagen geworfen, oder was?«

»Leute hatten vage Beschreibungen von dem Wagen. Und... man kennt den einen. Den anderen. So fing es an. Aber es dauerte lange. Ein Leben lang.« Sie spreizte ihre Finger. Sah die Finger an. »Ein Leben ist gestorben in dieser Zeit, in mir. Aber ein anderes ist geboren worden.«

Ich dachte wieder an den Schmetterling. Borboleta, wie Osvaldo, der junge rothaarige Pole auf dem Foto sie genannt hatte. Die Raupe verpuppt sich. Als Schmetterling wird sie erneut geboren. Ein schwarzer Schmetterling. Mit dunkelgefärbtem Haar. Ein Falter der Rache.

»Wie lange,« fragte ich.

»Was?«

»Bis dein Vater dich befreit hatte.«

»Zwei Monate. Ich hatte natürlich keine Ahnung wie lange. Sie ließen mich ja kaum einmal die Sonne sehen. Zwei Monate lang haben sie mich gefoltert und vergewaltigt. Ich glaubte zum Schluß gar nicht mehr daran, daß es überhaupt irgendwo eine Sonne geben könnte in der Welt. Kannst du dir das vorstellen? Ein Leben ohne Sonne?«

Ich nickte. »Klar.«

»Kannst du nicht!«

»Ich lebe in Hamburg, Schatz.« Ich lehnte mich zurück. »Wo war es, wo man dich festgehalten hat?«

Violas Augen wanderten zum Fenster. Das Fenster spiegelte das Wohnzimmer wieder, mit ihr und mir in unseren Polstern. Die Lichter der Stadt draußen stachen durch das Bild wie grelle Löcher. »Wir sollten das zumachen.« Sie stand auf und zog die Vorhänge vor das Fenster. Sie setzte sich wieder. »In der Nähe von Foz do Iguacu«, sagte sie.

»Und dann? Habt ihr die Polizei verständigt?«

Viola grub eine zerknautschte Zigarettenpackung aus dem Sofa und steckte sich eine an. »In Brasilien«, sagte sie, und der Rauch fuhr stoßweise aus ihrem Mund, »verständigt man nicht unüberlegt die Polizei.« Sie stopfte die Zigarettenpackung und das Feuer wieder in die Polsterritze. »Okay, wenn dir was geklaut wird oder so. Aber bei heiklen Angelegenheiten denkt man erst mal nach.«

»Aha.«

»Ich hab ja schon gesagt, daß hier das Recht eine Ware ist wie andere auch. Es hat seinen Preis. Und wenn man zur Polizei geht, und man sagt, was man will, und was man weiß und wie man heißt, wo man wohnt... Es reicht ja, wenn ein einziger Beamter, den die Gegenseite bezahlt, davon was mitkriegt. Und glaub mir, sie sind alle korrupt. Alle. Sie müssen korrupt sein. Sonst würden sie ihre Familien nicht durchbringen.« Sie nahm einen tiefen Zug, so daß sich ihre Brüste hoben. Sie blies den Rauch an die Decke. »Lonser und ich... mein Vater und ich, wir dachten uns, wahrscheinlich wußten die gar nicht, wer ich war und wer er war. Die fahren einfach durch die Straßen und halten nach Opfern Ausschau. Wie bei euch die Leute, die Hunde fangen und sie an Labors verkaufen. Also: Wir hatten wenig Lust, unsere Identität preiszugeben.«

»Wann war das alles?«

»Vor sieben Jahren. Ich war damals dreizehn.«

»Und seither?«

Viola pulte eine frische Zigarette aus dem Sofa. Sie lehnte sich zurück und ließ den Blick in die Ferne schweifen. »Wir machten Reisen«, sagte sie. »Europa. Ich sollte alles vergessen. Ein Jahr ging ich wieder in Deutschland zur Schule. Wir waren von Deutschland weggegangen, nach Brasilien, da war ich acht... Mein Vater war sehr freundlich zu mir. Ich sollte vergessen. Alles vergessen. Aber ich vergaß nicht. Nichts.« Sie inhalierte tief. »Ich bestand nur noch aus zwei Dingen. Angst und Haß. Angst hatte ich immer. Vor Männern. Männer hatten das Recht, mich zu quälen. Sie konnten über mich verfügen, jederzeit. Nichts konnte sie daran hindern, wenn sie Verlangen danach verspüren sollten, mich zu erniedrigen. Ich war ihnen hilflos ausgeliefert. Jederzeit.« Ihre Fingernägel hatten sich in ihren Oberschenkel gekrallt. Sie grub tiefer in ihr Fleisch. Langsam zog sie die Hand nach oben. Fünf rote Striemen blieben in der Haut zurück. »Und Haß. Haß auf mich selbst, weil ich Angst hatte. Weil sie mich besaßen. Alle besaßen. Und weil ich mich nicht dagegen wehren konnte. Und Haß auf die Männer. Haß auf alle Männer.«

»Ausnahmslos?«

»Ausnahmslos.«

»Und jetzt? Immer noch? Was hat sich geändert?«

Ein eisernes Augenpaar wandte sich mir zu. »Nichts.«

»Mhm.« Ich räusperte mich. Ich beugte mich nach vorn und sah ihr in die Augen, versuchte da reinzukommen. »Und das wird ewig so bleiben?«

»Ewig so bleiben. Hmh.« Sie stützte die Ellbogen auf ihre Schenkel. Zuckte mit den Schultern. »Ich...« Ihre Stimme brach plötzlich. »Ich weiß nicht.« Sie grub ihr Gesicht in ihre Handflächen. Die Zigarette qualmte an ihrem Ohr. Doch all das nur für zwei Sekunden. Dann war es vorbei. Sie atmete tief ein, drückte die Zigarette aus und zündete sich eine neue an. Ihr Mund straffte sich und ihre Augen stachen Löcher in die Ferne. Zwei feine Rauchlinien stoben aus ihren Nüstern. »Ich hab versucht, davor zu fliehen«, sagte sie metallisch. »Bis mir irgendwann klar wurde, daß ich nicht fliehen konnte. Bis ich wußte, daß ich jagen mußte. Jagen.« Sie hob ihr Kinn. »Seit diesem Tag lernte ich, meine Angst zu kontrollieren. Seit diesem Tag lernte ich, meinen Haß zu kontrollieren.« Sie sah mich an. Und jetzt lächelte sie. »Seit diesem Tag sind wir auf der Jagd. Lonser und ich.«

Ich sagte: »Aha. Und er blies gleich das Halali dazu. Er würde wohl alles für dich tun, oder?«

»Das ist er mir schuldig.«

»Wieso?«

»Er muß etwas wiedergutmachen.«

137

»Was?«

»Er...«, sie zögerte. »Er hat mich schließlich in diese Welt gesetzt.«

»Mhm«, machte ich. Ich sah eine Welt voll Eis und Blut. Ich rückte auf meinem Sessel herum. Ich wartete. Aber mehr kam nicht. Ich sagte: »Wie wärs mit zwei Bier für zwei durstige Kehlen. Wir sollten auf unsere Gesundheit trinken, und auf ein langes Leben.«

Viola grinste, ja, das sollten wir wohl.

Sie verschwand in der Küche.

Ich stand auf und streckte mich. Ich fummelte nach einem Kaugummi. Ach was, scheiß Kaugummis! Ich wollte eine Zigarette! Nikotin! Ich ging zum Sofa und griff in die Polsterritze.

Meine Finger berührten etwas Metallisches. Ich brauchte es nicht extra hervorzuholen. Ich fühlte den kurzen Lauf der '38 Special. Die Trommel. Den Hahn. Der Hahn war gespannt. Ich hatte das Gefühl, daß Viola sich eine Änderung des Drehbuchs vorbehielt, falls die Dinge nicht so liefen, wie sie es vorgesehen hatte. Die Dinge, das war ich.

34

Ich holte den kurzschnäuzigen Colt da raus und entspannte den Hahn und stopfte das Ding unter die Polsterlehne des Sessels. Ich setzte mich in den Sessel.

Viola kam mit den Bieren. Sie reichte mir meine Flasche und setzte sich aufs Sofa und lächelte. Sie sah die Zigarette in meiner Hand. Ihr Lächeln stockte für eine halbe Sekunde. »Du rauchst?« fragte sie. Ihr Blick schoß rasch über das Sofapolster.

»Ich rauche.«

»Naja.« Husten. »Ich dachte bloß, du würdest nicht rauchen.«

»Ich stecke voller Überraschungen.«

»Tatsächlich?« Sie tastete in der Sofaritze nach Zigaretten und Feuer. Sie tastete etwas länger, das war alles. Sie zündete sich eine an.

Ich räusperte mich. »Und wie ging die Sache weiter?«

»Alles dauerte dann ziemlich lange. Hinweise führten in Sackgassen. Aber wir ließen nicht locker. Du erinnerst dich an den Mann mit dem Bart, der als letztes in dem Film zu sehen ist, der so verschreckt in die Kamera glotzt?«

»Ja.«

»Wir spürten jemanden auf, der mit ihm Geschäfte machte. Er kannte seinen Namen und sein Postfach.« Sie begann, Papierfetzen vom Etikett der Flasche zu zupfen. »Er war der Boß von dem Haufen, der mich gefangenhielt. Er hatte das Sagen im Keller. Er hatte auch viel Phantasie als Regisseur.« Sie preßte ihre Knie aneinander. Sie nahm einen Schluck und stellte die Flasche zu Boden. »Wir hingen also die ganze Zeit in dem Postamt rum. Aber er kam nicht.«

»Vielleicht hatte er euch bemerkt.«

»Das glaube ich nicht. Wahrscheinlich hatte er mehrere Postfächer in verschiedenen Stadtteilen. Naja, wir konnten nicht monatelang in diesem Postamt rumlungern. Also schickten wir ein Päckchen mit einer Kopie dieser Cassette und warteten. Immerhin waren Gesichter zu sehen auf dem Band, es war ja noch nicht geschnitten worden.«

»Da gab es doch wohl ein Begleitschreiben in dem Päckchen? Mit sowas läßt sich doch auch eine Menge Geld verdienen.«

»Geld ist nicht alles.«

»Mag sein. Aber kein Geld ist nichts.«

»Wir wollten hunderttausend Dollar. Aber das Geld war uns egal.«

»Klar. Wen interessiert schon Geld?«

»Wir verlangten, daß er selbst das Geld übergab. Er war es, den wir wollten.«

»Wie war sein Name?«

»João da Silva. Ich weiß nicht, ob das sein richtiger Name war. Ist. Jeder zweite heißt hier so.«

»João da Silva.« Hatte ich diesen Namen nicht schon mal gehört? Ich dachte nach. Stella. Stella Tavares, die Frau aus Mozambique, in Hamburg. Da war doch irgendwas mit einem João da Silva. »Da Silva«, wiederholte ich. »Hm, hm. Sagt dir der Name Silvio Guimaraes was?«

»So heißt die andere Hälfte. Nein. Kein Silvio Guimaraes, von dem ich wüßte. Wer soll das sein?«

»Botschaftsangestellter in Hamburg. Brasilianische Botschaft.«

»Hamburg. Was spielt er für eine Rolle?«

»Eine tragische. Er ist tot.«

»Wer hat ihn getötet?«

»Ich habe nicht gesagt, daß er getötet wurde.« Ich sah sie prüfend an.

Sie ließ sich nichts anmerken. »Soll das etwa heißen, er ist eines natürlichen Todes gestorben?« Ihr Mund verzog sich belustigt. »Gibts das noch?«

»Nein, ist er nicht.« Ich erzählte ihr von Silvio Guimaraes. Was ich von ihm wußte, was nicht viel war. Und was ich in seinem Auto von ihm fand, was auch nicht viel war. Ich erzählte ihr nichts von Stella und von Elizete. Ich sagte: »Fällt dir dazu was ein?«

Sie legte die Stirn in Falten. »Beim Konsulat. Vielleicht verschikken sie so ihre Videos.«

»Möglich.«

»Oder sie drehen was mit Visa. Soviel wir wissen hat der ganze Laden auch mit Menschenhandel zu tun. Auch nach Europa. Kinder meistens. Sogenannte Adoptionen. Alles, was geht.«

»Auf einem Bein kann man nicht stehen.« Ich rollte mit der kühlen Bierflasche an meinen Unterarmen entlang. Ich hatte dort einen prächtigen Sonnenbrand. Ich sagte: »Und wie war das mit der Übergabe? Oder hat er einfach sein Postfach Postfach sein lassen und ist abgetaucht?«

»Er konnte nicht wissen, daß wir seine Adresse nicht kannten. Man sendet Post hier üblicherweise ans Postfach.« Sie fuhr sich mit den Fingern durchs Haar. »Wir schrieben ihm also, wo er das Geld übergeben sollte. Dafür würde er die Originalcassette kriegen. Es war ein Schrottplatz in der Zona Norte von Rio.«

Ich zupfte an einem Ohrläppchen. »Aber wenn er nicht völlig verblödet ist, nimmt er sich ein paar Leute und macht euch bei der Übergabe kalt. Das muß er sogar. Euch vorher foltern. Er hat ja keine Garantie, daß ihr keine weiteren Kopien gemacht habt.«

»Wir hatten nicht vor, den Schrottplatz zu betreten.«

»Nein? Und das Geld?«

»Das Geld war uns egal. Wir wollten ihn.«

Ich nickte bedächtig. »Und wie hattet ihr alles im Blick? Gewehr mit Zielfernrohr?«

»Ja. Es gibt einen Hügel über diesem Schrottplatz. Dort warteten wir.«

»Und?«

»Es war, wie du vermutet hast. Schon Stunden vor dem Übergabetermin tummelte sich allerhand unauffälliges Volk in der Gegend. Aber es lief anders, als wir dachten. Plötzlich brauste einer der Wagen los. Mit quietschenden Reifen. Es dauerte eine Weile, dann raste ihm einer hinterher. Und dann noch zwei andere. Aber ich glaube nicht, daß sie ihn einholten.«

Ich schabte mein Kinn. »Da hat sich wohl jemand die Hunderttausend geklemmt.«

Viola nickte. »Das denken wir auch.« Sie seufzte. »Eine Übergabe fand jedenfalls nicht mehr statt. Wir wiederholten die Drohung per Post noch zweimal. Aber nichts.«

»Und dann?«

»Wir hielten erst noch ein paar Tage lang das Postamt im Auge.«

»Er wird doch wohl nicht dort aufgetaucht sein? Dieser da Silva.«

»Er nicht. Aber wir waren nicht die einzigen, die ein Auge auf das Postamt hatten.«

»Da war noch jemand? Seit der geplatzten Übergabe?«

»Ja.«

»Und du bist sicher, es hing mit der Sache zusammen?«

»Ja.«

»Laß mich nachdenken. Einzige Lösung: Da Silva selbst hat das Geld geklaut. Das würde bedeuten, er war gar nicht der Boß. Und die, deren Geld er hat, waren jetzt hinter ihm her.«

»Genau. Wir beobachteten also unsererseits diesen Mann. Er war ein Dummkopf. Er führte uns zu einer Spedition im Hafen.«

»Wie hieß die?«

»Transnaval.«

Ich nickte. Transnaval. Mein Freund Carl hatte recht gehabt. Das war die Spedition, mit der Grenz in Kontakt stand. Die ihm vielleicht sogar gehörte.

Viola fuhr fort: »Lonser sah sich eines Nachts mal die Unterlagen der Firma an. Sie machten fast nur Fahrten nach Rotterdam und nach Hamburg. Also flogen wir nach Europa.«

»Gib mir doch mal die Adresse von diesem Transnaval-Verein. Und die Telefonnummer«, bat ich.

Sie gab sie mir, und ich notierte mir alles auf einem Zettel, den ich aus einem Notizbuch riß. Dann sagte ich: »Ist das nicht furchtbar kostspielig, so ein Leben auf der Pirsch?«

»Wir haben Geld. Es reicht.«

»Woher?«

»Meine Mutter kommt aus einer wohlhabenden Familie.«

»Wo ist deine Mutter eigentlich?«

»Sie ist...« Viola stockte. »Sie ist in einem Sanatorium. Sowas

141

ähnliches wenigstens. Meine Entführung. Die ganze Sache. Sie hat das nicht verkraftet.«

»Das tut mir leid.«

Viola starrte auf ihre Füße. »Meine Mutter, wir...« Sie packte ihre Knie mit den Händen, preßte die Knie aneinander. Dann warf sie den Kopf in den Nacken. »Willst du ein Foto von ihr sehen? Von uns? Ich hab hier irgendwo noch eins.«

Ich sagte ja.

Viola wühlte in einem Stoß von Illustrierten neben sich und brachte ein großformatiges Foto zum Vorschein. »Die Familie«, sagte sie seltsam tonlos.

Alle drei waren auf dem Bild. Lonser, Viola, Frau Lonser. Ein Pferd stand hinter ihnen, mit einer Winchester am Sattel, dahinter himmelhohe Bäume, Dickicht.

»Wir hatten eine Farm im Urwald. Sie hat nicht viel eingebracht.«

Ich sah weiter auf das Foto. Viola stand zwischen ihren beiden Eltern. Sie sah nicht sehr glücklich aus. »Wie lang ist das her?«

»Zehn Jahre etwa.«

Lonser blickte direkt in die Kamera, lächelnd. Ein echtes Lächeln fürs Familienalbum. Frau Lonser wirft gerade einen scharfen Seitenblick auf ihren Mann und ihr Kind. Sie hat eine energische Nase. Ihre Hand hat einen Zipfel von Violas Kleid gepackt, als wolle sie ihr Kind näher an sich ziehen.

Ich räusperte mich und gab Viola das Foto. »Und dann, in Europa?« fragte ich. »Was habt ihr da herausgefunden?«

Viola beugte sich vor und knetete gedankenverloren ihr Knie. Dann schlug sie die Beine übereinander. »Wir hörten uns in Rotterdam um und in Amsterdam. Wir stießen auf keine Spur.«

»Und Hamburg?«

»In Hamburg stießen wir auf Grenz.«

»Und botet ihm an, mit ihm ins Geschäft zu kommen.«

»Das hatten wir vor. Wir dachten, so würden wir am meisten rausbekommen. Die Verbindung wollten wir durch Paulo herstellen. Es hätte ja auch geklappt, wenn nicht...«

»Wenn nicht. Aber was wollte Paulo in Hamburg?«

Viola zuckte die Achseln. »Keine Ahnung. Geschäfte. Er ist anscheinend teilweise deutscher Abstammung. Er spricht gut deutsch.«

»Ja.« Ich wiegte den Kopf. Da Silva, dachte ich. »Mir fällt im

Moment auch nichts besseres ein.« Ich trank einen Schluck Bier. »So. Und was passiert als nächstes?«

Viola sagte nichts. Dann sagte sie: »Das liegt nicht mehr in unserer Hand. Aus Jägern sind Gejagte geworden.«

»Das ist noch gar nicht raus. Ich hab nicht mal im Hotel meinen richtigen Namen angegeben.«

»Hast du einen Wagen gemietet?«

»Ja.«

»Denen, schätze ich, mußtest du wohl deinen Paß zeigen.«

»Ja.«

»Es gibt hier nicht viele Leihwagenfirmen. Gib einem der Angestellten am Computer ein paar Dollars. Das ist tausendmal einfacher, als alle Hotels abzuklappern.«

»Aber ich hätte doch keinen Leihwagen nehmen müssen.«

»Nein. Hättest du nicht. Aber du hast.«

Ich schüttelte verärgert den Kopf. »Mal was anderes«, sagte ich dann. Ich sah sie lange an. Sie ließ es zu. Ganz ruhig. »Wer wohnt in dem rosa Zimmer. In dem Kinderzimmer?«

Es dauerte ein wenig, bis Viola antwortete: »Ein Kind wohnte da. Ein glückliches Kind. Ein Kind ohne Angst. Ohne Haß.«

»Und wo ist dieses Kind jetzt?«

»Es ist tot.« Sie neigte leicht den Kopf. Dann schüttelte sie sich plötzlich ungeduldig. »Ach was! Es hat nie gelebt! Ich war nie ein glückliches Kind. Ich hatte immer Angst.«

»Angst wovor?«

»Wovor? Wovor hat man Angst?« Sie sah an die Wand. »Vor allem. Vor dem Unbekannten. Mehr noch vor dem Bekannten. Vor dem Leben.« Sie sagte es noch einmal spöttisch. »Vor dem Leben.«

Ich betrachtete sie.

Sie wandte sich mir zu. Ihre Augen blickten durch mich hindurch wie durch ein Fenster. Sie ballte die Fäuste. Ihre Lippen bewegten sich. Formten Worte, leise Worte. »Das Kind in mir«, flüsterte sie. »Das Kind in mir ist schon sehr früh getötet worden.« Sie begann plötzlich zu zittern. Ihr Körper begann zu zucken. Aus den grünen, weit entfernten Augen rollten Tränen. Die Mundwinkel zogen sich nach unten. »Huh«, entrang es sich ganz leise ihrer Brust. »Huuuh.«

Ich setzte mich neben sie, faßte sie am Arm. »He, nicht weinen.«

Sie sank mir an die Brust, die Arme hatte sie um ihre Schultern gekrampft. Sie war völlig verspannt, ganz hart. Sie zitterte und zuckte. »Ich hab Angst«, schluchzte sie.

»Hab keine Angst.« Ich hielt sie fest, streichelte ihren Kopf.

»Ich bin so allein. Ganz allein.«

»Ich bin doch da.«

»Du bist nicht da. Du bist nicht bei mir. Du willst mich verkaufen.«

»Ich dich verkaufen?«

»An Grenz. Mein Leben gegen deins. Du willst mich verraten. Das willst du doch!«

»Nein«, sagte ich. Aber ich kam mir dabei wie ein Lügner vor.

»Aber täusch dich nicht.« Sie umfing mich mit ihren Armen. Drängte sich an mich. Ihre Lippen tasteten nach meinem Ohrläppchen. »Du weißt nämlich zuviel. Von Grenz und seinen Geschäften.« Sie nahm meine Hand, preßte sie auf ihre Brust. Ich fühlte ganz deutlich ihr Herz pochen. »Du warst von Anfang an in der Zwickmühle«, flüsterte sie atemlos. »Du hattest von Anfang an keine Chance. Um deine Unschuld zu beweisen, mußtest du ›wissen‹. Und durch dieses Wissen hast du dein Todesurteil unterzeichnet.« Sie drückte ihre Hand zwischen meine Beine. »Aber jetzt gehören wir zusammen. Zusammen. Zusammen schaffen wir es. Sag ja! Zusammen schaffen wir es.« Ihre Hand glitt in meine Hose. »Sag ja.«

Ich sagte: »Ja«, und die harten Muschelschalen meines Herzens öffneten sich weit.

»Oh ja«, flüsterte sie. »Oh ja.« Sie glitt an meinem Körper hinab, wobei sie ihre Augen fest in meine bohrte. Sie rutschte auf Knien zum Sofa. »Tu mir weh«, sagte sie. Sie grub ihr Gesicht in die Polster und streckte mir ihr Hinterteil entgegen. Der Stoff der Shorts spannte um ihre Arschbacken. Ihre Finger tasteten nach den Säumen der Hosenbeine, und mit beiden Händen riß sie sie hoch, bis ihre Hinterbacken bloßlagen, geteilt vom blauen Stoff der Shorts. Sie trug keinen Slip. Die Hose schnitt ihr zwischen die Schamlippen. Es glitzerte feucht dort.

Sie blickte sich über die Schulter zu mir um. Dann riß sie sich mit einem Ruck das Top vom Leib. Ihre Brüste zitterten. Sie streifte ihre Shorts ab. Sie war jetzt völlig nackt. Ihre nackte, rasierte Muschi sah aus wie die eines Kindes. Wie die des Kindes auf der Videocassette. Aber die grünen Augen sprühten jetzt vor verzweifelter Gier, und ihr Atem ging stoßweise. Ich sah die Narben an ihrem Körper.

Sie kroch auf Knien zu mir hin. »Du mußt mir weh tun«, flehte sie.

Sie kniete zwischen meinen Beinen und knöpfte mir die Hose auf. Sie sah zu mir hoch dabei. Mein Schwanz schwang ins Freie. Ihre Lippen berührten ihn, leicht wie ein Schmetterlingsflügel erst. Dann fordernder. Sie berührte mich nicht mit ihren Fingern. Die Finger hatte sie in ihre Hinterbacken gepreßt. Ihre Zunge vibrierte.

»Bitte«, stammelte sie. Sie stülpte ihre Lippen um die Eichel. Sie sog meinen Penis tief in ihren Mund. Bis sie würgte. Bis ihr die Tränen kamen. Dann sog sie ihn noch ein bißchen tiefer.

Dann, plötzlich, drehte sie sich um und ließ sich auf den Bauch fallen. Sie hielt ihre Hinterbacken auseinander. »Bitte«, flüsterte sie. Sie drehte ihren Kopf zu mir. »Bitte.« Die Narbe an ihrem Anus pochte.

Ich kniete mich hinter sie. Sie langte nach meinem Penis und drückte ihn dort hinein, wo sie ihn haben wollte. »O!«

Ich drückte ihn tiefer hinein. Sie bäumte sich auf. Sie schrie vor Lust und Schmerz. »Oh Gott, ja! Tu mir weh!« Ihr Kopf flog hin und her. Ich stieß in sie hinein, immer tiefer. Sie biß sich in den Unterarm. »Töte mich!« zischte sie zwischen den Zähnen hindurch. »Oh Gott, ja! Töte mich!«

Wir schliefen danach mitten auf dem Teppich ein. Nackt. Es war warm.

Dann träumte ich.

Ich träumte, ich hätte eine Seele. Ein Ich.

Und das Ich sei unter Schalen verborgen, schützend verpackt, wie ein Paket mit wertvollem Inhalt.

Doch ich spürte plötzlich voller Angst, wie Schale um Schale von meinem Ich gestreift wurde. Und ich spürte, wie bei jeder Schale ich verzweifelter um sie rang. Und wie jede Schale doch leichter von mir abfiel als die vorige. Ich schrie, ich heulte, doch ich wurde immer leiser. Immer matter.

Und zum Schluß, da gab es mich nicht mehr.

Da gab es nur die Schalen. Die leere Haut.

Wie alles in der Welt war auch ich ohne Seele.

Ich wachte auf, weil mir jemand die Eier zermatschte. Ich kugelte mich stöhnend zusammen, biß in den Teppich. Tritte trafen meinen Hinterkopf, meine Nieren. Dann war Schluß. In meinem Kopf klingelte es grell und schmerzhaft. Hinter dem Klingeln hörte ich meinen eigenen, rasselnden Atem. Über mir keuchte jemand. Ich blinzelte hoch. Es war Lonser. Er hatte eine Knarre in der Hand, die zwischen meine Augen zielte. Sein Gesicht war wie ein weißes, zerknülltes Blatt Papier. Aus seinem verzerrten Mund troff Speichel auf sein Kinn.

An die Wand gedrängt stand, nackt, Viola. Sie zitterte. Sie hielt sich meine Jacke vor den bloßen Körper.

»Ist er über dich hergefallen?« Lonsers Stimme schnarrte. Er sah nicht zu Viola hin. Er behielt mich im Visier.

»Er...« Violas Lippen bebten.

»Hat er es mir dir getrieben?« Lonser fuhr zu ihr herum. »Hat er?«

»J-ja...« Ihre Lider flatterten.

»Er hat dich dazu gezwungen. Das Schwein!«

»Nein, wir...«

Lonser sah seine Tochter an. Sie verstummte sofort. Verängstigt und verwirrt preßte sie sich die Jacke an den Mund. Ich robbte vorsichtig zum Sessel hin. Stützte die Hand auf das Polster.

»Er hat dich gezwungen«, sagte Lonser. »Er ist ein Schwein, wie alle. Ein dreckiges Schwein, wie alle!«

»Aber...«

Lonser sah auf mich herab. Ich wagte nicht, mich zu bewegen. Ich war nackt und weich. Sehr viel weicher als Blei.

»Er wird dir nichts mehr tun«, sagte Lonser. »Das versprech ich dir, mein Kleines. Er wird dir nichts mehr tun.« Sein Finger krümmte sich.

»Vater! Nein!« Viola hielt plötzlich eine Waffe in der Hand. Es war meine. Ich hatte sie in die Jacke gesteckt. Sie zielte auf Lonser, ihren Vater.

Lonser sah sie fassungslos an. »Was tust du da?«

»Nein! Nein!« Viola schüttelte den Kopf. Nach links, nach rechts.

»Nein!« Ein geschrienes Flüstern. Ihre Stimme schnappte über. Dann fuhr auch die Pistole von links nach rechts. Pendelte aufgeregt hin und her, zwischen ihrem Vater und mir. Violas Augen waren groß und starr. Dann, plötzlich, hielt sie inne. Sie sah uns beide an. »Ich«, stammelte sie. Dann schob sie sich den Lauf in den Mund und drückte ab.

Es machte Klick.

Lonser krächzte. »Wa-? Kind!« Er starrte auf seine Tochter, die jammernd an der Wand hinabsackte. Die Pistole fiel ihr aus der Hand. Speichel floß aus ihrem Mund.

»Wa-?« machte Lonser noch einmal. Dann drehte er sich voller Wut zu mir.

»Halt!« sagte ich. Ich hielt die 38er in der Hand. Ich hatte sie mir aus dem Polster gepult. »Laß sie fallen! Oder ich drück ab!« Ich zielte auf Lonsers Brust.

Er reagierte nicht schlecht. Er tauchte ab, und die Kugel traf ihn genau zwischen den Augen.

36

Mein erster Impuls war, mich anzuziehen. Ich zog meine Hose an. Meine Knie zitterten. Lonsers Leiche lag seltsam verdreht auf dem Teppich. Er sah mich an. Mit einem großen roten Auge. Ein großes rotes Zyklopenauge, da wo die Nasenwurzel gewesen war. Blut floß aus dem Zyklopenauge, und anderes Zeug, tränkte den Teppich. Dann floß nichts mehr.

»Er ist tot?« Viola war weiß im Gesicht. Am ganzen Körper. Sie sah aus wie etwas Scheues, Verletzliches, das noch nie die Sonne gesehen hatte, und das nun hervorkroch, um sie zu sehen. Sie krabbelte auf Händen und Knien zu der Leiche hin. Sie zupfte am Hosenbein. »Er ist tot?« fragte sie mit großen Augen.

»Sieht so aus«, krächzte ich.

Sie blinzelte zu mir hoch. Sie packte den Arm ihres Vaters, rüttelte. »Vater?« Sie knuffte den Leichnam. »Vater?« Sie rüttelte fester, und die Leiche wälzte sich auf die Schulterblätter. Viola fuhr zurück. Sie sah das Loch im Gesicht. Sie hatte es vorher nicht gesehen. Man hätte eine kleine Faust in das Loch stecken können. Viola hielt ihre kleine Faust vor ihren Mund. »Was tun wir jetzt?«

147

Kalte Umschläge, dachte ich, würden nicht mehr helfen. Etwas würgte in meiner Kehle. Ich ging ins Bad und steckte den Kopf unter den Wasserhahn. Ich konnte alles ertragen, wenn ich danach nur meinen Kopf unter einen Wasserhahn stecken konnte. Ich massierte meinen Nacken und besah mich im Spiegel. Ich sah aus wie immer. Nichts hatte sich verändert. Nur ein Sonnenbrand auf der Nase. Und die Kinnmuskeln traten hervor wie zwei verrutschte Lymphdrüsen. Meine Zähne knirschten.

Als ich wieder ins Wohnzimmer trat, war Viola angezogen. Sie saß auf dem Sofa und saugte an einer Zigarette. Sie sagte: »Wir müssen ihn wegschaffen.«

Ich hatte gedacht, daß sie mich vielleicht beschimpfen würde. Ich hatte gerade ihren Vater getötet. Sie beschimpfte mich nicht.

»Was ist mit den Nachbarn?« fragte ich. Ich schaute besorgt zur Decke.

»Es hat sich nichts gerührt.« Viola zerquetschte die Zigarette im Ascher. Sie starrte in die verlöschende Glut. Dann zündete sie sich eine neue an. »Die Leute reagieren nicht mehr auf Schüsse.«

Ich ging zum Fenster und linste durch den Vorhang. »Alles ruhig.« Ich drehte mich um. »Wohin mit ihm?« fragte ich. »Eine Müllkippe oder sowas? Fällt dir was ein?«

Sie schien sich nicht an dem Vorschlag zu stören. Sie nagte konzentriert an ihrer Unterlippe. »Ja.« Sie stand auf. »Am besten, wir rollen ihn in den Teppich.« Sie sah auf das, was auf dem Teppich lag, und es glitzerte feucht in ihren Augen.

Ich sagte: »Es tut mir leid.«

Sie nickte.

»Er hätte mich getötet.«

»Ja.«

»Er hätte mich getötet, wenn du nicht gewesen wärest.«

Sie nickte.

»Du...« Ich überlegte. »Wieso wolltest du dich umbringen?«

Sie schwieg. Sie sah auf ihren toten Vater. Dann sah sie mich an. Sie preßte die Lippen aufeinander und zuckte mit den Schultern. »Ich wollte mich nicht umbringen.«

Ich war verblüfft. »Aber du hast doch...«

»Ich wußte, daß die Waffe nicht geladen war. Es war die einzige Möglichkeit, die ich hatte.«

»Das konntest du nicht wissen.«

»Ich habe dir vertraut.«

Ich sah sie verständnislos an.

»Du würdest keine geladene Waffe auf mich richten. Keine entsicherte.«

»So? Würde ich nicht?«

»Nein.«

»Und wieso nicht?«

»Weil du mich liebst.«

Ich sagte nichts.

Viola machte einen Schritt auf mich zu. »Ich habe dir vertraut.«

»Und das war es dir wert zu sterben, falls du dich irrst?«

»Irgend jemandem muß man vertrauen.«

»Und wieso nicht ihm?« Ich nickte zu Lonser hin.

»Er ist tot.« Sie faßte meine Hand. »Wir leben.«

Ich sagte nichts. Meine Zunge war wie aus Stein.

»Ich mußte mich entscheiden, oder?« Tränen stürzten mit einem Mal aus ihren Augen. Sie stand vor mir und ballte die Fäuste, von Tränen geschüttelt. Ich nahm sie in die Arme. Sie zitterte am ganzen Körper. Ihre schniefende Nase warm an meiner Brust. »Ich mußte mich doch entscheiden«, schluchzte sie. »Ich konnte doch nicht zusehen, wie er dich erschießt.« Ihr nasses Gesicht lag an meinem Hals. Ihr Kopf kam hoch. »Und wenn sie geladen gewesen wäre«, flüsterte sie tonlos, »dann«, sie brach ab. »Dann wäre ich jetzt wenigstens tot.«

Ich biß mir auf die Lippen.

Neben uns auf dem Teppich lag Lonser. Sein Zyklopenauge bohrte sich durch unser Fleisch.

Ich preßte Violas Körper an mich. »Vertrau mir«, sagte ich.

37

Keine Gäste bei meiner Grillparty.

Ich entschied, daß es doch nur tanzende Schatten waren, die zwischen den Müllbergen umhersprangen, und doch nur Ratten, die durch die Abfälle raschelten. Das beruhigte mich. Ich hockte mich wieder hin und starrte über das Feuer hinweg. Die Flammen züngelten rot, gelb und blau, ließen tausend Schatten durch den Unrat huschen. Es roch nach Benzin. Der Benzingeruch überdeckte den Geruch nach verbranntem Fleisch.

Wir hatten es tatsächlich geschafft, ihn in dem Teppich ins Auto zu verfrachten. Wir waren keinem Menschen begegnet. Nicht im Lift, nicht auf der Straße. Viola hatte mir erklärt, wie ich zum Müllplatz käme. Es war einfach gewesen. An roten Ampeln hatte ich nicht angehalten, so wie sie es mir geraten hatte. Man könnte überfallen werden.

Ich war mit meinem Leihwagen gefahren. Lonsers Monza war nirgends zu entdecken gewesen. Wahrscheinlich hatte er unterwegs eine Panne gehabt und hatte den Wagen stehen lassen und war irgendwie in seine Wohnung zurückgefahren, mit einem Taxi vielleicht. Anstatt nach Sao Paulo zu fahren.

Jetzt brannte er. Eingerollt in seinen eigenen, benzingetränkten Teppich. Er hätte sich einen zuverlässigeren Wagen kaufen sollen.

Ich starrte in die Flammen und dachte nach über das Leben, über den Tod. Über Menschen, denen man Löcher zwischen die Augen ballert.

Ich kratzte mir die Schienbeine und wartete auf irgendwelche Gewissensbisse.

Sie kamen nicht.

Nur ein Gefühl des Ekels, und die Ahnung, daß das Leben gar nicht soviel wert war, wie ich mir immer gern eingebildet hatte.

Ich sah zu den Sternen empor, die wieder dort oben hingen, ungezählte Fackeln, groß, brennend und tot.

Vielleicht gab es dort oben doch kein Leben.

Vielleicht war Leben nur ein Ausrutscher der Schöpfung.

Der Tod regiert dieses Universum. Mit toten, physikalischen Gesetzen. Zweihundertdreiundsiebzig Grad unter Null. Das war die Temperatur im All. Die größte vorstellbare Kälte.

So kalt war es in meinem Herzen.

Ich rückte näher ans Feuer.

Und jetzt roch ich den Geruch verbrannten Fleisches.

Mein Magen knurrte.

Ich erschrak über die Taktlosigkeit meiner Bauchspeicheldrüse. Aber Hunger kümmert sich nicht um moralische Skrupel. Ich sah um mich. In dieser Stadt hatten Millionen Menschen Hunger. Nagenden Hunger. Und in Gegenden wie dieser waren Menschen schon für weniger umgebracht worden als für die paar Dollars, die ich auf meinen Hosenladen und die Tennisschuhe verteilt hatte.

In ein paar Stunden, wenn die Sterne verblaßt waren, würden hier die halbverhungerten Kinder den frischen Müll durchstöbern und sich mit den Geiern um die Abfälle raufen.

Es mußte doch was dran sein, an dem Leben, daß sich alle Lebewesen so sehr daran krallten.

»Was machst du hier?«

Es war eine Kinderstimme. Ein Junge stand neben mir, barfuß, mit freiem Oberkörper. Er war noch keine vierzehn Jahre alt. Er starrte in die Flammen. »Was machst du hier?«

»Feuer.«

»Aha.« Der Junge pulte mit einem Finger in seinem Bauchnabel. »Hast du Geld?«

»Nein.«

»Aha.« Sein Blick strich über mich. Er zeigte auf meine Schuhe. »Zieh die Schuhe aus.«

»Nein.«

Der Junge kratzte sich mit den Zehen die Ferse. »Vielleicht solltest du sie doch besser uns geben.«

»Meinst du?«

»Doch doch. Das ist sicher besser für dich.« Es war keinerlei Drohung in der Stimme des Jungen. Es war eigentlich gar nichts in seiner Stimme. Es war auch nichts in seinem Gesicht. Soweit ich sehen konnte, hatte er keine Waffe.

Er bemerkte meinen Blick. »Ich bin nicht allein, weißt du?«

Wie zur Antwort erscholl plötzlich von allen Seiten Kinderlachen. Ich sah erschrocken um mich. Ich konnte nichts erkennen. Die Kinder lachten noch einmal, dann war es wieder still. Nur das Feuer knisterte.

Ich bekam Angst. Dieses Lachen war kein fröhliches Lachen gewesen.

Der Junge lächelte auf mich herab. Der Widerschein der Flammen glitzerte ihm im Gesicht wie auf einer Bronzemaske. Plötzlich veränderte sich sein Ausdruck. Der Zeigefinger hörte auf, im Bauchnabel zu kreisen. »Du verbrennst da einen Mann«, stellte der Junge fest. Der Teppich war weggebrannt, und man sah, was darin war.

Ich sagte nichts.

Der Junge sah mich an. Er versucht, mich neu einzuordnen. War ich gefährlich? Hatte ich gefährliche Freunde? Dann drehte er sich um. »Vamo' 'mbora!« rief er halblaut, und behende wie eine Katze

151

glitt er zwischen den Schatten davon. Kein Laut diesmal von den anderen.

Ich fummelte mir ein Kaugummi zwischen die Zähne. Ich kaute. Ich hatte es immer als beruhigend empfunden, Kaugummi zu kauen.

Ich wartete, bis die Flammen erloschen. Dann schmiß ich ein paar Schichten Abfall über Lonsers Leiche und machte mich auf den Weg zum Auto.

Ich hatte den Gol am Rand der Müllkippe abgestellt, an einer zweispurigen, kurvigen Straße aus zerbröckelndem Asphalt. Es gab kaum Verkehr. Es mußte etwa vier Uhr morgens sein, mittlerweile. Ich öffnete den Wagenschlag. Etwas Hartes bohrte sich in meinen Rücken.

»Policia! Maos em alto!«

Ich hob die Hände. Das wars wohl, dachte ich. Es waren zwei. Ein dünner und ein dicker. Jetzt sah ich auch den Polizeikombi, der ein paar Meter weiter die Straße runter parkte. In der Dunkelheit hatte ich ihn übersehen.

Sie stießen mich gegen meinen Wagen und tasteten mich gründlich ab. Der Dicke baute sich neben mir auf und klatschte seinen Gummiknüppel in die Handfläche. »O che estava fazendo aqui?« Im Mondlicht schimmerte ein Goldzahn zwischen seinen dicken Lippen.

»I don't understand your language«, antwortete ich gerissen.

Er zog mir den Knüppel über den Schädel. Mit einem Aufschrei sackte ich zu Boden. Der dünne Polizist zerrte mich wieder hoch und stieß mich gegen den Gol. »Also: Was tust du hier?«

Ich schwankte. »Hab gepißt. Hab mich verfahren.«

»Verfahren?« Sie rissen mir die Arme auf den Rücken, und Handschellen hackten in meine Gelenke. »Wo sollte es denn hingehen? Copacabana? Oder wo pißt du gewöhnlich?« Der Dicke lachte, als ob er mit Pudding gurgelte. Dann wandte er sich an seinen Kollegen. »Hat er Geld?«

Der andere hatte meine Brieftasche zwischen den Fingern und zupfte ein paar Scheine daraus hervor.

»Das wird nicht reichen.« Der Dicke steckte die Scheine ein. »Schuhe aus!«

»Was soll der Scheiß?«

»Na was wohl? Steht doch in jedem Reiseführer. Wirds bald?« Er stocherte mir mit dem Knüppel im Gesicht herum. Ich streifte mir mit den Hacken die Schuhe von den Füßen.

»Na, wer sagts denn! Da haben wir ja die Dollares!«

Ich hörte Scheine knistern. Dann: »Los, zum Wagen!« Sie stießen mich vor sich her zum Polizeikombi.

»Was soll das alles?« protestierte ich. »Was habe ich verbrochen?«

Der Dicke lachte. »Darüber mußt du schon selbst nachdenken. In Ruhe und Frieden.«

Ich hörte, wie der Uniformstoff sich spannte, als er ausholte.

38

Und was wirft man mir vor«, fragte ich. Ich rieb mir den Nacken. »Autodiebstahl.«

»Aha«, sagte ich. Sehr schlau.

Man stieß mich in einen großen Raum, in dem ein halbes Dutzend Polizisten an Schreibtischen vor sich hindöste. Einer hatte seine Stiefel auf den Tisch gelegt und ließ seinen Revolver um den Zeigefinger kreisen. Zwei schienen sich Witze zu erzählen. Die anderen warfen mir mit hängenden Lidern ihre mißmutigen Blicke zu. An den Wänden gab es Aktenschränke, ein paar Fahndungsfotos und hohe Fenster. Es war früher Morgen. Die Fenster waren vergittert. Hinter den Gittern lockte die Freiheit. Ein großes Werbeplakat auf der anderen Straßenseite versprach sie jedem, der eine bestimmte Art von Damenbinden kaufte.

In der Mitte des Raumes stand ein Mann in Zivil.

Er war ein kräftiger, großer Mann. Er war unrasiert, und etwas an seinem mißmutigen Blick signalisierte, daß man ihn aus einem idiotischen Grund aus dem Bett geholt hatte. Er taxierte mich und Mund und Augen verschoben sich auf einer Seite gegeneinander, bis das ganze richtig angewidert aussah: Der idiotische Grund war ich.

Der Mann kam auf mich zu. Sein Mund ging auf. Er gähnte herzzerreißend. Sein Mund ging nochmal auf: »Sie kommen mit mir.«

»Ich weiß gar nicht, ob ich das will.«

Er grinste. »Hören Sie auf die Stimme Ihres Herzens.« Da war eine Pistole in seiner Hand, die mein Herz anstarrte.

»Na«, sagte ich und sah um mich. Die Polizisten hatten die Blicke abgewandt. Sie säuberten ihre Fingernägel oder raschelten mit Papier. Sie schienen nicht in der Stimmung, dem Gesetz Geltung zu verschaffen. »Na, dann mal los.«

»Warum nicht gleich so?« Er dirigierte mich durch eine Tür, die auf einen Flur führte. »Warum immer erst trotzig sein?«

»Ich habe Probleme mit der Spontaneität.«

»Und das sind noch Ihre geringsten Probleme.«

Ich schluckte. »Für jedes Problem gibt es eine Lösung.«

»Mag sein. Aber es gibt Lösungen, die überlebt man nicht.«

»Werd ich jetzt auf der Flucht erschossen, oder was?«

»Na, na.« Er unterdrückte ein Gähnen. »Soweit sind wir noch nicht.« Der Flur endete in einem Treppenhaus. Wir gingen die Treppe hinab, gingen durch eine große Tür und standen auf der Straße. Vögel zwitscherten. Ein großer Ford tuckerte am Kantstein.

»Wo bringen Sie mich hin?«

»So, Schnauze jetzt. Steig ein.« Er hielt mir die Tür auf.

»Von mir aus.« Ich versank in dunkelblauem Velours.

Mein Begleiter setzte sich neben mich. »Trink das.« Er gab mir ein kleines Fläschchen.

»Wozu?«

»Weil du Durst hast.« Er drückte mir ungehalten die Pistolenmündung ins Auge.

»Ich hab schrecklichen Durst«, sagte ich. Ich trank. Das Zeug hatte es in sich. Es hob mich auf eine weiße, weiche Wolke.

»Sehen Sie nur«, nuschelte ich. »Ein Regenbogen.«

»Ja.«

»Ein Regen.....«

39

Angst...
Angst...

Es war wie ein fernes Echo. Das Wort wurde in meinem Kopf von einer Ecke zur anderen geworfen.

Angst!

Und jedesmal war es, als schnitt sich das Wort mit einem Skalpell in meine Schädeldecke.

»Haben Sie Angst?«

Ich riß die Augen auf. Es war halbdunkel. Vor mir flimmerte ein Monitor. Ich saß auf einem Stuhl. Ich konnte mich nicht bewegen. Hand- und Fußgelenke waren mit Ledergurten am Stuhl festgeschnallt. Ich saß in einer Box. Die Box war völlig verspiegelt. Wohin ich mich auch wandte, ich sah mich selbst, hilflos, angeschnallt auf diesem groben Holzstuhl, der genau aussah wie diese Stühle, die man aus Abbildungen von Folterkellern kennt. Die Spiegelwände, soviel war wohl klar, waren von außen sicher durchsichtig.

»Haben Sie Angst?« Die Stimme war metallisch, als käme sie durch ein Ofenrohr. Jetzt sah ich auch eine kreisrunde, dunkle Öffnung über dem Monitor. Immerhin sah ich keine Drähte an meinem Stuhl.

»Haben Sie Angst?«

Geht so, wollte ich krächzen. Es wurde nur ein Krächzen.

»Die Angst ist eine furchtbare Sache.« Die Stimme kratzte noch dazu, als würde man mit einem alten Edding auf Sandpapier herumkritzeln. »Sie macht bisweilen sprachlos.« Der Mann stieß ein paar Lacher durch das Rohr, als würde er das Sandpapier in Stücke reißen. »Aber hauptsächlich macht die Angst uns aggressiv. Sie macht uns zu Bestien. Blutrünstigen Bestien.

Sie läßt uns töten, denn sie bedroht uns.

Sie, Herr Krieger, jagen mir Angst ein.

Sie machen mir Angst.

Mit Ihrem Eifer. Ihrer Schnüffelei.

Große, große Angst.

Muß ich sie nun töten?«

»Eigentlich bin ich völlig harmlos«, klagte ich.

Der Einwand stieß auf keine Resonanz.

»Es ist nicht so, daß ich nicht schon oft Angst gehabt hätte in meinem Leben«, ging es weiter. »Aber ich habe gelernt, mit der Angst umzugehen.«

Ein Bild flammte auf dem Monitor auf. Es zeigt einen Mann.

»Diese Aufnahmen«, erläuterte die Stimme, »haben vielleicht keinen großen künstlerischen Wert. Aber eine gewisse Aussagekraft. In gewisser Weise sind sie natürlich sensationslüstern. Aber: Urteilen Sie selbst.«

Ich sah mir das Video an. Es dokumentierte die Angst, den Schmerz und schließlich den Tod von drei Männern. Bei jedem der Männer wurde eine andere Art und Weise angewandt, ihn vom

Leben in den Tod zu befördern. Aber alle Methoden zeichneten sich durch besonders ausgefeilte Grausamkeit aus, und dadurch, daß der Vorgang des Sterbens bewußt in die Länge gezogen wurde.

»Wir mußten ab und an schneiden, wie Sie bemerken«, drang die metallische Stimme durch die Todesschreie. »Aber meine Männer sind schließlich Spezialisten vom Fach. Sie standen zum Teil in staatlichen Diensten, bevor sie in die freie Wirtschaft gingen. Sie haben eine profunde Ausbildung erfahren über den menschlichen Körper, über Reiz und Reaktion.«

Was aber das erschreckendste war, die Männer waren genau auf diesem Stuhl zu Tode gequält worden. Sie hatten auf diesem Stuhl gesessen, der, wie ich jetzt merkte, nach Blut roch, und nach Scheiße, und der unter meinem Arsch zu zittern anfing.

»Ist Ihnen kalt?« erkundigte man sich besorgt. »Sie sind ja auch ganz naßgeschwitzt. Soll ich Ihnen ein Handtuch bringen lassen?«

»Es geht schon.«

»Die wunderbaren Körperfunktionen. Schweiß kühlt die Haut. Eine sinnreiche Einrichtung, finden Sie nicht? Ich hoffe, Sie bewahren einen kühlen Kopf und halten die anderen Körperfunktionen unter Kontrolle. Was dieses Videoband angeht, so haben Sie sich zweifellos bereits Ihre Gedanken gemacht. Und Sie werden lachen! Sie haben recht. All diese Männer haben den gleichen großen, unverzeihlichen Fehler begangen. Sie haben mir Angst gemacht. Durch Lügen. Sie haben gelogen. Einfach nicht die Wahrheit gesagt.

Die Lüge aber, Herr Krieger, jagt mir furchtbare Ängste ein. Denn sie entstellt die Realität. Und ich bin ein so furchtbarer Realist.

All diese Männer haben mich belogen.« Ein gepreßter Lacher. »Wenigstens anfangs. Zum Schluß nicht mehr.« Die Stimme verstummte und ließ mich für eine Weile mit meiner Vorstellungskraft allein.

Nach einer Weile: »Ich hoffe, Sie haben nicht vor, mich zu belügen. Und... falls doch, so hoffe ich, Sie sind nicht kamerascheu.«

Wieder eine Pause.

Dann: »Herr Leo Krieger, wieso haben Sie unseren Freund Paulo getötet?«

Ich starrte in das Flimmern vor mir. »Ich habe ihn nicht getötet.«

»Ach nein? Ach so! Ein schrecklicher Irrtum! Wir haben uns geirrt! Wir müssen Sie um Verzeihung bitten, Herr Krieger. Na, jetzt fällt Ihnen sicher ein Stein vom Herzen, was? Nur, Herr Krieger, sagen Sie uns doch noch rasch: Wenn nicht Sie ihn getötet haben, was alle Welt glaubt, wer dann?«

Ja, dachte ich. Wer dann?

Ich räusperte mich. Ich räusperte mich einige Male. Dann ging es leidlich. »Die Person, die Paulo getötet hat, ist eine Person, die Grund hatte zu dieser Tat. Im Gegensatz zu mir.«

»Die Person? Nicht: Der Mann? War es etwa eine Frau?«

»Ich...« Ich stockte. »Ich... habe Schwierigkeiten mit Ihrer Sprache. Es war ein Mann.«

»Oh, Sie sprechen ein ganz ausgezeichnetes Portugiesisch. Ganz ausgezeichnet.«

»Danke.«

»Und? Wie heißt der Mann? Denken Sie an die hübschen Aufnahmen eben.«

Ich dachte an die hübschen Aufnahmen. Ich sagte: »Joao da Silva. Wenigstens nennt er sich so. Brasilianer.«

Keine Reaktion. Schweigen. Ich ruckelte unbehaglich auf meinem Stuhl hin und her.

Dann erschien ein Bild auf dem Monitor. Ein Polaroid, das in die Kamera gehalten wurde.

»Und?« sagte ich. »Kommen jetzt die Männer, die die Wahrheit gesagt haben, und es hat ihnen doch nichts genutzt?«

»Sehen Sie sich den Mann an.«

Ich sah mir den Mann an. Er lebte, und er schien die Erlaubnis eingeholt zu haben, noch eine Weile länger leben zu dürfen. Er lächelte. Ich kannte ihn nicht.

»Und?« sagte ich. »Wer soll das sein?«

»Das ist João da Silva.«

Ich dachte nach. Ich durfte auf keinen Fall in eine Falle tappen. Ich brach in eine Art Lachen aus. »Da Silva? Das? Dann bin ich Dean Martin.«

»Das nächste.«

Ich atmete unhörbar auf. Ich hatte die Lage richtig eingeschätzt. Ich sah mir das nächste Foto an. Ich schüttelte den Kopf. »Nein.«

Auch das dritte Bild zeigte nicht Joao da Silva, so wie ich ihn aus dem Video in Erinnerung hatte. Den da Silva, der erstaunt in die Kamera glotzt, weil Lonser in die Vorstellung platzte, um seine Tochter zu retten.

Das nächste Bild. »Das ist er.« Ich sagte: »Den Bart hat er sich natürlich abgenommen.« Davon wußte ich zwar nichts. Aber es hörte sich gut an. »Und er ist jetzt etwas blasser im Gesicht.«

»Wo hast du ihn gesehen?«

»Im Haus eines gewissen Grenz. In Hamburg, Deutschland. Auf einer Party.«

»Mhm… Kannte dieser Grenz da Silva?«

»Naja, es war ein Party… Ich weiß nicht. Als ich da Silva sah, war er allein. Er kam gerade aus dem Bad. Ich ging nach ihm ins Bad. Darin lag ein toter Mann. Ich rutschte in seinem Blut aus. Man hielt mich dann für den irren Killer, der seine Opfer grundlos abmessert und sich dann vor aller Augen in dessen Blut suhlt.«

»Grundlos?«

»Was?«

»Woher kennst du da Silva?«

»Ich sagte doch gerade, in dem Bad—«

»Woher kennst du seinen Namen?«

Ich ahnte, was er jetzt dachte: Da Silva hätte auch mich beauftragt haben können, Paulo zu töten. Das würde erklären, weshalb ich ihn kannte. Und es wäre zudem ein Grund für meine Teilnahme an der Party gewesen. Ein besserer Grund als der pure Zufall.

Andererseits standen meine Chancen so schlecht nicht. Da Silva mußte in Hamburg sein. Und meine Gastgeber mußten zumindest ahnen, daß er in Hamburg war. Sonst würden sie mir gar nicht mehr zuhören.

Und – weit wichtiger – das war überhaupt erst der Grund, um dessentwillen man Paulo nach Hamburg geschickt hatte. Paulo sollte da Silva aufspüren. Den Mann, der mit hunderttausend Dollar abgehauen war. Grenz sollte Paulo bei der Suche behilflich sein. Geschäftspartner. Eine Hand wäscht die andere. Grenz in Hamburg war sicher nur einer von vielen Geschäftsleuten in aller Welt, mit denen dieser Mann hier Geschäfte machte. Alle Arten von Geschäften.

»Also?«

»Tjaa«, machte ich gedehnt. Ich nahm mir vor, weiter den Ahnungslosen zu spielen, der von Killerpornos noch nie etwas gehört hatte, und der auch von der Beziehung zwischen Grenz und meinem Gastgeber nichts wußte.

Andererseits durfte ich nicht zu blöd wirken. Meine einzige Chance bestand darin, den großen Boß mit der Nase darauf zu stoßen, daß ich ihm von Nutzen sein könnte. Ich hub an: »Diese Leute dachten also, ich sei der Mörder.«

»Ich habe eine Frage gestellt.«

»Und ich beantworte sie gerade. Nur Geduld. Also: Verschiedene Dinge ließen mich daran zweifeln, daß mir die Polizei bei dieser Geschichte weiterhelfen könnte. Ich beschloß also, auf eigene Faust zu handeln. Ich mußte den wahren Mörder aufspüren. Wie er aussah wußte ich ja schon. Er war mir vor dem Badezimmer begegnet, in dem die Leiche lag.« Ich räusperte mich. Jetzt kam ich zu einer heiklen Stelle. Aber mir war auf die Schnelle nichts besseres eingefallen. »Dieser Mann da Silva hatte Konfetti im Haar.«

»Konfetti?«

»So bunte Schnipsel. Kennen Sie doch. Auf der Party hatte es aber kein Konfetti gegeben. Das fiel mir auf. Ich stellte dann Nachforschungen an, und das Konfetti führte mich zu einer brasilianischen Bar. Sie schmissen da mit genau diesen Schnipseln um sich. Ich war also in dieser Bar, und wen seh ich?«

»Da Silva?«

»Nein. Es war ein fetter kleiner Widerling, der auch auf Grenz' Party gewesen war. Ich fand seinen Namen heraus: Silvio Guimaraes.«

»Mhm,« tönte es aus dem Ofenrohr. Der Name war bekannt. Das war gut.

Ich fuhr fort: »Der Kerl arbeitete beim brasilianischen Konsulat in Hamburg. Kein großes Tier. Gerade richtig. Käuflich. Beim Konsulat hatte er sicher seine Möglichkeiten. Ich besuchte ihn also in seinem Haus. Aber als ich gerade parkte, sah ich, wie jemand das Haus verließ. Und das war nicht der Hausherr. Es war natürlich niemand anderes, als…« Ich ließ meine Worte in der Luft hängen wie Köder.

»Da Silva?« knurrte es, verärgert. Ich hatte ihn bei meinem Spielchen eingespannt.

»Da Silva, diesmal stimmts. Genau. Ich wußte zu diesem Zeitpunkt natürlich noch nicht, daß er da Silva hieß. Aber ich merkte mir seine Autonummer. Guimaraes nahm inzwischen in seiner Garage eine Abgassonderuntersuchung vor.«

»Eine was?«

»Er war tot. Im Auto. Motor lief. Der klassische Selbstmord. Gartenschlauch im Fenster. Wers glaubt, wird selig.«

»Da Silva hat ihn also kaltgemacht. Und wieso?«

Ich hätte mir jetzt den Nacken gekratzt. Aber das ging nicht. Ich sagte: »Ich weiß es natürlich nicht. Aber: Guimaraes beim Konsulat. Konsulat: Pässe. Visa. All sowas. Vielleicht hat Guimaraes da Silva bei irgendwas geholfen. Vielleicht mußte da Silva abtauchen. Und vielleicht hat das da Silva einen Stapel Geld gekostet. Vielleicht in Raten. Vielleicht in Raten, die immer teurer wurden.

Guimaraes lebte auf jeden Fall über seine Verhältnisse. Und er hatte eine Knarre unter seinem Schreibtisch festgeklebt. Geladen und entsichert. Das ist in Deutschland eigentlich unüblich. Es sei denn, man muß Angst haben, daß man sie wirklich einmal brauchen kann.

Zu all dem paßte Paulos Auftauchen hervorragend. Sein Ableben auch. Guimaraes war auf Grenz' Party. Was er da tat? Grenz ist Spediteur. Aus Brasilien unter anderem. Soja, Kaffee. Konsulatsangehörige können für reibungslosen Handel sorgen, wenn man sie sich warm hält. Möglich ist das.

Na, dieser Guimaraes wenigstens hat vielleicht was mitbekommen von Paulos Auftauchen, von seinem Auftrag. Oder vielleicht hat er sogar auch da Silva gesehen, wie er Paulo umbrachte. Jedenfalls merkte Guimaraes, daß da Silva nicht nur einen guten Grund hatte, unterzutauchen, sondern einen sehr, sehr guten. Sowas erhöht natürlich die Raten. Da Silva hatte sicher eine Menge Kohle... Woher auch immer. Das geht mich ja auch nichts an.«

»Wohl nicht.«

»Eigentlich geht mich diese ganze Scheiße gar nichts an. Na, wie dem auch sei. Guimaraes ist zu weit gegangen, oder er wurde für da Silva zum Risiko. Ergo: Exitus.«

»Soso. Das ist ja alles gut und schön. Und jetzt: Beantworte meine Frage.«

»Der Name, ach so, das war einfach. Ich hatte ja die Nummer von dem Kennzeichen. Und der Wagen war geliehen. Ich ließ ein paar Mark springen, an den richtigen Stellen, und sie sagten mir den Namen.«

»Er hat unter seinem richtigen Namen diesen Wagen geliehen?«

»Ja. Muß wohl. Als Anschrift hatten sie leider nur ein Hotel. Als ich dort ankam, war er schon weg.«

»Spurlos?«

»Fast. Natürlich durchsuchte ich das Zimmer. Und tatsächlich: Im

Papierkorb hing noch eine herausgerissene Seite eines kleinen Notizbuches.«

»Notizbuch? Du willst mich wohl verscheißern?«

»Transnaval stand da drauf, und Rio und eine Telefonnummer.«

»Daß ich nicht lache. Zeig mir doch mal diesen wunderbaren Zettel.«

»Er ist in meiner Hosentasche. Entweder habt ihr ihn schon, oder er ist noch drin.«

Eine Weile hörte ich nichts. Dann: »Es stimmt. Wir haben ihn.«

»Hervorragend«, sagte ich, und ich meinte es auch. Ich beglückwünschte mich dafür, daß ich am Abend bei Viola den Zettel bekritzelt hatte.

»Und wegen diesem Fetzen«, hallte es aus dem Rohr, »setzt du dich in einen Jet und fliegst über den Atlantik?«

»Er war meine einzige Spur.«

»Du lügst. Den Zettel hast du selbst geschrieben.«

»Puh!« Jetzt hätte ich die Hände leidgeprüft gen Himmel gehoben. »Und was ich die letzte halbe Stunde lang erzählt habe, habe ich mir wahrscheinlich gerade aus den Fingern gesogen. Wenn ich so begabt wäre, wäre ich längst Bestseller-Autor, und würde nicht hier abhängen, sondern in einer Luxusvilla in Beverly Hills.«

Es knurrte draußen. Dann sagte die Stimme: »Du weißt eine Menge Dinge, von denen es mir nicht gefällt, daß du sie weißt.«

»Ich weiß.« Und ich wußte noch eine Menge mehr. Aber das brauchte er ja nicht zu wissen.

»Zunächst dies: Es könnte für dich ein lohnendes Geschäft sein, zu jeder Stunde deines Lebens, an jedem Ort der Welt, dich für zwei Teller Suppe selbst zu töten.«

»Aha? Wieso zwei Teller Suppe?«

»Weil Suppe nahrhaft ist. Weil es mich einen Teller Suppe kosten würde, dich umlegen zu lassen. Weil du dann auf nüchternen Magen sterben müßtest.«

»Ach so.«

»Ich habe einen Job für dich.«

»Was soll ich tun?«

»Du wirst da Silva für mich finden.«

»Und wenn ich ihn gefunden habe?«

»Dann wirst du ihn um seine Hand bitten.«

»Ich bin nicht so veranlagt.«

»Um seine rechte Hand. Die Hand wickelst du dann in Folie ein, verpackst sie luftdicht, und schickst sie an eine Adresse, die dir mitgeteilt werden wird.«

»Und wenn er nicht will?«

»Ich sagte bereits: Du wirst mir seine rechte Hand schicken. Ich denke, damit ist alles gesagt.«

Ich schluckte. »Gut.«

»Das wird sich noch zeigen, ob es gut ist.«

Der Monitor flammte auf. Die Kamera war auf ein Stück Papier gerichtet. Eine Liste. Darauf standen Namen und Adressen von einem Dutzend Menschen, die ich näher kannte. Carl war dabei. Ein paar alte Freunde. Zwei verflossene Liebschaften, die schon lange zurücklagen.

»Nur, damit du Bescheid weißt. Ich kenne sie auch. Solltest du also den Job vergessen, den du tun sollst, so wird dich einer dieser Menschen auf der Liste daran erinnern.«

Ich sagte nichts.

»Glaub nicht, daß du gegen uns kämpfen könntest. Wer gegen uns kämpft, kämpft gegen das System. Und gegen das System kann man nicht kämpfen.«

40

Ich ging auf mein Zimmer, duschte, zertrat eine Küchenschabe, packte und zahlte die Rechnung. Dann ging ich zum Postamt. Ich holte das Video ab, das ich postlagernd an mich selbst geschickt hatte. Vom Postamt aus rief ich Viola an.

»Leo!« Ihre Stimme war voll Angst. »Wo warst du?«

Ich erzählte ihr ein paar Stichworte.

»Sie glauben, da Silva hat es getan?«

»Ja.«

»Sie wissen nichts von mir?«

»Nein. Ich konnte dich raushalten.«

»Das hast du gut gemacht.«

»Ja. Ich hab mir schon selbst die Schulter wundgeklopft. Aber jetzt muß ich da Silva finden.«

»Wirst du ihn töten?«

»Ich denke schon.«

»Er hat den Tod verdient, Leo.«

»Ja, was haben wir nur getan?«

»Wir haben zuviel Kredit aufgenommen, bei unserer Geburt. Jetzt müssen wir abzahlen. Bis es nicht mehr geht. Viola, ich nehme die nächste Maschine nach Europa.«

»Ich komme mit dir.«

»Man sollte uns nicht zusammen sehen.«

»Du hast gesagt, sie wissen nichts von mir.«

»Schon...«

»Und sie haben dir geglaubt.«

»Ja... Ich glaube.«

»Du lebst. Ich lebe. Ist das nicht Beweis genug?«

»Du forderst das Schicksal heraus.«

»Scheiß Schicksal! Dieses scheiß Schicksal hat mir das Leben zur Hölle gemacht. Ab jetzt kann es mich mal, das scheiß Schicksal! Ich fordere es heraus, wann und wo ich will!«

»Hast du keine Angst?«

»Doch.« Sie war wieder ruhig jetzt. »Ich habe Angst. Ich hatte immer Angst. Aber jetzt ist es anders.«

»Wie?«

»Früher hatte ich Angst vor dem Leben.«

»Früher?«

»Bis gestern. Jetzt habe ich keine Angst mehr vor dem Leben.« Sie schwieg. Es ratterte in der Leitung. Neben mir lamentierte eine Hausfrau über die ewig steigenden Preise.

»Viola? Bist du noch da?«

»Ja, Leo, ich bin da. Ich bin da. Und ich liebe dich.«

Ich atmete.

»Ich liebe dich ich liebe dich ich liebe dich!«

»Ich liebe dich auch.«

»Ich... Jetzt habe ich Angst vor dem Tod.« Ein Knirschen, wie wenn sie den Hörer zu fest umklammerte. »Oh Gott, was für eine Angst ich habe!«

Ich wartete. Ich sah auf meine Schuhspitzen. Ich sagte: »**Dann bleib hier.**«

»Nein! Nein. Ich muß mit dir zusammensein. Ich muß. Ich muß. Ich könnte es nicht ertragen. Wir müssen zusammenbleiben.«

»Gut«, sagte ich. »Du hast recht... Ich geb dir die Adresse eines

Hotels in Hamburg. Wir treffen uns da. Das ist sicherer.« Ich gab ihr die Adresse. »Wir können dieselbe Maschine nehmen. Ich glaube, heute geht was ab nach Frankfurt. Aber wir dürfen nicht nebeneinander sitzen.«

»Ob wir uns beherrschen können?«

»Wir können uns vor der Toilette treffen. Du erkennst mich daran, daß ich dir die Kleider vom Leib reiße.«

»Leo?«

»Ja?«

»Ich will dich.«

»Ich will dich auch. Ob ich will oder nicht.«

41

Niederstraße 27. Vor wenigen Tagen war ich zum ersten Mal hier gewesen. Es kam mir wie vor einigen Ewigkeiten vor, eine Szene aus einem anderen Leben. Aber die Straße war dieselbe geblieben. Ich war es, der sich verändert hatte. Ich war Ewigkeiten älter geworden. Ich rumpelte über das Kopfsteinpflaster, am Holsten-Eck vorbei. Es war eine schwüle Nacht, und sie hatten die Fenster und die Türen aufgerissen. Gegröhle und scheppernder Lärm aus der Musikbox.

Da war eine Parklücke direkt vor dem heruntergekommenen Wohnhaus, in dem Stella wohnte. Ich würgte den Wagen dort rein. Ich kurbelte die Fenster runter. Es war warm geworden in Deutschland. Der Sommer hatte unvermittelt begonnen, ohne den Frühling abzuwarten. Jetzt noch, nachts, sah man Leute in kurzen Hosen herumlaufen.

Ich stieg aus und stiefelte die Treppe zur Haustür hoch. Kein Licht in Stellas Fenstern. Vielleicht arbeitete sie im Sambrasil. Ich drückte trotzdem auf die Klingel. Tavares. Das war der Name. »Dränng!« hörte ich von drinnen. Sie hatten die Klingeln repariert. Ich brauchte Stella, um zu da Silva zu gelangen. Guimaraes war tot. Aber bei Stella hatte ich jenes alte Paßfoto gesehen, das wahrscheinlich den jungen da Silva zeigte. Auf dessen Rückseite zumindest da Silvas Name stand. Sie kannte ihn. »Dränng!« Nichts passierte.

Ich stieg die paar Stufen wieder runter und trat durch den Ein-

164

schnitt neben dem Haus in den Hinterhof. Meine Freunde, die Ascheimer, standen in Reih und Glied an der Mauer des Hinterhauses. Kein Licht auch in Stellas Balkontür. Die Tür war zu und der Vorhang zugezogen. Auch sonst wenig Licht hier. Es war ein Uhr nachts. Der Mond war nicht mehr ganz halbvoll und silbern, wie es sich gehörte. Eine Katze schlich lautlos um die Ascheimer, warf ihren Schatten und verschwand in einem anderen.

Ich ging wieder ums Haus herum, zur Frontseite. Ich besah mir die Haustür. Wie sie aussah, war sie zu Kaiser Wilhelms Zeiten hier reingehängt worden und mittlerweile auch nicht viel rüstiger als er. Es juckte mir in der Schulter. Ich gab dem Jucken nach. Es war nicht mal sehr laut. Ein dumpfes Rummsen und ein kurzes Knirschen, und die Tür war offen. Ich drückte sie hinter mir zu.

Es roch muffig im Treppenhaus. Ein Geruch wie man ihn in den Wohnungen alter Greise vorfand, die ihren Urin nicht mehr halten können. Ich machte kein Licht. Die Laterne vorm Haus warf genug Helligkeit durchs Oberlicht auf den blätternden Putz.

Vor Stellas Tür war eine Reihe Briefkästen aus Blech. Sie waren sämtlich aufgebogen. Ich raschelte durch die Berge von Werbeprospekten und Wurfsendungen, die den Fußboden bedeckten, und probierte Stellas Wohnungstür. Sie war natürlich zu. Aber ich ahnte, daß heute nicht der Tag war, an dem alte, halbvermoderte Holztüren mir nennenswerten Widerstand entgegensetzen konnten. Am wenigsten, wenn sie Schlüssellöcher hatten, so groß, daß man einen Daumen durchstecken konnte.

Ich steckte keinen Daumen rein, sondern einen meiner Schlüssel, der aussah, als könnte er passen. Es war der Dachbodenschlüssel meiner Wohnung. Ich schob ihn rein. Von der Länge her haute es hin. Ich drehte. Ich kam nicht weit. Aber damit hatte ich gerechnet. Ich nahm einen weiteren, stabilen Schlüssel und schob ihn durch den Ring am Schlüsselende. Das war jetzt ein guter Hebel. Ich spuckte mir in die Hände und hebelte. Knack! Es klappte. Es war alles nur eine Frage der Willenskraft.

Ich roch es sofort, als die Wohnungstür hinter mir in Schloß rastete. Ein eigentümlicher, süßlicher Geruch, schwach zwar, aber schon am Brechreiz kitzelnd. Es war warm und stickig in der Wohnung. Kein Fenster war geöffnet, keine Tür. Fleisch verdarb schnell unter solchen Bedingungen.

Ich drückte den Türgriff zu dem kleinen Wohnzimmer. Die Holzdielen knarrten unter meinen Sohlen. Plötzlich streifte mich etwas am Ohr. Ich fuhr herum. Es war ein Fetzen der uralten Tapete. Das faserige Gewebe, das überall von den Wänden kam, war durch den feinen Lufthauch der Tür in Bewegung geraten.

Ich öffnete die Tür, nachdem mein Herzschlag sich beruhigt hatte. Feine Staubpartikel wirbelten durch die zwei Lichtbalken, die die Straßenbeleuchtung durch die beiden Fenster trieb. Die Klappmöbel standen fast unverändert im Raum, so wie ich sie in Erinnerung hatte. Der Fernseher ließ den roten Punkt auf seiner Bereitschaftstaste leuchten. An der Wand stand eine leere Weinflasche. Es war dieselbe, die schon vor Tagen hier im Zimmer stand. Oder dieselbe Sorte.

Ich verließ das Wohnzimmer und knarrte durch den Flur zur Küche. Erstaunlich, wieviel Lärm ein Mensch in einer stillen Wohnung machte. Selbst mein Atmen schien mir laut im Brustkorb zu rasseln wie der Kompressor einer Taucherkugel. Die Küche war nicht aufgeräumt. Es stank. Zwei Plastiktüten mit gammeligem Müll standen neben dem Herd. Der Verwesungsgeruch war hier sehr stark. In einer Pfanne auf dem Herd war ein Stück Fleisch mit Nudeln. Ich schnüffelte: Bestialisch. Trotzdem atmete ich erleichtert auf.

Das Schlafzimmer. Ich drückte den Schalter. Für eine Sekunde brannte die Helligkeit schmerzhaft in meinen Augen. Ich zwinkerte. Das Bett war gemacht. Aber die Decke war nicht glatt über die Matratze gebreitet. Es gab da eine Wölbung in der Mitte des Bettes. Ein Wölbung, so groß wie ein Mensch.

Ich atmete durch den Mund. Der Gestank war hier stärker als in der Küche. Ich nahm mir ein T-Shirt aus dem Regal und hielt es mir vor Mund und Nase. Das T-Shirt war nicht frisch. Es roch nach einem Hauch Parfüm, einem Hauch Schweiß, nach Frau, nach Leben.

Ich preßte meine Kiefer aufeinander, bis die Zähne schmerzten. Dann beugte ich mich über das Bett und schlug die Decke beiseite.

Sie sah blaß aus.

Ich hätte nicht gedacht, daß Schwarze blaß aussehen können, aber sie sah blaß aus. Grau. Der Tod brachte alles fertig. Er würde sogar noch mehr fertigbringen. In ein paar Monaten würde er Stella soweit haben, daß sie nicht mehr war als Würmerscheiße und ein Haufen Erde. Genauso wie das Stück Fleisch in der Küche.

Sie war erwürgt worden. Mit einem Würgeholz vielleicht. Oder was man so dabei hat, wenn man alleinstehende Frauen besucht. Der Mund stand offen, und die Zunge hing halb abgebissen zwischen ihren Zähnen wie ein kleines, blutiges Tier. Die Augen waren weit geöffnet. Sie sahen gar nicht aus wie Augen. Überhaupt nicht. Um den Hals verlief ein daumenbreiter Kragen aus violetter Haut. In dessen Mitte war die Haut zum größten Teil durchschnitten. Schwarzes Blut, geronnen, glitzerte darin.

Ich ging auf schwachen Beinen zur Balkontür und stellte sie auf Kipp. Ein lauer Luftzug machte das Atmen erträglicher. Ich preßte mir wieder das T-Thirt aufs Gesicht und zog die Decke ganz vom Bett.

Sie war nackt, Kratzspuren überall, hauptsächlich an den Brüsten und den Rippen. Aber wenig Blut oder blaue Flecke.

Ich drückte mir zwei Finger in die Augen, bis ich Sterne sah. Ich mochte Sterne. Und bei Sternen war es mir nicht wichtig, ob sie tot waren. Die Sterne beruhigten mich. Ich war schon fast wieder ganz ruhig, als ich hörte, wie der Holzfußboden im Flur leise knarrte.

42

Der Mann im Türrahmen starrte mich an. Seine Augen glitzerten rauflustig. Er ballte die Fäuste. »Was willst du Mistkerl hier?«

Ich nahm die Decke runter und trat zur Seite. Raoul sah, was auf dem Bett lag. Es war Raoul, der Barkeeper des Sambrasil. Und Raoul sah, daß da kein Leben mehr drinsteckte, in dieser grauen Masse Fleisch auf dem Bett. Er wankte rückwärts gegen die Wand. Die Farbe wich aus seinem Gesicht wie farbiges Wasser aus dem Abfluß. Eine Minute stand er so da und wurde blaß, und der Schweiß perlte aus all seinen Poren. Ich stand einfach da und sah zu.

Dann schossen Tränen aus Raouls Augen. »Du Schwein!« gurgelte er. Seine Lippen zitterten haltlos. Das Gesicht unter den dunklen Locken verzerrte sich wie ein gestörtes Fernsehbild. »Deshalb wolltest du die Adresse! Du Schwein! Ich bring dich um!« Er stürzte auf mich los.

Ich knallte ihm den Ellbogen ins Gesicht, und nochmal, auf den Nacken. Dann war Ruhe.

In dem Regal an der Wand sah ich eine Rolle Isolierklebeband. Daneben stand eine neue Spraydose Abwehrgas. Sie hatte sie nicht benutzt.

Ich nahm das Isolierband und band Raoul die Hände hinterm Rücken zusammen. Er ächzte schwach. Dann nahm ich die Decke und breitete sie über Stellas Leichnam.

Mit einem nervösen Zucken kam Raoul zu sich. Er blinzelte. Er riß die Augen auf und zerrte an seinen Fesseln. Seinem Mund entrang sich unartikuliertes Zeug.

»Pssst«, machte ich. Ich legte den Finger auf meine Lippen. »Pssst.«

Zu meiner Überraschung verstummte er tatsächlich.

Allerdings nur, um Speichel zu sammeln. Er spie nach mir, aber der Speichelfaden war zu zäh, blieb in der Luft stehen und klatschte ihm aufs Kinn.

Ich sagte: »Ich kann verstehen, wie du dich fühlst.« Ich räusperte mich. »Aber damit du klar siehst. Deine Gefühle öden mich an. Und daß ich sie verstehen kann, ödet mich auch an. Aber am meisten ödet mich deine Blödheit an.«

Raoul glotzte.

Ich sagte: »Du bist nicht gerade ein Pfiffikus, was, Raoul?«

Er knurrte.

»Als ihr in der Schule Schlausein durchgenommen habt, da warst du sicher gerade Kreide holen, was, Raoul?« Ich trat ihm in die Seite.

»Was soll der Scheiß, Mann?« krächzte er.

»Oder hast du vielleicht Schnupfen? Ein verstopftes Näschen?« Ich schrie ihn jetzt an. »Herrgott, riechst du nichts? Es stinkt. Und wie es stinkt! Man muß ja fast kotzen. Scheiße, es stinkt nach verfaultem Fleisch!«

Raoul schnüffelte. Vielleicht hatte der Schock bislang seine Riechorgane gelähmt, oder was weiß ich. Jedenfalls wurde er jetzt grün im Gesicht, beugte sich zur Seite und reiherte haltlos auf die Bretter. Er machte das sehr schön.

Ich ließ ihm die Zeit, die er brauchte, dann sagte ich: »Du brauchst das nicht wegzumachen, nachher. Du sagst den Bullen einfach, du hast sie so gefunden, und da mußtest du eben kotzen. Das wirkt glaubhaft. Es sei denn, du hast Gründe, die Bullen nicht zu rufen. Mir ist das egal. Aber dann solltest du die Soße wegmachen. Die machen Speicheluntersuchungen und all sowas. Oder sie stellen fest, daß das hier Reis und Bohnen waren. Dann wissen sie: Aha, ein Brasi.«

Raoul robbte sich zum offenen Spalt der Balkontür. Er preßte seine Nase durch den Schlitz.

Ich sagte: »Also. Es tut mir leid. Aber sie ist schon seit ein paar Tagen tot. So schnell verwest man nicht. Klar? Jetzt glotz mich nicht so an. Nicht mal mehr in Büchern treibt es den Mörder an den Tatort zurück.«

Raouls Stimme war kehlig. »Es sei denn, er hat da was vergessen.«

»Wie bitte?«

»Er will ein Beweisstück verschwinden lassen.« Raoul sah wie suchend um sich.

»Ach so. Das Würgeholz. Und die Briefe, in denen ich drohe, sie zu erdrosseln, weil sie meine Liebe nicht erhört hat. Verdammt! Hätte ich bloß nicht den Absender draufgeschrieben. Aber man weiß ja nie, bei der Post. Mein Gott, mir bringt das alles langsam keinen Spaß mehr! Und wenn ich sie ermordet habe. Und du bist der einzige Zeuge. Was tu ich dann mit dir? Hm?«

Plötzliche Todesangst flackerte in Raouls Augen. Aber sie verlosch auch wieder. Jetzt hatte er es gefressen.

»Also«, sagte ich. »Ich bin hier reingestolpert wie du. Okay? Hast du dich jetzt beruhigt?«

»Ja. Hab ich. Soweit wie möglich.« Er sah zum Bett hoch.

»Schon klar. Ich hab sie auch gemocht, weißt du. Ich mach dich jetzt los.« Ich preßte ihm seine Nase auf die Knie und riß ihm das Klebeband von der Haut. Er rieb sich die Handgelenke, als hätte er tagelang Handschellen getragen. »Aber wer hat sie umgebracht?« Seine Stimme zitterte. »Wer?«

»Jemand, den sie kannte. Wen kannte sie?«

»Wen sie kannte? Mich. Ich weiß nicht. Andere Leute.«

»Hatte sie Feinde?«

»Feinde? Nein. Nicht solche Feinde.«

»Du kanntest sie ziemlich gut, nicht?«

»Ich weiß nicht. Ich habe sie geliebt.« Er stockte. »Aber ich kannte sie noch nicht sehr lange.«

»Wußtest du, daß sie verheiratet gewesen ist?«

»Verhei…? Was? Etwa mit Ihnen?«

»Quatsch. Uns siez mich nicht, nur weil ich dich k. o. geschlagen habe. Sie war verheiratet.«

169

»Nein. Das wußte ich nicht. Das wäre mir auch egal.«

»Wie nobel.«

»Wieso jemand, den sie kannte? Der Mörder.«

»Sie hätte niemand sonst reingelassen, oder?« Das war natürlich Humbug. Aber er dachte darüber nach. »Nein. Das stimmt. Das hätte sie nicht.« Er kratzte sich am Hinterkopf und zuckte leicht zusammen. »Aber wie sind Sie reingekommen? Die Tür war offen.«

»Ich hab das Schloß geknackt. Vorher war es heil gewesen. Außerdem...« Ich deutete auf die Gasdose auf dem Regal. »Sieht nicht so aus, als wenn sie gedacht hatte, daß sie das brauchen würde. Nein. Der Täter hat geklingelt. Ein Besucher. Jemand, den sie kannte. Von dem sie nichts Böses erwartete.«

»Aber wer?« Wieder schossen Raoul Tränen in die Augen. »Stella«, schluchzte er. »Stella, Stella.« Er zupfte die Decke beiseite und sah in das tote, graue Gesicht. Er legt seinen Kopf in seine Hände, »Wer?«

»Ich hab da einen Verdacht.« Ich sah das Regal durch.

»Was tun Sie da?«

»Muß mal was gucken.« Die Schuhkartons unter dem Regal, in denen sie alles mögliche aufbewahrte. Ich konnte die Pässe nicht finden. Sie waren fort. Drei Pässe. Einer aus Mozambique, auf den Namen Stella Tavares ausgestellt. Ein ungültiger deutscher auf den Namen Stella Brandenburg, und ein weiterer, der aktuellste, ebenfalls deutsch, und wieder auf Stella Tavares. Auch die Kontoauszüge waren verschwunden. Mit den Einzahlungen von Fünftausend und sechstausend Mark. Und das Foto von Joao da Silva.

»Was ist?« Raoul stand neben mir. »Haben Sie was gefunden?«

»Nein. Aber das hatte ich erwartet.«

»Wieso?«

»Der Verdacht hat sich erhärtet.«

»Wer ist es? Sagen Sie es mir!«

»Und dann?«

»Dann bringe ich ihn um. Was sonst?«

»Nein.«

»Was nein?«

»Das wirst du nicht tun.«

»Wieso nicht?«

»Weil du zu blöd bist.«

»Was?«

»Hast du schon mal jemand umgebracht?«
»Nein.«
»Es ist nicht so einfach. Nicht jeder kann das.«
»Aber Sie, was? Sie können das?«
Ich sagte: »Ja.«

43

Viola schreckte aus dem Schlaf, als ich die Tür öffnete. Ich sagte: »Ich bins«, und setzte mich auf die Bettkante.

Ihre Augen waren vom Schlaf wie beschlagen. »Du bist es«, hauchte sie wie von weit her. »Ein Glück.« Sie bedeckte mein Gesicht mit Küssen. »Auf immer und ewig«, flüsterte sie. »Auf ewig dein.« Sie kuschelte ihren Kopf an meinen Schenkel und schlief wieder ein. Ich wartete ein paar Minuten, dann löste ich mich sanft von ihr. Sie stöhnte im Schlaf, und sie griff nach mir. Aber sie wachte nicht auf.

Ich schlich aus dem Zimmer und holte Bier beim Nachtportier, und eine kleine Flasche Rum. Wieder im Zimmer hockte ich mich vor die Glotze und soff und sah mir Video-Clips an, ohne Ton. Ich dachte mir, das wars, was Killer taten, nachts, wenn der nächste Job sich näherte. Sie soffen und sahen sich Video-Clips an, ohne Ton. Sie waren allesamt bescheuert. Nervliche Wracks.

Eine Bettfeder quietschte. Ich sah zu Viola hinüber. Sie hatte sich im Schlaf umgedreht. Jetzt lag sie mit halbgeöffnetem Mund auf der Seite und schnarchte leise. Der Papierkorb neben dem Bett war aus Drahtgeflecht, und ich sah einen Briefumschlag darin.

Ich runzelte die Stirn und holte ihn mir auf leisen Sohlen. Im zuckenden Licht des Fernsehers studierte ich die Anschrift.

Hannelore Lonser
›Haus Bergfrieden‹
7883 Görwihl

Der Umschlag war nicht frankiert und unverschlossen. Ich nahm den Brief heraus. Es war ein kurzer Brief.

Mutter,
wir haben uns lang nicht mehr gesehen. Aber das war ja nicht
unbedingt meine Entscheidung.
Aber nun werden wir uns sehen.
Wir haben viel zu besprechen.
Ich bin dir so nah, wie seit langem nicht mehr.
Ich bin dabei »Das Problem« zu lösen.
Es klärt sich alles auf.
Wenn hier alles erledigt ist, dann komme ich zu dir.

Deine Tochter Viola

Ich steckte den Brief wieder in den Umschlag un^d tat ihn in den
Papierkorb zurück.

Viola zuckte im Schlaf. Sie stöhnte. Sie schien im Traum mit
jemandem zu kämpfen. Ich strich ihr sanft über die Stirn. »Ist ja
gut«, murmelte ich. »Ist ja alles gut.«

Sie griff nach meiner Hand. Dann kugelte sie sich zusammen wie
ein Fötus im Mutterleib.

44

Am nächsten Tag gingen Viola und ich aufs Standesamt. Es war
Violas Idee. Im Telefonbuch gab es hundertzwanzig Brandenburgs. In den Archiven würden wir mehr Glück haben. Wir teilten
uns in die Standesämter der verschiedenen Stadtbezirke.

Kurz vor der Mittagspause fand ich sie. Stella Tavares und Bernhardt Brandenburg. Heirat fünf Jahre bevor der inzwischen ungültige
Paß ausgestellt worden war, der Stella zu einer deutschen Staats-
bürgerin machte. Eine aktuelle Adresse war natürlich nicht angegeben. Also lief ich zur nächsten Telefonzelle. Bingo: Bernhardt Brandenburg, Rentzelstraße 14. Ich hackte die Zahlen ein.

Eine modulationslose Frauenstimme bröselte mir in den Gehör-
gang. »Dieser Anschluß ist vorübergehend nicht besetzt.«

Ich knirschte mit den Zähnen. Hoffentlich war mein Mann nicht
gerade auf Weltreise. Ich knallte den Hörer auf die Gabel und
brauste in die Rentzelstraße.

Die Rentzelstraße war eine vielbefahrene, vierspurige Straße im

Uniyiertel. Es gab Kopiershops für Studenten, kleine Läden und eine Masse Restaurants und Kneipen. Ich parkte die Karre vor Nummer 14, wuchtete mich aus den Polstern und warf einen Blick auf die Namensschilder an der Haustür. Ich fand, was ich suchte. Die Tür war offen, und ich stiefelte die Treppen hoch. Das Treppenhaus hallte wider von fremdartigen Musiken. Brandenburg war im dritten Stock. Ich klingelte. Im Spion schien ein heller Lichtfleck. Er veränderte sich nicht. Ich klingelte noch einmal. Nichts.

Die Nachbartür. Die Schriftzeichen auf dem Namensschild sahen aus, als hätte sie ein dreijähriges Kind gekrakelt, nachdem man ihm alle zehn Finger gebrochen hatte. Ich machte mir nicht die Mühe, sie zu entziffern. Ich klingelte.

Ein dreijähriges Kind öffnete. Seine Finger waren in Ordnung. Es hatte eine samtene, dunkle Haut und ebenso samtene Augen. Ein Junge. Er neigte den Kopf zu einer Frage.

Ich beugte mich hinab. »Ist deine Mutter zu Hause?«

Er neigte den Kopf zur anderen Seite.

»Mama?« sagte ich. Ich zeigte in die Wohnung hinein. »Mama?«

Das Kind lächelte. Es schüttelte den Kopf. »Papa!« schrillte es aus dem kleinen Mund. Es drehte sich um und verschwand in irgendeinem Zimmer. »Papa!«

Papa kam. Das Kind zerrte ihn an der Hand hinter sich her und Papa lächelte samtäugig. Als er mich sah, wurde der Blick vorsichtig. »Ia?«

»Entschuldigen Sie bitte. Wissen Sie, wo Herr Brandenburg ist?« Ich betonte jede Silbe des Namens.

Mein Gegenüber befeuchtete sich die Lippen. »...Ia?«

Ich deutete auf Brandenburgs Tür. »Bran-den-burg?«

»Ah!« Die Unsicherheit in dem dunklen Gesicht wich einem strahlenden Lächeln. »Ah! Brannbua! Ia!« artikulierte er. »Brannbua Troffähn.« Er deutete nach unten. »Troffähn.«

»Vielen Dank.«

Unten im Haus gab es eine Kneipe, die Tropfen hieß. Sie hatte geöffnet. »Happy Hour« stand auf einer großen Schiefertafel, die neben der Tür lehnte. »Von 11–16 Uhr alle Getränke die Hälfte.« Es war halb eins. Ich ging rein.

Es dauerte eine Weile, bis sich meine Augen an die Dunkelheit gewöhnt hatten. Es war eine dieser Kneipen, die auf irischer Pub machten, mit dunklem Holz, wo bärtige Männer und leicht aufgedunsene Frauen gemeinhin Guinness zechten und Dart spielten und Urlaubsgeschichten aus Dublin und aus Kreta austauschten. Um diese Uhrzeit allerdings war nicht viel los.

Die Kneipe war klein. Ein paar Holztische mit Kerzen drauf, ein Tresen an der Stirnseite. Fünf Menschen, die ich mit der Vorstellung verglich, die ich von Brandenburg hatte. Vier schieden aus. Der Barkeeper, das war eine Frau. Ein junges Liebespaar an einem der Tische. Zu jung. Ein alter Opa in einer Ecke. Zu alt.

Brandenburg saß am Tresen. Langes graues Haar fiel ihm verfilzt bis auf die Schultern seines speckigen Wildlederhemdes. Die Ärmel hatte er hochgekrempelt, und die sehnigen Arme waren mit Tätowierungen bedeckt. Er tauchte seine Nase in ein großes Glas Guinness.

Ich setzte mich neben ihn, nicht zu dicht, und streifte sein Profil mit einem Seitenblick. Um die fünfzig mußte der Mann schon sein. Er sah mit seinem schartigen Gesicht fast aus wie ein alter Indianer. Es war Brandenburg. Er hielt zwar grade keine Schlangen über sich in die Luft, aber ich erkannte den Mann, dessen Fotos in Stellas Schuhkarton herumlagen.

»Was solls sein?« Die Frau hinterm Tresen schob mir ihren gehörigen Busen entgegen. »Wir haben happy hour. Jeder Drink die Hälfte.«

»Die Hälfte drin?«

Sie gluckste. »Nein. Kostet die Hälfte.«

»Ach, so ist das. Dann nehme ich ein Guinness, bitte.«

»Heut ist wohl der Tag der Guinnesstrinker.« Sie holte ein Glas aus dem Regal und hielt es unter den Zapfhahn und zog sich den Hebel an die Brust. »Also, für mich wär das nix, so früh am Tag.«

Für mich auch nicht. Mir kam schon das Kotzen beim bloßen Gedanken an den Geschmack. Aber ich war schließlich nicht zum Spaß hier. Ich sagte: »Was? Schmeckt doch herrlich! Besonders als Frühstück.«

Brandenburg wurde aufmerksam. »Genau«, sagte er und prostete mir zu. Seine Augen hatten schon den Grauschleier. »Und sicher gesünder als Kaffee.« Er hatte was von einem Junkie.

»Hört, hört!«

Die Tresenschlampe reichte mir mein Glas. Ich prostete zurück und goß mir die Brühe die Kehle runter.

»Heh, Rosi!« Brandenburg hob der Barkeeperin sein leeres Glas entgegen. »Mach gleich noch zwei, ja?« Er rückte mit seinem Bar-

174

hocker ein Stück näher zu mir. »Heute ist nämlich mein Geburtstag.«

»Na, dann mal herzlichen.«

»Danke, danke. Rate mal, wie alt.«

»Fünfunddreißig?«

»Vierzig, Mann. Vierzig.« Er schleuderte mir viermal seine zehn Finger entgegen. »Und kein bißchen weise.«

»Nein?«

»Doch, ja. Ein bißchen schon. Jetzt. Jetzt, wo es zu spät ist.«

»Zu spät? Wieso? Man ist nur so alt, wie man sich fühlt.«

»Hah, hah. Dann wär ich jetzt schon fünfundfünfzig.«

»Nanana.«

»Junge.« Er legte mir einen schweren Arm auf die Schulter. Ich roch seinen Achselschweiß. »Vierzig Jahre mußte ich werden, bis ich merkte, daß ich vierzig Jahre lang aufs falsche Pferd gesetzt hab.«

»Auf dich?«

»Naaain. Das mein ich nicht.«

»Wie heißt denn der Gaul?«

»Ideale. Moral. Das Gute im Menschen. Nenn ihn, wie du willst.«

»Der Gaul hat nie gelebt, Mann.«

»Türlich nicht. Da hast du recht. Da hast du verdammt recht, Mann. Aber ich wollte es nicht wahrhaben.«

»Wohl bekomms, die Herrschaften.« Rosi stellte uns zwei frische Guinness auf den Tresen. Ich nahm einen kräftigen Schluck.

Brandenburg sah mir dabei zu. Dann sagte er: »Was meinst du, warum sitz ich hier allein, an meinem vierzigsten Geburtstag?«

»Vielleicht hast du bei deinen Freunden Schulden. Oder sie bei dir?«

Er stemmte sein frisches Glas und trank es bis zur Hälfte aus. Er setzte es bedächtig auf den Tresen und wandte sich zu mir. »Ich hab gar keine Freunde mehr«, sagte er. »Das ist es. Scheiße. Ich bin echt allein.«

Rosi: »Und die Schlangen bei dir oben? Du hast gesagt, das wären deine Freunde.« Sie wandte sich mir zu. »Er hat sie mir mal gezeigt. O Gott, er hat mal drei Stück auf einmal hier runtergebracht und den Leuten einen Schrecken eingejagt.« Sie klatschte in die Hände. »Weißt du noch? Günni hast du aber einen tierischen Schreck eingejagt damit. Naja, sie waren ja nicht giftig.«

»Ein Biß, und Günni wäre alle Sorgen los gewesen.« Brandenburg verzog keine Miene.

»Was? Aber du hast doch gesagt, du hättest ihnen die Giftzähne rausgenommen?«

»Nicht bei denen, die ich hier unten hatte.« Er wandte sich zu mir. »Dieser Günni, der hatte mich geärgert, weißte? Und ich war auch schon ziemlich betankt gewesen. Naja.« Wieder zu Rosi: »Und außerdem nicht die Giftzähne. Die Drüsen hab ich rausgenommen.«

Rosi wurde bleich. Sie setzte sich.

»Ich hab Experimente gemacht, mit den Drüsen«, sagte Brandenburg. »Ich bin von Berufs wegen daran interessiert. Ich bin am Tropeninstitut. Serumsforschung. So was alles.«

»Die haben dich doch gefeuert.« Rosi war immer noch aus der Fassung gebracht. Sie verzieh nicht so schnell.

»Na gut, dann haben sie mich gefeuert. Ach was! Die Wahrheit ist: Ich hatte keinen Bock mehr auf diesen Verein. So.« Er stürzte sein Bier weg.

»Du hast Schlangen bei dir in der Wohnung?« fragte ich nach.

»Worauf du einen lassen kannst. Ne ganze Menge Schlangen.«

»Wo kommen die denn her? Afrika? Südamerika?«

»Afrika. Die meisten Afrika.«

»Warst du mal da?«

»In Afrika? Ja. Ja. Ich war mal in Afrika.«

»Wo da?«

»Mozambique. Hauptsächlich. Hauptsächlich Mozambique.«

»Und? Wie wars da so?«

»Wies da so war... Lustig. Sehr lustig. Haben 'ne durchaus eigene Art von Humor da. Spießen Babys auf Ihre Bajonette und lachen dazu. Die Arschlöcher. Und da soll man nicht den Glauben an die Menschheit verlieren? Stampfen Kinder zu Mus mit ihren Gewehrkolben. Die Arschlöcher.« Er sah mich an. »So wars da so, in Mozambique. Ich hab versucht zu helfen. Rotes Kreuz hab ich mitgemacht. Aber kannst du ja alles vergessen. Man hälts nicht aus ohne Drogen.«

»Was für welche?«

»Naja. Was so da ist. Morphium.«

»Und die Verletzten? Wenn keins mehr da ist?«

»Dann schreien sie.«

»Aha.«

»Aber der Arzt, wenn er keins hat, dem zittern dann die Pfoten. Und wenn dem Arzt die Pfoten zittern, dann sterben die Verletzten. Also, entweder sterben oder schreien.«

»Ah so.«

»Und außerdem: Das Morphium war natürlich immer schnell alle. Und was dann?«

»Ja. Was?«

»Dann nimmst du halt die Schlange. Schlangen waren immer genug da.«

»Schlangengift?«

»Genau. Ein Stoff wie jeder andere. Du mußt nur die Dosierung kennen. Nervengifte. Fast alles, was wir zu uns nehmen, ist ein Nervengift. Kaffee. Das Bier hier.« Er nahm sein Glas hoch. »Man muß es nur zu dosieren wissen. Nach ein paar Litern bist du tot. Bei Schlangengift brauchts eben einen Tropfen.«

Ich schwieg. Dann sagte ich: »Deshalb die Schlangen bei dir oben?«

Er sagte nichts. Dann sagte er: »Ich mag halt Schlangen.«

»Mhm.« Ich trank einen Schluck. Ich dehnte meinen Körper und setzte mir ein Grinsen ins Gesicht. »Und die Frauen da unten? Bringen dies?«

»Die Frauen? Ah. Oh ja.« Er grinste auch wieder ein wenig. »Die Frauen bringens schon, da unten. Ja. Ich war sogar mit einer verheiratet.«

»Verheiratet?«

»Ja. Hab sie rausgeholt aus dem Schlachthaus da unten. Hier wollten sie sie abschieben. Da haben wir eben geheiratet.«

»Ach. Und nun?«

»Wir sind geschieden. Sie hat sich scheiden lassen. Als sie das Land kannte, die Sprache, ihren Paß hatte. Da brauchte sie mich nicht mehr. Ich war nur Mittel zum Zweck. Naja. Der Zweck hieß Überleben. Dafür bin ich gern mal Mittel. Aber irgendwie paßt es ins Bild. Ein blöder Idealist wie ich muß immer enttäuscht werden.«

»Hat sie einen anderen geheiratet?«

»Nee, nee. Hat sie nicht. Soviel ich weiß. Halt! Doch. Aber das war nicht echt.«

»Nicht echt?«

»Naja. So einen Südamerikaner hat sie geheiratet. So einen politischen Flüchtling. Aus Argentinien. Oder wars Brasilien? Ich hab nur davon gehört. Ist noch gar nicht so lange her, glaub ich. Damit der hierbleiben darf. Wahrscheinlich dachte sie: Sie selber hatte das Glück, und da wollte sie auch jemand anders was gutes tun. Sie war ja inzwischen eingebürgert. Eine Deutsche. Paß und alles. Da hab ich noch für gesorgt. Hat sie alles mir zu verdanken. Und dann heiratet sie son Latino. Na was solls. Ist ja eigentlich 'ne gute Sache.«

»Kassiert hat sie wohl auch was«, mischte sich Rosi ein.

Brandenburg nickte. »Klar.«

»Ja?« sagte ich. »Was kostet sowas denn zur Zeit?«

»Ich weiß gar nicht. Fünftausend? Zehn?« Er trank den Rest seines Bieres. »Ah«, machte er. »Jetzt erinnere ich mich. Ein Brasilianer muß es gewesen sein. Da war irgendwas mit gemeinsamer Sprache. Und die sprechen ja auch portugiesisch in Brasilien.«

Ich nickte. »Stimmt. Und heißen die nicht alle gleich, da unten? Die heißen doch alle da Silva. Das heißt nämlich ›aus dem Wald‹. Weil sie alle keine Namen hatten. Dann nannte man sie einfach ›aus dem Wald‹, weil sie eben aus dem Wald kamen.«

»Ja, stimmt.« Brandenburg sah mich erstaunt an. »So hieß er. João da Silva.«

»Na sowas!« Ich klatschte in die Hände. »Hab ichs doch gewußt. Die heißen alle gleich. Wohnt der denn jetzt zusammen mit deiner Ex?«

»Nee. Aber in Hamburg, glaub ich. Müßt ja im Telefonbuch stehen.«

»Unter da Silva?« Das wüßte ich aber.

»Nein, nein. Das ist ja das Lustige.« Brandenburg kicherte. »Der heißt jetzt wie ich. Brandenburg.«

»Oh.«

»Weil Stella ihren Namen nicht geändert hatte. Sie hieß ja Brandenburg, nachdem wir geheiratet hatten. Und dieser da Silva hat dann ihren Namen angenommen. Das kann man ja seit einigen Jahren. Daß der Mann den Namen der Frau annimmt statt umgekehrt. Obwohl ich, also ich hab darauf bestanden, daß wir Brandenburg heißen. Obwohl ich Tavares immer einen schönen Namen fand. So hieß sie nämlich.«

»Aha.« Ich trank einen Schluck von meinem Guinness. Ich sah Brandenburg über den Rand des Glases an. »Und vermittelt hat die Heirat mit da Silva dieser Guimaraes von der brasilianischen Botschaft, nicht wahr?«

»Ja, genau.« Brandenburg stockte. »Kennst du den?«

»Zufällig.«

Brandenburgs Augen wurden zu Schlitzen. »Moment mal.« Er schüttelte zweimal rasch seinen Kopf. »Bin ich schon besoffen? Was ist hier eigentlich los? Soll das hier ein Verhör sein, oder was?«

»Beruhig dich«, sagte ich. »Und hör gut zu.«

Er beruhigte sich zwar nicht, aber er hörte zu. Ich erzählte ihm von da Silva. Ich erzählte ihm, daß da Silva ein Killer war, der hier untergetaucht ist. Ich erzählte ihm, daß da Silva seine Spuren verwischt. Mit allen Mitteln. Daß Stella und Guimaraes ihn wahrscheinlich erpreßt haben. Daß es vielleicht nur Guimaraes allein war, der ihn erpreßt hatte, aber daß da Silva wohl annahm, es sei ein Komplott gegen ihn. Er war ein gehetztes Raubtier. Er war gefährlich. Er trug Brandenburgs Namen. Er würde auch annehmen, daß Brandenburg mit in der Sache drinsteckte. Und selbst wenn nicht, er würde ihn ausschalten wollen, denn Brandenburg war eine Informationsquelle.

»Wahrscheinlich«, sagte ich, »ist da Silva paranoid.«

»Was soll der Scheiß? Wie kommst du auf all diesen Kack?«

Er glaubte das erst nicht. Dann glaubte er es doch. Er brach in Tränen aus. Ich bestellte ihm noch ein Guinness. Ich erzählte ihm, daß da Silva auch Guimaraes getötet hat und daß er, Brandenburg, der nächste sein wird. Ich riet ihm ein paar Tage Urlaub zu machen. Irgendwo weit weg. Dann fuhr ich zum nächsten Postamt und ackerte Telefonbücher. Hamburg. Hannover. Bremen. Und alles, was dazwischen war. Kein João Brandenburg. Kein J. Brandenburg. Drei fand ich, da stand nur Brandenburg, ohne Vornamen. Ich erwischte alle drei. Sie sprachen ausnahmslos plattdeutsch.

Ich mußte mir was anderes einfallen lassen.

Was ich dann auch tat.

Ich kletterte in den Benz, richtete die Schnauze gen Rentzelstrasse und gab Gummi. Ich würde der Jäger sein und gleichzeitig der Köder. Ich würde auf den Tiger warten, und in Ermangelung einer Ziege mich selbst an einem Pfahl im Dschungel festbinden.

Tatsächlich war die Ziege bereits über alle Berge.

»Brannbuäh brumm brumm.« Der mesopotamische Nachbar hielt ein imaginäres Lenkrad in Händen. Der nächsten Pantomime nach zu urteilen hatte Brandenburg auch Koffer in den Kofferraum gehievt. Ich mußte Eindruck auf ihn gemacht haben. Ich dankte dem samtäugigen Mann und schritt lächelnd die Treppe hinab. Als sich die Tür des Nachbarn hinter ihm schoß, schlich ich die Stufen wieder hoch und machte mich an Brandenburgs Schloß zu schaffen. Es klappte nicht. Der Kerl hatte doppelt und dreifach abgeschlossen.

Ich lief runter zum Auto und holte den Werkzeugkasten.

Ich werkelte etwa eine Viertelstunde mit Schraubenzieher und Zange, als die kirgisischen Samtaugen mich durch den Türspalt fragend ansahen. Die Stirn darüber war leicht gerunzelt.

Ich lächelte und breitete in einer hilflosen Geste die Arme. »Brandenburg«, sagte ich kopfschüttelnd. Ich nickte dem Mann freundlich zu und machte mich wieder an die Arbeit.

Der Nachbar nickte, etwas verwirrt. Er hob eine Hand und ließ sie lasch an seiner Seite hinabfallen. »Ia, ia«, pflichtete er mir bei. Er schüttelte den Kopf. »Brannbuäh.« Kopfschüttelnd zog er die Tür hinter sich zu.

Fünf Minuten später hatte ich es geschafft.

Die Wohnung war ein einziger, etwa sechzehn Quadratmeter grosser Raum, mit einer Kochnische und einer Tür, hinter der sich das Bad befand. Zehn Terrarien standen an den Wänden, diffus beleuchtet von irgendeinem seltsamen Licht. Die Schlangen in den Glaskästen rührten sich nicht. Man konnte sie kaum von den kahlen Ästen unterscheiden, die neben ihnen lagen, oder um die sie sich herumgeschlängelt hatten. Vor dem einzigen Fenster im Raum war die Jalousie heruntergelassen. Eine Matratze lag unter dem Fenster, das Bettzeug war zerknäult. Es roch nach abgestandenem Bier und kalter Asche. Kein Wunder: Ich zählte dreizehn alte Bierflaschen und vier überquellende Aschenbecher. Dazwischen lagen auf dem Boden unzählige Bücher verstreut. Science-fiction, Nietzsche, Handbücher über Gifte, Drogen. Ein Ratgeber: »Ohne Angst leben«. In der Kochnische der übliche Dreck. Und Einwegspritzen. Ampullen. Seziermesser.

Ich hockte mich vor eins der Terrarien. Wie auf allen anderen Terrarien auch war hier ein Schildchen aufs Glas geklebt, mit dem Namen der Schlange, Aussehen, Vorkommen, Informationen über die Giftigkeit und einer minutiösen Beschreibung, ob Brandenburg etwas mit der Schlange angestellt hatte, und wenn ja, was.

Das Reptil drinnen rührte sich keinen Millimeter. Das öde Leben der Kaltblüter. Ich tippte ans Glas. Keine Schuppe zuckte. Auch die

Augen, starr, rührten sich nicht. Aber sie standen offen, starrten erstarrt; wachsam.

Neben der Wohnungstür hing ein großes Korkbrett, auf dem alles mögliche Zeug und Dutzende Zettel aufgespießt waren. Auch ein Schlüssel. Ich nahm ihn ab und steckte ihn versuchsweise ins Schloß. Er paßte. Eine Sorge weniger. Ich schraubte das Schloß wieder zusammen, schloß die Tür und steckte den Schlüssel ein.

Dann nahm ich eine Inspektion der Speisevorräte vor. Auf dem Bord über der Spüle entdeckte ich eine Dose Ravioli sowie eine Dose Mu-Err Judasohren (Chinesische Baumpilze). Meine Begegnung mit dem Kühlschrank verlief unerfreulich. Er war leer. Ein vertrockneter Kanten Käse. Ein schales Bier.

Ich fühlte nach dem Schlüssel in der Tasche und verließ die Wohnung. Ich hatte ein paar Einkäufe zu machen, und Viola wollte ich anrufen. Und dann würde ich warten müssen. Warten.

45

Ich saß plötzlich aufrecht an der Wand. Es klingelte. An der Tür. Ich mußte eingenickt sein. Dunkel draußen. Ich sah auf die Uhr. Zehn. Die Terrarien tauchten den Raum in ihr grünes Licht. Es klingelte wieder. Leise tappte ich zur Tür.

Ich hatte den Spion mit einem Vorhang aus Stoff versehen, so daß man von draußen keine Veränderung in dem kleinen Glasknopf feststellen konnte. Ich fuhr mit dem Daumen unter den Stoff, steckte dann auch den Kopf darunter, nahm den Daumen weg und drückte ein Auge an die Fischlinse. Es war nicht da Silva. Es waren zwei Männer mit Schnurrbärten. Sie waren in Zivil. Aber sie hätten ebensogut diese Mützen auf den Köpfen tragen können, und mit einer Stop-Kelle rumfuchteln. Es waren Bullen. Zweifellos wegen Stella.

Die beiden Männer sahen sich gelangweilt an, griffen sich an die Schnurrbärte, zuckten die Schultern und schoben ab. Sie würden wiederkommen, klar.

Ich nagte an meiner Unterlippe. Jetzt kam ich langsam in Zeitdruck. Ich konnte nur hoffen, daß auch da Silva diesen Zeitdruck spürte. Wenn ihm sein Leben lieb war, so mußte er Brandenburg vor der Polizei finden und ihn verschwinden lassen. Diesmal dürfte es keine Leiche geben. Er müßte es so geschickt anstellen, daß Brandenburg selbst als Stellas Mörder verdächtigt würde. Fand man ihn nicht, würde man annehmen, er hätte sich aus dem Staub gemacht.

Da Silva müßte sich ausrechnen können, daß er nur diese Chance hatte. Er mußte schnell handeln. Schneller, so hoffte ich, als ein Richter brauchte, um einen Hausdurchsuchungsbefehl zu unterschreiben.

Die Nacht war ungewöhnlich warm für die Jahreszeit. Es war schwül. Drückend. Das Fenster stand einen Spalt offen und die Geräusche einer Sommernacht drangen durch die Lamellen der Jalousie ins Zimmer. Zum üblichen Verkehrslärm gab es Stimmengewirr, Gläserklirren und Gelächter aus den umliegenden Kneipen und Biergärten. Dazu kam der Lärm aus Fernsehern und Hifi-Anlagen, die hinter anderen offenen Fenstern dudelten.

Ich saß im Dunkeln und lauschte. Das war jetzt eindeutig das Knallen eines Sektkorkens und entzücktes Frauenlachen dazu. Ich beneidete all die unbeschwerten Menschen, die sich da draußen besoffen, zu den Sternen hochblickten und sich gegenseitig anhimmelten.

Wie alt ich geworden war. Uralt. Als ich jung war, wollte ich glücklich sein. Das war noch gar nicht so lang her. Jetzt wollte ich nur noch überleben. Aber wozu?

Ich holte das Bild, das ich in Violas Kinderzimmer gefunden hatte, aus meiner Brieftasche und betrachtete es im Zwielicht der Terrarien. Es hatte eine Zeit gegeben, da hatte ich auch solche Fotos verschenkt. Und mein Herz hatte gejubelt.

Verdammt, es würde wieder jubeln! Tat es das nicht bereits? Ich würde wieder jung sein, und ich würde glücklich werden. Mit Viola. Und wenn sie es wollte, würde ich all meine Haare abschneiden, und sie alle auf ein DIN-A4 Bild von mir kleben, das sie immer bei sich haben könnte. Sie bräuchte eine große Handtasche dafür.

Wenn all dies vorbei sein würde, beschloß ich, würde ich meine restlichen Jahre mit Jubeln, Feiern und Anhimmeln verbringen. Ich malte mir das aus. Es war schön. Wieso sollte das Leben nicht schön sein?

Solche Dinge dachte ich.

Die Geräusche von der Straße klangen langsam ab. Immer seltener ein schrilles Lachen, ein startender Motor. Abschiedshupen. Die Leute gingen nach Hause. Ich beobachtete das Schlüsselloch, das zusammen mit der Treppenbeleuchtung aufleuchtete bei jedem Heimkehrer, nach ein paar Minuten erlosch. Ich hatte den Schlüssel abgezogen. Die Tür war nicht verschlossen. Ich starrte auf den kleinen, hellen Punkt, so wie ich es in meiner Kindheit getan hatte, nachts, im dunklen Kinderzimmer, wenn ich nicht einschlafen konnte. Wenn man lange genug starrte, wurden es zwei Punkte, die langsam auseinanderstrebten. Einer nach oben, der andere nach unten. Sie entfernten sich immer weiter voneinander. Einer nach oben, der andere nach unten...

Ich schreckte aus dem Schlaf. Jemand stand vor mir. Ein großer, dunkler Schatten, der über mir emporragte. Der Schatten hatte eine Pistole in der Hand, mit einem sehr langen Lauf. Er richtete sie hinab, aufs Bett. Plop. Plop. Plop. Plop. Plop. Plop. Die Bettdecke zuckte sechs Mal. Ich biß die Zähne zusammen. Der Mann wechselte die Waffe in die linke Hand. Mit der rechten zog er die Decke mit einem Ruck beiseite.

Wie drei schwarze Blitze zuckten die Köpfe der Schlangen nach der Hand, die sie bedrohte. Da Silva schrie entsetzt auf, sprang zwei Schritte zurück. Er klemmte sich entgeistert die Hand unter die Achsel. »Puta merda«, stieß er aus. Er wich furchtsam an die Wand zurück, ohne die Reptilien auf dem Bett aus den Augen zu lassen. Er tastete nach dem Lichtschalter.

Beißende Helligkeit erfüllte den Raum, und da Silva verkniff sein Gesicht. Es war da Silva. Den Bart hatte er sich tatsächlich abgenommen. Er hatte ein energisches Kinn, eine gerade kräftige Nase und dunkle, tiefliegende Augen. Jetzt allerdings lagen die Augen nicht so tief. Sie waren weit aufgerissen, und starrten fassungslos auf das Bett. Auf die Schaufensterpuppe, die darin lag. Auf die drei Schlangen, deren Schwänze mit Drahtschlingen an der Puppe befestigt waren.

»Micrurus Corallinus«, sagte ich. »Ihr Biß ist tödlich.« Ich sagte das auf portugiesisch. »Sie brauchen ein Serum.«

Da Silva war herumgefahren. Der Schalldämpfer schnüffelte nervös nach Beute.

Ich blieb erstmal in Deckung, in meinem Versteck in der Kochnische. »Ein Gegengift«, sagte ich. Ich hatte das Wort extra nachgeschlagen. Contra-veneno. »*Das* Gegengift.« Langsam streckte ich meine Hand hinter dem Wandvorsprung hervor. Zwischen Daumen und Zeigefinger hielt ich ein kleines, braunes Fläschchen, nicht größer als eins dieser Fläschchen für Nasentropfen. Ich hielt es verkehrt herum, mit der Öffnung nach unten. »Es hat keinen Dekkel«, sagte ich. »Einzig mein Daumen verhindert, daß das Serum ausläuft. Also ruhig Blut.« Ich trat aus meiner Deckung hervor.

Da Silva zielte auf mich. Sein Gesicht war eine weiße Maske. »Du Schwein.« Er war so weiß, daß seine Zähne im Vergleich gelb schimmerten.

»Weg mit der Knarre.« Ich ließ den Daumen ein wenig zappeln. Das fiel mir nicht schwer. Ich schlotterte am ganzen Körper.

Da Silva sah mich haßerfüllt an. Sein Zeigefinger bog sich am Abzug. Dann wich der Haß in seinen Augen dem Ausdruck rationalen Abwägens. Er taxierte mich, die Flasche in meiner Hand. Den Abstand zwischen uns. Er trat einen Schritt näher.

»M–m.« Ich schüttelte langsam den Kopf. Ich hielt mir das Fläschchen vor die Brust und verschob ganz leicht den Druckpunkt meines Daumens. Ein winziger Tropfen Flüssigkeit bildete sich auf der Daumenkuppe, perlte daran hinab und fiel zu Boden. Er verschwand im Teppich. »Herrje«, sagte ich.

Da Silva hatte den Weg des Tropfens mit Anspannung verfolgt.

Ich sagte: »Dabei ist es doch sowieso nur die Mindestmenge. Sowas Dummes.«

Für eine Sekunde sahen wir uns gegenseitig in die Augen. Zwei wilde Tiere, von der Evolution mit der Waffe des Verstandes ausgerüstet. Da Silva nahm den Finger vom Abzug. Die Pistole senkte sich.

Ich streckte die freie Hand aus. »Geben Sie sie mir.«

»Nein.« Er ließ sie in seine Jackentasche gleiten. Er sah mich trotzig an.

»Na gut.« Ich grinste starr. »Sie haben die Waffe, ich habe das Serum.«

»Was sind das für Schlangen?«

»Ich sagte doch: Micrurus Corallinus.«

»Und ihr Biß ist tödlich?«

»Darauf kannst du Gift nehmen.« Ich lächelte. »Absolut tödlich für den Menschen. Es bewirkt eine Lähmung der Muskeln, die nach etwa fünfundvierzig Minuten eintritt. Nach diesem Zeitpunkt geht dann alles sehr schnell. Die Lungen versagen den Dienst. Das Herz pumpt nicht mehr. Es ist unterschiedlich, welches Organ als erstes aussetzt.« Ich guckte nachdenklich. »Was ist wohl angenehmer? Tod durch Ersticken? Oder durch Herzversagen?«

»Und das Serum?« Da Silva würgte die Worte in Brocken hervor, wie verdorbenes Fleisch. »Bis wann ist es wirksam?«

»Wenn man schon anfängt zu röcheln, ist es natürlich zu spät. Aber es wirkt sehr schnell. Es wird durch die Magenwände sofort resorbiert.«

»Wann?«

Ich sah auf meine Armbanduhr. Ich hatte sie mir am Nachmittag eigens gekauft. Die Digitalanzeige blinkte nervös. Ich sagte: »Sie haben noch vierzig Minuten. Sofern Sie sich nicht zu sehr bewegen. Der Puls muß ruhig gehen. Am besten, Sie entspannen sich und denken an heitere Dinge.«

»Was wollen Sie von mir?«

»Das Geld.«

»Was für Geld?«

»Hunderttausend Dollar.«

»Was?«

»Sie haben hunderttausend Dollar. Ich weiß es. Also Schluß mit dem Theater.«

»Ich weiß nicht, wovon Sie reden.«

»Gut.« Ich lehnte mich bequem an die Wand. »Wir können meinetwegen erst darüber diskutieren. Es geht alles von Ihrer Zeit ab.« Ich sah auf die Uhr. »Neununddreißig. Da Sie an Wiedergeburt glauben, können wir uns derweil auch darüber unterhalten. Ich war in einem früheren Leben übrigens Medizinmann der Schoschonen. Und Sie?«

Da Silvas Kiefer mahlten. Er knetete die Waffe in seiner Jackentasche.

»Die ersten Symptome treten schon nach wenigen Minuten auf«, referierte ich. »Es sind: Muskelverspannungen, besonders im Kiefer, Zähneknirschen, Nervosität, Schweißausbrüche.«

Da Silva wischte sich den Schweiß von der Stirn.

»Allgemeines Angstgefühl.«

»Es...« Da Silva krächzte.

»Wie meinen?«

»Es ist nicht mehr soviel übrig.«

»Was?«

»Die Hunderttausend. Es ist nicht mehr alles da.«

»Wieviel?«

»Sechzig.«

Ich grunzte ungut.

»Siebzig vielleicht.«

»Wo ist es?«

»In meinem Haus. In Volksdorf. Hinter der Badewanne.«

»Gut«, sagte ich. Ich sah auf die Uhr. »Das können wir noch schaffen.« Volksdorf war ein Villenbezirk am Rande Hamburgs. »Um die Zeit ist nicht viel Verkehr.«

»Worauf warten wir dann noch?« Da Silva stürzte zur Tür. Er sah sich ungeduldig nach mir um, wie ein aufgeregter Dackel, der Gassi gehen will.

»Ruhig«, mahnte ich. »Keine Aufregung. Keine schnellen Bewegungen.«

Unten auf der Straße war kein Mensch. Es war immer noch warm. Ich zeigte auf den Daimler. »Sie fahren.«

Da Silva knurrte. »Nehmen wir meinen. Der ist schneller.«

»Nichts da.« Ich gab ihm die Schlüssel. Seine Hand zitterte, als er sie nahm. Wir stiegen ein. »Sind sie religiös«, fragte ich, während ich mich anschnallte.

»...'n Scheißdreck an.« Da Silva stocherte nach dem Zündschloß.

»Dann sollten Sie nämlich beten, daß er startet.«

Mit einem Mal saß Silva kerzengerade. Der Motor lief noch nicht. Ihm war etwas eingefallen. »Und wenn ich das Gift raussauge?« sagte er zu sich selbst.

»Solange Sie kein Zahnfleischbluten haben.«

Da Silva preßte die rechte Hand an seine Lippen. Er saugte schmatzend, verzweifelt.

»Warten Sie einen Moment«, sagte ich. »Sie machen das falsch.«

Er nahm die Hand aus dem Mund und spie zur Seite aus.

»Erstmal«, sagte ich, »sollten Sie das Fenster öffnen, bevor Sie rausspucken.« Ich beugte mich über seinen Schoß und langte nach der Fensterkurbel. Ich rammte ihm den Ellenbogen zwischen die Zähne. Sein Hinterkopf krachte gegen die Kopfstütze. Er stöhnte. Blut rann ihm aus dem Mundwinkel und aus den geplatzten Lippen. Er spuckte einen Zahn aus. Ein Schwall Blut kam hinterher.

Ich lehnte mich in meinen Sessel zurück. »Können wir jetzt?«

Wir konnten.

»Wer sind Sie?« fragte da Silva später, während wir durch die nächtlichen Straßen rasten.

»Brandenburg. Wer sonst?«

Er sah mich an, unter einer grimmigen Braue.

»Achten Sie lieber auf die Straße. Außerdem sind hier sechzig vorgeschrieben.« Ich deutete auf ein entsprechendes Schild.

Da Silva ging nicht darauf ein.

Zwanzig Minuten fuhren wir schweigend Richtung Norden. Dann, bereits in Volksdorf, riß da Silva den Wagen in eine Seitenstraße hinein. »Hier ist es«, sagte er.

Ich sah keine Häuser. »Wo wohnt man hier? In Erdlöchern?«

Da Silva bog in eine Einfahrt. Wir knirschten über Sand. Die Scheinwerfer rissen dichtes Buschwerk aus dem Dunkel. Dann ein verwilderter Garten, eine alte Schaukel zwischen mannshohem Unkraut und wilden Rosen. Das Haus war eine kleine Villa aus Backstein, die auch schon bessere Tage gesehen hatte. Spitzgiebel, ein erster Stock und ein Dachboden. An den Mauern rankte Grünzeug, wuchs teilweise sogar über die Fenster.

»Wie sind Sie an das Haus geraten?« fragte ich, nachdem wir ausgestiegen waren. Ich sah da Silva an. Der Mond ließ seine Züge hell erstrahlen.

»Ich wollte es. Ich hab mich in das Ding verliebt. Ganz einfach.« Seine Stimme war für einen Moment ruhig und wohltönend.

Ich nickte. Dann folgte ich ihm ins Haus hinein. Wir gingen durch einen leeren holzgetäfelten Vorraum, dann eine knarschende Treppe empor. Es roch nach Holzschutzmitteln und Bohnerwachs. Irgendwo klappte ein Fenster.

Da Silva öffnete eine Tür. »So«, sagte er. Er griff in den Raum hinein und machte Licht. Das Badezimmer. Die Ausstattung war sämtlich Vorkriegsware. Die Wanne war noch eins von diesen Teilen mit vier Füßen. Sie waren wie Löwenpranken geformt. Der Fußboden bestand aus grünen beschichteten Pappbahnen. Die Beschichtung war zum größten Teil zerschlissen.

»Es ist hinter der Wanne. Wir müssen sie etwas wegziehen.« Da Silva beugte sich über die Wanne und packte den der Wand zugekehrten Rand. »Helfen Sie mir bitte.«

»Sie haben das Geld doch auch allein dahintergekriegt. Wieso kriegen Sies allein nicht wieder raus?«

»Dafür hab ich eine Stunde gebraucht. Soviel Zeit habe ich

nicht mehr. Es reicht, wenn Sie eine Hand nehmen und kräftig mitziehen.«

»Na gut.«

»Hier. So anfassen wie ich. Sonst rutschen sie ab, weil die Ränder nach außen gebogen sind.«

»Okay.« Ich beugte mich über die Wanne. In dem Moment wußte ich, daß das ein Fehler war.

Aber da war es schon zu spät. Ich nahm eine rasche Bewegung wahr, dann sah ich Sterne. Ich hörte, wie das Fläschchen in die Wanne fiel. Ich dachte noch: Gar nicht so dumm, dann war ich weg.

46

Als ich wieder zu mir kam, sah ich eine Löwenpranke aus Messing. Ich setzte mich unbeholfen auf. In meinem Kopf waren zwei Doppelzentner Kies. Der Kies knirschte und wälzte sich durch meinen Schädel. Ich blinzelte. Da Silva kniete in der Wanne. Er badete nicht. Er war bekleidet. Ich konnte nur für Sekunden weggewesen sein. Da Silva machte schleckende und schmatzende Geräusche. Wie ein Hund, der seinen Freßnapf leerschleckt. Er schleckte auf, was in der Flasche gewesen war.

Dann war er fertig. Sein Kopf kam hoch, und danach die Pistole. Beide sahen triumphierend auf mich herab.

Ich sagte: »Gut. Sie haben gewonnen. Respekt.«

Da Silva sagte nichts. Das mußte er auch nicht. Das dunkle runde Loch vorne im Schalldämpfer sprach Bände.

Ich blinzelte und vermied es, die Mündung anzugucken. Ich beobachtete aufmerksam da Silvas Gesicht. Jede Regung. Ich fragte: »Fühlen sie sich wohl?«

Da Silva lachte höhnisch. »Ich fühle mich wie neugeboren.« Er stieg langsam aus der Wanne. Die Pistole zeigte weiterhin auf mich. »Und du hast auch bald die Chance auf eine Wiedergeburt.« Er wechselte die Pistole in die andere Hand. Er pulte eine Packung Zigaretten aus seiner Jacke, und eine Streichholzschachtel. Mit nur einer Hand zog er eine Zigarette aus der Packung, steckte sie sich zwischen die aufgeplatzten Lippen, schob die Streichholzschachtel auf, nahm mit zwei Fingern ein Streichholz raus und riß es an. Das alles, ohne nur einmal mit der Pistolenhand zu zucken. Er gab sich Feuer und nahm einen genüßlichen Zug.

Ich sagte: »Beeindruckend. Was können Sie denn noch so? Durch den brennenden Reifen pinkeln?«

Da Silva stieß den Rauch aus seiner Nase. Er beantwortete meine Frage mit einer Gegenfrage. »Wohin soll ich schießen?« fragte er. »Ins Herz?« Der Lauf zeigte auf meine Brust. »Oder in den Hals?«

Ich schluckte. Das heißt, ich wollte schlucken. Es gelang nicht.

»In den Kehlkopf?«

Langsam bekam ich Schiß. Buchstäblich. Ich kniff den Arsch zusammen.

»Du bist ja käseweiß«, höhnte da Silva. »Du zitterst.«

Ich sah ihn an. »Du auch.«

Es stimmte. Eine plötzliche Veränderung ging mit da Silva vor. Er hatte Mühe, Atem zu holen. Die Pistole begann in seiner Hand zu tanzen. Er riß den Mund auf. Die Zigarette blieb am Blut der Lippe kleben. Die Glut verbrannte seinen Hals. Er rang nach Luft. Er röchelte. »Bitte«, röchelte er. Die Pistole fiel zu Boden. Er knickte in den Knien ein. Eine Hand am Hals, die andere griff nach mir. Er riß sich am Kragen, die andere Hand umkrampfte mein Knie. Seine Augen, tellergroß, starrten mich an. Für eine Sekunde sahen seine Augen direkt in meine. Ich hielt dem Blick stand. Begreifen blitzte auf in seinen Pupillen. Dann drehten die Pupillen sich nach oben, in den Schädel.

Als es vorbei war, stand ich auf. Ich holte die Axt aus dem Wagen, und das Zellophanpapier.

47

Um halb sieben parkte ich in der Rentzelstraße, mit sechzigtausend Dollar im Kofferraum. Das Geld war tatsächlich hinter der Badewanne gewesen. Ich stieg zu Brandenburgs Wohnung hoch. Die Schlangen lagen träge auf der Schaufensterpuppe. Ihre starren Augen fixierten mich.

Ich befreite sie aus ihren Drahtschlingen und setzte sie wieder in die Terrarien. Eins von den scheiß Viechern biß mich dabei in den Unterarm. Ich würde am besten Jod drauftun, dachte ich mir. Die

Tiere hatten zwar keine Giftdrüsen mehr, wie auf den Zetteln an ihren Terrarien vermerkt war, aber die Zähne putzten sie sich gewiß auch nicht.

In der Wohnung stellte ich alles so hin, wie ich es bei meinem Eindringen vorgefunden hatte. Ich wischte alles sauber, was ich angefaßt haben mochte, nahm die Puppe auseinander und stopfte sie in einen Müllsack. Ich hängte den Schlüssel ans Korkbrett und schloß von außen mit dem Nachschlüssel ab, den ich hatte anfertigen lassen.

Die Puppe wanderte in einen Müllcontainer. Dann stopfte ich mir ein paar Dollarscheine in die Taschen und schickte den Rest postlagernd an mich selbst.

48

Ich drückte die Klinke. Es war offen. Viola lag im Bett und schlief. Ich zog die Tür leise hinter mir zu. Es war warm im Zimmer, stickig. Unterm Fenster lärmte ein Bagger. Eine ganze Menge Fliegen surrten durch die Luft, krabbelten auf der Decke.

Mein Herz setzte plötzlich für zwei Schläge aus. Die Fliegen. Wie Viola dalag. War sie...? Eine Fliege setzte sich auf ihre Nasenspitze. Die Nase zuckte. Ich atmete auf.

Ich knisterte leise mit der Plastiktüte und hängte mir einen Hundert-Dollar-Schein zwischen die Lippen. »Morgenstund hat Geld im Mund«, nuschelte ich laut.

Violas Lider öffneten sich, langsam, zäh wie Sirup. »Leo.« Ihre Stimme klang sehr matt. »Endlich.«

Ich setzte mich neben sie aufs Bett. »He, Schlafmütze.« Ich griff nach der Decke.

»Não.« Sie hielt die Decke fest, mit einer verkrampften Faust. Sie war blaß. Ein dicker Film bedeckte ihre Augen.

Ich sagte: »Was denn, darf ich meinen Liebling nicht mehr ansehen?«

Violas Lider waren halbgeschlossen. Ihre Pupillen tasteten nach mir. Draußen brüllte der Bagger auf. Metallisches Getöse. Es roch nach Eisen, Rost. Ich sah auf das Bettlaken. Da war ein feuchter, dunkler Schimmer, der unter der Decke hervorlugte.

»Was...?« sagte ich. Ich rückte näher, stütze meinen Arm auf. Das

190

Feuchte preßte sich mit einem quatschenden Geräusch aus den Poren der Matratze. Ich erschrak: Meine Faust badete in einem Tümpel Blut. Sofort waren die Fliegen da. Eine, die sich zu tief wagte, begann zu zappeln, mit verklebten Flügeln.

»Viola, was...?« Ich griff nach der Decke.

Wieder hielt sie sie mit weißen Knöcheln fest. »Bitte, Leo. Bitte nicht.«

Ihr Blick hatte etwas Irres, Flehendes.

Ich ließ die Decke los und warf mich nach dem Service-Telefon auf dem Nachttisch. Es dauerte eine Ewigkeit, bis ich die Hausleitung bekam.

»Ein Notarzt, schnell!« schrie ich in die Muschel. »Hier ist alles voll Blut!«

Die Frau in der Zentrale begriff nicht.

»Ja, Blut!« Ich sah Viola an, und mein Unterkiefer zitterte. »Viola, sag doch was!«

Ihre Lippen öffneten sich. »Fischers Fritz frißt frische Frösche. Hihi. Ah!« Ein Faden Blut troff aus ihrem Mundwinkel. Pendelte für einen Moment nach links, nach rechts, riß dann, fiel hinab.

»Wer war das, Viola?«

Sie schüttelte den Kopf, wie in Zeitlupe.

»Du solltest doch abschließen! Wieso hast du nicht abgeschlossen?«

»Zu... sorglos. Zu glücklich. Endlich. Glücklich.« Sie sah mich an, mit einem Lächeln, fast scheu, unter Schmerzen. »Mit dir.«

Meine Lippen begannen zu zittern.

Sie versuchte, ihre Augen strahlen zu lassen, wie früher, sie erstrahlten schwach hinter einem dicken, milchigen Film. »Wie seh... ich aus?«

»Schön. Du bist schön.«

»Ich bin nur schön für dich. Nur für dich.« Sie stockte. Ihr Gesicht verkrampfte sich. Noch einmal schaffte sie ein Lächeln. »Komm näher. Mit deinem Gesicht.«

Ich berührte sie mit meiner Wange.

Ihre Lider flackerten, kitzelten meine Wange mit ihren Wimpern. Meine Nase. »Magst du... das? Es ist so... zart.« Ihre Wimpern flatterten auf meinen Wimpern. Der Schmetterlingskuß. Er war naß.

»Ich werde sterben«, hauchte Viola.

Ich ruckte hoch. »Nein.« Ich sah fest in ihre Augen. »Nein.« Aber ich sah, daß ihre Augen starben. »Nein!« schrie ich.

Sie sah mich traurig an. So traurig. »Ich wollte nicht, daß du das siehst. Aber...« Sie hob die Decke, kurz.

Ich sah, was darunter war. Ich griff nach ihrem Gesicht. Streichelte ihr Haar.

Sie hustete. Blutbläschen platzten zwischen ihren Lippen. »Ich bin so aufgewacht. Verzeih. Ich... Ich war selbst überrascht.«

Ich streichelte ihr Haar. Ich streichelte ihr Haar.

Sie schloß die Augen. Lange Zeit. Dann öffnete sie sie wieder. Ihre Stimme war nur noch ein Flüstern. »Du gehst weiter. Ich muß hier bleiben.«

»Meine Süße.«

»Ich will weitergehen, mit dir.« Sie fuhr ihre Unterlippe aus und schluchzte. »Mit dir.«

»Es ist alles gut.«

»Nein. Es ist nicht alles gut. Es ist...« Sie erstarrte. Und plötzlich starb sie. Nur ihre Augen flackerten noch kurz. Der Schmetterling. Für eine Sekunde flatterte er in ihren Augen. Dann flog er weg. Weit weg von allem.

Zurück blieb der Kokon. Die leere Haut.

»Es ist gut«, flüsterte ich. Ich wiegte ihren Kopf in meinen Händen. Roch ihr Haar und ihr Blut. »Es ist gut.« Ich streichelte ihre Ohren, nahm eins ihrer Ohrläppchen zwischen Finger und Daumen. Es war so klein, und es wurde kälter.

Ich begann zu heulen.

Ich heulte, bis die Leute kamen und auf mich einredeten und Krankenwagen sagten, und auch Polizei.

Es war mir egal.

Violas Lippen hingen ihr leblos vor den Zähnen. Ihr Mund stand offen. Eine Fliege summte dort hinein und trank von ihrem Blut und ihrem Speichel.

49

Ich zog die Spülung, und die Dollarscheine verschwanden im schäumenden Wasser. Dann wartete ich neben Viola.

Die Leute glotzten und tuschelten. Zwei Sanitäter kamen und

sahen und sagten irgendwas, was ich nicht verstand. Dann kam die Polizei. Die Polizisten glotzten auch, nur geübter, und sie stellten Fragen. Da war erst so ein blonder, junger Streifenpolizist. Ich sah, wie ihm der Schweiß ausbrach und wie er blaß wurde. Aber er stellte seine Fragen. Ich glaube nicht, daß er die Antworten registrierte. Er hielt einen Block in der einen Hand, den er mit seinen Fingernägeln kerbte, zwischen den weißgepreßten Fingerkuppen der anderen Hand zitterte ein Kugelschreiber. Er malte Striche aufs Papier, und Rechtecke.

Die Fliegen summten und kitzelten auf der Haut.

Dann kam die Kriminalpolizei. Der blonde, junge Streifenpolizist war froh, als sie kamen und als er gehen durfte.

Ein stämmiger Mann mit Vollbart und offenem Hemd und Schweißflecken unter den Achseln stellte sich mir als Kommissar Irgendwas vor und reichte mir eine Hand, naß wie ein Schwamm. Er stellte Fragen und machte sich Notizen.

Dann kam die Spurensicherung, und wir gingen auf den Flur, weil die Spurensicherung im Zimmer Platz brauchte für ihre Veranstaltungen. Als ich Violas Kopf von meinem Schoß hob, fing ich wieder an zu heulen. Ich hatte ihren Kopf die ganze Zeit über auf meinem Schoß gehabt. Ich wünschte, jemand würde mich erschießen.

Ein langer Lulatsch mit Aknepickeln schlug die Decke beiseite und machte Fotos.

Der Kommissar fragte, woher ich diesen irren Sonnenbrand hätte, da auf der Nase. Ich sagte, er solle sich nicht sorgen, ich würde schon was drauftun.

Er fragte, woher.

Ich sagte, aus Rio.

Ich sagte, ich hätte Frau Lonser im Flugzeug kennengelernt, Rio-Hamburg. Ja, und wie das eben so passiert, sagte ich.

Sie zwängten sich mit einem Blechsarg an uns vorbei ins Zimmer rein.

Der Kommissar bot mir eine Zigarette an, und ich nahm sie. Eine Weile rauchten wir schweigend.

Die Leute mit dem Blechsarg kamen wieder raus. Sie trugen den Blechsarg an uns vorbei Richtung Fahrstuhl. Sie machten mit dem Blechsarg eine Schramme in den Türrahmen.

Jemand gab dem Kommissar einen Zettel in die Hand. Es war Violas Brief an ihre Mutter. Sie hatte ihn nicht abgeschickt. Der

Kommissar nahm seine Brille ab und las ihn mit gerunzelter Stirn durch und gab ihn wieder zurück.

Ob irgendwas fehlte, aus dem Hotelzimmer, fragte er mich dann, Geld, Schmuck?

Nein, sagte ich, ich weiß nicht, oder doch? Ja, vielleicht. In der Schublade hätte sie einen Umschlag gehabt mit Reiseschecks und etwa zweitausend Dollar.

Woher ich das so genau wüßte.

Sie hätte mir von den Schwierigkeiten erzählt, die man hat, Geld aus Brasilien herauszuschaffen, und sei es auch nur für einen Urlaub.

Der Kommissar erkundigte sich. Es war nichts dergleichen in der Schublade gewesen. Aber man habe eine Brieftasche gefunden, in ihrer Jacke, da seien einige hundert Dollar drin gewesen, und ein paar Schecks.

Das meiste Geld sei in der Schublade gewesen, sagte ich.

Der Kommissar sah mich über seine Brille hinweg an, mit gefurchter Stirn, dann machte er sich eine Notiz. Und wo ich gewesen sei? Am Morgen, zur Tatzeit? Und in der letzten Nacht?

Draußen in Volksdorf, einen Mann vergiften und ihm die rechte Hand abschlagen, und ihm Geld abnehmen, das aus einer verwickelten Erpressung stammte, die mit Videos zu tun hat, in denen Kinder gefoltert und getötet wurden.

Das sagte ich nicht.

Ich sagte, zu Hause. Gelesen. Ein Buch.

Aha. Irgendwelche Zeugen dafür? Leider nein, es sei denn er befragte die Personen in dem Buch. Haha, hm. Ich müßte dann nochmal mit aufs Revier, alles offiziell machen, nicht wahr?

Wahr.

Ach ja, ob ich von irgendwelchen Feinden wüßte, die Frau Lonser wohl gehabt hätte?

Feinde? Nein, das könnte ich nicht sagen. »Ich kannte sie ja kaum.«

50

Ich lag auf meiner Matratze und versucht, zu vergessen. Eine Flasche Wein half mir dabei. Als ich vergessen hatte, erinnerte ich mich wieder. Ich trank eine zweite Flasche. Ich mußte mich übergeben.

Es war so eine Sache mit dem Vergessen.

Es war eine Sache mit dem Leben, mit der Liebe, mit dem Tod. Mit irgendwelchen Ärschen, die durch die Weltgeschichte reisten und Leute abschlachteten. Meine Kollegen.

Ich lauschte.

Vielleicht kamen sie schon. Jetzt. Endlich.

Ich erwartete sie. Ich hatte nämlich keine Lust mehr.

Ich hatte gedacht, ich wäre fein raus, wenn ich den Job mit da Silva erledigt hätte. Ich dachte, sie wußten nichts von Viola. Ich dachte, ich hätte sie überzeugt, mit meinem Geschwafel, auf das ich so stolz gewesen war. Ich dachte, danach wäre ich sicher, weil ich spätestens nach der Tat mit ihnen in einem Boot säße.

Ich dachte.

Sie hatten mich benutzt wie irgendein Werkzeug. Was hätte ich anderes erwarten können? So, wie sie da Silva benutzt hatten. Sie hatten seinen Tod einkalkuliert, bei der Geldübergabe in Rio, während der er floh, weil er den Braten roch. Und das Geld. Aber das hatte ihm nichts genutzt. Denn sie hatten mich ins Spiel gebracht. Einen Amateur. Ich hatte ihn aus dem großen Spiel geschmissen. Wer würde mich rausschmeißen?

Am nächsten Tag kam der Kommissar, um noch ein paar Fragen zu stellen. Ich beantwortete sie nach Gutdünken. Er sagte, ich solle nicht soviel trinken, das führe doch zu nichts. Ich sagte, er sei ein weiser Mann.

Er sagte dies und das und daß ich nicht mehr verdächtigt würde, das hatte was mit dem Tatzeitpunkt zu tun, und daß die Hotelangestellten bezeugten, ich sei erst später gekommen. Es sähe doch nach einem einfachen Raubmord aus. Irgendein Junkie.

Ich sagte, wie schön.

Dann war er weg. Da ich schon mal auf war, warf ich einen Blick in den Briefkasten. Ein Brief war drin. Es war die Rechnung des Hotels. Ich hatte noch für eine Nacht nachzubezahlen, sowie für ein paar Getränke und ein Telefax.

51

Ich erkannte den Abhang, als ich durchs offene Schiebedach nach oben schaute. Grauer Fels, Gesträuch in den Ritzen. Die Straße schlängelte sich idyllisch zu Füßen des Abhangs durchs Grün der schwäbischen Alb. Der Motor grollte dumpf, und ich schaltete in den zweiten. Mir klebte das T-Shirt am Rücken. Ein Wandersmann mit Stock und Hut stand zwanzig Meter über mir und blickte in die Ferne, wo sich ein Gewitter zusammenbraute. Die Hand an diesen länglichen Felszacken gestützt, der mir von einem Foto in Erinnerung geblieben war, das ich in Violas Jacke gefunden hatte. Ein Leben war das her.

Der Wagen quälte sich um eine enge Rechtskurve. Hinter der Kurve lag links eine Wiese. Ich stutzte. Eine etwa zwanzigköpfige Schar Menschen schritt aus einem Waldstück auf die Wiese hinaus. Sie gingen hintereinander und hoben die Arme in langsamen schwingenden Bewegungen gen Himmel, als wollten sie gleich abheben. Ich fuhr an der Wiese vorbei und sah im Rückspiegel, wie sie einen Kreis formten. Sie waren alle in makellose weiße Gewänder gehüllt.

Eine Unzahl von Haarnadelkurven später leuchtete vor mir das gelbe Ortsschild. Görwihl. Görwihl war ein Postkartenidyll, handcoloriert. Fachwerkhäuser, Blumen, in der Mitte die Kirche. Alte Frauen fegten Bürgersteige, auf denen es nichts zu fegen gab. Ein alter Mann harkte Sandstreifen. Ich staunte. Ich registrierte zwei Personen, die ihre Ascheimer reinigten. Sonst war niemand auf der Straße. Ich rollte die stille, saubere Hauptstraße entlang auf der Suche nach Hinweisschildern. Da war eins. Haus Bergfrieden. Geradeaus. Brauchte ich wenigstens keinen Einheimischen zu fragen. Wer weiß, was für Mundart man hier sprach. Oder man würde mir den Wagen polieren wollen.

Das Haus Bergfrieden befand sich einen Kilometer hinterm Ortsausgang. Es sah aus wie ein großes Skihotel. Ein gewaltiges, tief nach unten gezogenes Giebeldach, Wände weiß, und dunkles Holz, Blumenkästen. Es war sechs Stockwerke hoch und lag etwas zurückgesetzt neben der Straße auf einer Anhöhe. Ich schaltete runter und bog in die Zufahrt, einen weich geschwungenen Sandweg, der durch ein Wäldchen führte. Schritt fahren. Neben dem Weg gurgelte ein Bächlein. Ein Eichelhäher schnarrte. Ein Eichhörnchen huschte einen Baumstamm empor. Irgendwo hämmerte gar ein Specht. Ich schnurrte weiter den Sandweg entlang, und an der nächsten Kurve begegneten mir die sieben Zwerge.

Bei genauerem Hinsehen waren es dann doch nur fünf, und keine Zwerge, sondern Rentner. Ich parkte schließlich auf dem Parkplatz Für Gäste und bahnte mir einen Weg zwischen Blumenkästen und Gruppen alter Damen hindurch zum Eingang.

Es gab dort ein Foyer, ähnlich wie in einem Hotel, mit Sitzgruppen und Grünzeug. An den Wänden hingen Schnitzereien und Trockenblumen. Es gab auch eine Rezeption, vom Aussehen irgendwo angesiedelt zwischen Hotel und Krankenhaus. Ich schritt darauf zu und fragte den jungen Mann hinterm Tresen nach Frau Lonser.

Er lächelte, sah in einem Verzeichnis nach, wobei er sich mit dem Fingernagel nachdenklich einen Pickel auf der Stirn blutig kratzte. Dann hob er den Hörer. »Wen darf ich melden?«

»Mein Name ist Krieger. Ich bin ein Bekannter ihrer Tochter.«

»Ah.« Er haute in die Tasten, wartete, wobei er mich strahlend anblinzelte. »Ja? Hallo, Frau Lonser?« Er schrie so laut, daß ich zusammenzuckte. »Ja! Ein Herr für Sie zu Besuch! Besuch! Was? Ach so. Sie hören gut. Na, umso besser, Frau Lonser, umso besser.« Er sah mich schelmisch an und zuckte mit den Schultern. »Ein Herr Krieger. Bekannter Ihrer Tochter. Ja, Ihrer Tochter!« Er fiel wieder in sein Geschrei zurück. »Hallo? Sind Sie noch dran? …Ja. Mhm. Ja, gut. Ich werde es ausrichten. Auf Wiederhören, Frau Lonser.« Er drückte den Hörer auf die Gabel. »Sie bittet Sie, in einer Viertelstunde raufzukommen. Appartement—« Er sah nach. »512.«

»Gut. Danke.«

»Sie können sich ja vielleicht inzwischen unsere wunderschönen Postkarten ansehen.« Er wies auf einen Ständer mit Postkarten. Sie zeigten alle das Haus Bergfrieden aus veschiedenen Positionen und in verschieden kräftiger Farbgebung, von Pastell bis bonbonfarben. »Außerdem ist dort drüben noch der Geschenke-Shop. Er ist grade zu, aber ich kann ihn für sie aufmachen. Pralinen, Trockenblumen.«

»Haben Sie Kaugummi?«

»Leider nein.«

»Schade.«

»Ich hoffe, es gefällt Ihnen trotzdem hier bei uns.«

»Sehr. Aber vielleicht bin ich noch zu jung.«

Er lachte. »Haha!«

»Hah, hah«, machte ich. »Mal was anderes. Diese weißgewandeten Geschöpfe hier in Wald und Flur. Was sind das für Leute?«

»Die.« Er neigte den Kopf in leichter Geringschätzung. »Eine Sekte. Ein Orden. Was weiß ich. Die kaufen hier die ganze Gegend auf.« Er sah mich an mit einem Ausdruck, der Entgegnung verlangte.

Ich sagte: »Dicker Hund.«

»Nicht wahr? Laufen überall rum und erschrecken die Leute. Essen nur rohes Zeug.«

»Rohes Fleisch?«

»Nein, nein. Kein Fleisch. Körner, was weiß ich. Und leben im Zölibat. Was eine Schande ist. Einige von den jungen Dingern sehen nämlich ganz koitabel aus.« Er schnalzte kennerisch mit der Zunge. »Wenn Sie verstehen, was ich meine.«

»Ich kann Latein. Und woran glauben die so? Außer an die Vorzüge der Unbefleckheit?«

»Sie predigen den Weltuntergang. Überschwemmungen, Apokalypse. Falls sie aus dem Norden sind, von der Küste, dann sollten Sie sich schon mal Schwimmflügel kaufen. Nächstes Jahr solls soweit sein.« Er sah mich grimmig an. Als verübelte er der Sekte ihre Vorahnungen, an die er inzwischen auch glaubte. Und als gäbe er ihr die Schuld am Armageddon. »Naja, was solls?« Er sah auf seine Armbanduhr. »Ich denke, Sie können jetzt hochfahren. 512.«

Jedes Appartement hatte eine eigene Klingel. Ich baute mich vor meiner Nummer auf. Drinnen plapperten Fernseher und Radio um die Wette. Ich klingelte. Die Geräte verstummten, und ich vernahm energische Damenschritte.

»Wer ist da, bitte?«

Ich sagte es ihr.

»Moment.« Ein Riegel wurde umgelegt, und die Tür schwang auf. Die Frau, die mir gegenüberstand, war hochgewachsen, schlank, drahtig und schön. All das relativ. Ich schätzte sie auf sechzig. Ihr Haar war grau, mit einem letzten blonden Schimmer. Sie trug es kurz und straff nach hinten gebürstet. Eine solche Frisur war ungewöhnlich für eine Frau dieses Alters. Sie hatte schwarze, scharfe Augen unter immer noch scharfgeschnittenen Brauen. Das Alter verrieten zwei Säcke unter den Augen, leicht violette Säcke, die aus Falten und Adern gewebt waren. Dominierend aber, wie schon vor dreißig

Jahren, war die lange, scharf gebogene Nase, die sie wie witternd in die Höhe hielt. Ihr Kleid war cremefarben, schlicht und elegant.

»Guten Tag, Frau Lonser.« Ich streckte ihr die Hand entgegen.

»Herr...?« Sie nahm sie. Ihre Finger waren hart und trocken.

»Krieger.« Ich sagte meinen Text auf.

Sie nickte langsam und bedeutete mir, einzutreten. »Bitte.«

Der Raum, in den ich trat, war das Wohnzimmer. Es war etwa zwanzig Quadratmeter groß und wurde von einem Panoramafenster beherrscht, das fast die gesamte Außenwand einnahm. Davor war ein schmaler Balkon mit Holz und Blumenkübeln. In der Ferne erstreckte sich eine grüne Hügelkette. Davor, zum Greifen nah, die Felsnase, die über dem Abhang stand. Ein Wanderweg schlängelte sich dorthin.

»Ja, ein schöner Ausblick.« Sie sah aus dem Fenster, sah hoch. Über den Hügeln türmten sich graue Wolken, ließen alles unter sich winzig erscheinen. »Aber setzen Sie sich doch.«

Ich setzte mich in einen Sessel. Sie nahm auf dem Sofa Platz. Die Einrichtung war bürgerlich-langweilig, im Stil der siebziger.

»Ich mach mir nichts aus Möbeln.« Meine Gastgeberin hatte meinen Blick bemerkt. »Ich habe das Appartement möbliert übernommen.« Sie schlug die Beine übereinander und musterte mich aufmerksam. »Nun, Herr Krieger. Was wünschen Sie von mir?«

»Ich möchte Ihnen eine Frage stellen.«

Sie runzelte die Brauen. »Also?«

»Frau Lonser, weshalb haben Sie Ihre Tochter getötet?«

52

Nichts regte sich in ihrem Gesicht. Nichts änderte sich. Sie saß stumm da und sah mich an, mit einem immer noch erwartungsvollen Blick, die Stirn leicht gerunzelt, als hätte ich meine Frage nie gestellt.

»Warum? Frau Lonser, ich warte auf eine Antwort. Sagen Sies mir einfach. Es interessiert mich. Sie können sich das Abstreiten auch sparen. Das würde, wie man so schön sagt, meine Intelligenz beleidigen. Gut. Es hat ein paar Tage gedauert, bis ich auf das Naheliegende gekommen bin. Ich hatte erst gedacht, die Brasilianer wären es gewesen. Aber das sind Profis. Und dafür ist die Tat zu schlampig ausgeführt worden.

Zum Zweiten wäre der Zeitpunkt der Tat für die Brasilianer verfrüht gewesen. Ich selbst hatte zur selben Zeit eine Gefälligkeit für sie zu erledigen. Sie hätten nicht wissen können, daß ich bei meiner Rückkehr alles erledigt haben würde.

Und außerdem kannten sie meine Adresse nicht. Und die von Viola. Aber Sie kannten sie. Durch das Telefax, das Viola Ihnen geschickt hatte.«

Frau Lonser atmete langsam aus und lehnte sich in ihrem Sessel zurück. Sie schloß die Augen und rieb sich die Nasenwurzel.

Ich schnaufte. »Also? Wollen Sie noch mehr hören? Wo waren Sie denn, als Ihre Tochter starb? Hier doch nicht! Wahrscheinlich rein zufällig in Hamburg. Butterfahrt oder was weiß ich. Und sagen Sie nicht, Sie könnten nicht mit einer Kanone umgehen. Ich weiß, daß Sie können. Jeder muß das können, der vor dreißig Jahren im brasilianischen Urwald überleben wollte. Also? Warum? Warum?«

Die Worte kamen leise, aber beherrscht. »Es war Notwehr.«

»Notwehr?« Ich kreischte hysterisch. »Was hatte sie denn gräßliches vor? Sie mit dem Kopfkissen erschlagen?«

»Sie haben ja keine Ahnung.« Sie maß mich mit einem abfälligen Blick.

»Ich habe schon so meine Ahnungen. Vielleicht klären Sie mich auf.«

»Viola hatte ein Kind, wußten Sie daß?«

»Nein. Hatte?«

»Ich weiß nicht, wo das Kind jetzt ist.«

»Von wem ist das Kind?«

»Von ihrem Vater.« Ihre Stimme war metallisch. »Meinem Mann.« Ich nickte langsam.

Frau Lonsers Oberkörper ruckte nach vorn. »Sie wars, die ihn verführt hat! Das kleine Biest! Diese Hexe!«

Ich wartete, bis sie sich beruhigt hatte. Es fiel mir schwer, mich selbst zu beherrschen. Ich fragte: »Wie alt war Viola damals?«

Sie fingerte an ihrem Knie. Drückte es mit weißen Knöcheln. »Ich weiß nicht genau, seit wann das ging. Das Kind bekam sie mit dreizehn.«

»Dreizehn.«

»Plop, war es da. Sie war nicht dick und nichts.« Sie stand abrupt auf und stelzte zum Fenster. Sie betrachtete mit Abscheu die Unbilden der Witterung. Es regnete am Horizont.

»Wann hat er es Ihnen gesagt?«

»Was? Was?«

»Daß er seine Tochter mißbraucht hat. Daß das Kind von ihm ist.«

»Mißbraucht...« Sie stieß das Wort aus wie ein schlechtes Stück Fleisch. »Die wollte es doch so. Frühreif war sie. Niemand hat mir was gesagt. Das brauchte mir niemand zu sagen.«

»Ach ja. Eine Frau spürt sowas. Hatte ich glatt vergessen.«

»Das Kind war rothaarig. Feuerrotes Haar hatte es.«

»Und?«

»Ja, sehen Sie denn nicht? Solches Haar gibt es nicht so oft.«

»Ich verstehe nicht.«

»Ach so. Ach ja. Wie sollten Sie auch.« Sie machte zwei Schritte zur Kommode hin, riß eine Schublade auf und wühlte. »Sie würden wahrscheinlich denken, sein Kind würde grauhaarig zur Welt kommen. Huch!« Ich hatte mich, ohne daß sie es bemerkt hatte, hinter sie gestellt. Ich hatte keine Lust auf unliebsame Überraschungen. »Hier.« Sie hielt mir eine Fotografie vor die Nase. »Er ist jung ergraut. Mit dreißig schon. Aber vorher sah er so aus.«

Es war eins von diesen blassen, frühen Farbfotos. Es zeigte einen jungen Mann vor einer weißen Hauswand. Er kniff die Augen vor der Sonne zusammen und lächelte. Es war Lonser, das war zu erkennen. Er hatte feuerrotes Haar.

Ich gab ihr das Foto zurück, und wir setzten uns wieder.

»Ich hatte es ja immer geahnt«, sagte sie. »Ach was! Gewußt. Aber ich habe es nicht wahrhaben wollen. Wer denkt auch an sowas? Man meint ja, man ist wirr im Kopf. Paranoid.« Sie krallte ihre Finger ineinander und starrte durch mich hindurch auf ihr gescheitertes Leben.

Ich dachte an Viola. An ihren Charakter als logische Konsequenz ihrer Erfahrungen. An ihren Masochismus. Ihre Lust. Ihre Schuldgefühle. Ihren Haß. Und plötzlich sah ich die Welt, in der Viola gelebt hatte. Es war eine Welt, in der es kein Verzeihen gab, und kein Vergessen. Keine Liebe und kein Vertrauen.

Ihre Mutter unterbrach meine Gedanken. Sie reckte ihren Hals. »Sie wundern sich, daß ich ein Foto habe, nach allem, was er mir angetan hat, was? Tja, so bin ich eben. Kleine Macke. Deshalb bin ich ja hier. Hier kümmern sie sich um einen, wenn man mal einen

Aussetzer hat. Naja. Ich kanns mir leisten, junger Mann. Ich kann mir eine kleine Macke leisten.«

»Meinen Sie.«

Sie sah das Foto ihres Mannes an, das vor ihr auf dem Tisch lag. »Man könnte natürlich sagen: Klar, daß das Kind rothaarig ist. Genau der Großvater. Aber das reicht nicht als Erklärung. Es war wie eine Offenbarung. Es paßte einfach. Es paßte zu allem. Plötzlich wußte ich alles. Alles Seltsame wurde dadurch plausibel.« Sie starrte auf das Bild und kaute an ihrem Daumennagel. Es sieht seltsam aus, wenn eine ältere Frau Nägel kaut. Sie tat es nicht besonders geübt. Vielleicht hatte sie eben erst damit angefangen.

Ich beobachtete sie und wartete.

»Ich ließ sie entführen«, sagte sie unvermittelt.

Ich nickte. »Woher kannten Sie die Leute?«

»Ach!« Wegwerfende Handbewegung. »Ich kannte sie eben. Zufall. Der Bekannte eines Bekannten eines Bekannten. Man kriegt was erzählt. Man hält erst alles für Spinnerei. Man hakt mal nach. Und plötzlich stimmt alles. Man ist erst überrascht. Dann ist es ganz normal.«

»Und das Kind?«

»Das hatten wir gleich adoptieren lassen. Mein Gott, Viola war doch erst dreizehn!«

Wie treusorgend. »Haben Sie Unterlagen darüber?«

»Worüber?«

»Über die Adoption.«

»Was? Nein. Da gibt es keine Unterlagen. Da wird nicht groß gefragt.«

»Auch nicht, wenn ein Säugling so einfach verschwindet?«

»Nein.«

Ich machte mir ein paar Gedanken. Dann schob ich sie beiseite, denn es waren keine schönen Gedanken. Ich sagte: »Ihr Mann wußte von alldem natürlich nichts.«

»Von der Adoption wußte er. Aber nicht von der Entführung.«

»Klar.«

»Aber er spürte sie auf. Nicht zu fassen, aber er schaffte es tatsächlich. Er rettete sie.« Ihr Tonfall bekam etwas Verächtliches. »Der liebende Vater.«

»Lonser«, sagte ich leise zu mir selbst. »Auf seinem Kreuzzug gegen das Böse. Das Böse in sich selbst.«

»Danach hat er sie dann in Ruhe gelassen. Sexuell.« Sie lachte kehlig. »Raten Sie mal, weshalb.«

»Weshalb?«

»Aus dem einzigen Grund, der das fertigbringen könnte. Er war verletzt worden bei der Schießerei. Er war impotent, danach.« Sie bedachte mich mit einem bitteren Blick. »Ich bin dann nach Deutschland zurückgezogen. Allein. Ich konnte die beiden nicht mehr sehen. Ich konnte sie nicht mehr ertragen. Da bin ich hierhergegangen.« Sie sah aus dem Fenster. »Ich konnte ihre Blicke nicht mehr ertragen.«

»Violas?«

»Sie wußte es.«

»Was?«

»Sie wußte alles. Was ich getan hatte.«

»Wie kommen Sie darauf?«

Wieder stand sie auf und ging zur Kommode. Diesmal blieb ich sitzen. »Hier, das Dings.« Sie gab mir das Telefax. »Es war Notwehr. Ich bin ihr nur zuvorgekommen.«

Ich las die Fernkopie des Briefes noch einmal durch. Oben war der Briefkopf mit der Adresse des Hotels deutlich zu lesen. Ich gab ihr das Fax zurück. »Ein ganz normaler Brief. Ich sehe darin keine Drohung.«

»Weil Sie blind sind!«

Donner rollte über die Hügel heran. Ein plötzlicher Wind zerrte an den Zweigen der Bäume. Erste zaghafte Regentropfen sprühten gegen die Scheibe. Ich erhob mich. »Mehr ist dazu wohl nicht zu sagen. Ich wünsche Ihnen noch einen erfüllten Lebensabend, Frau Lonser. Sie werden sich ja sicher nicht einsam fühlen, mit all Ihren Fotos.« Ich kramte meine Brieftasche heraus. »Vielleicht legen Sie ein paar Alben an. Da können Sie das hier gleich mit einkleben.« Ich reicht ihr das Foto, das in meiner Brieftasche war. »Hier. Erinnern Sie sich?«

Sie griff widerstrebend nach dem Bild. Ihre Augen verengten sich. »Das... ja. Ich glaube... Wer ist das?«

»Der erste Freund von Viola. Ein Sohn polnischer Einwanderer. Osvaldo. Er hat feuerrotes Haar.«

»Osvaldo...« Ihre Finger zupften an der roten Locke auf der Bildrückseite. »Aber der war doch noch so jung. Zwölf. Dreizehn.«

»Alt genug.« Ich ging zur Tür. »Sie können es behalten. Ihr Mann ist tot, übrigens. Ich habe ihn getötet. Ich habe seine Leiche verbrannt, auf einer Müllhalde.«

Sie starrte mich an mit den Augen einer toten Makrele.

Ich hielt den Türgriff in der Hand, bis ihr die Tränen kamen. Dann ging ich.

53

Im Geschenke-Shop im Foyer kaufte ich mir eine Packung Zigaretten. Ich zündete die erste noch im Laden an. Ich ging zu meinem Wagen und ließ mich schwer in die Polster fallen. Das Nieseln war zum Regen geworden. Die Tropfen hämmerten aufs Blech. Die Scheiben beschlugen von innen. Ich wischte sie frei und öffnete zwei Fenster jeweils einen Spalt.

Rentner hasteten watschelnd vorbei, bogen aus ihren Wanderwegen. Die Besonnenen hatten Schirme aufgespannt. Besucher, Erben, gingen schnellen Schrittes auf ihre Wagen zu.

Ich rauchte eine weitere Zigarette. Ich schaltete das Radio an. Der einzige Sender, der klar reinging, spielte Mist. Ich schaltete wieder aus.

Dann kam sie. Sie hatte einen Schirm aufgespannt. Ein langer, beiger Mantel flatterte um ihren hageren, alten Körper. Der Mantel war offen, der Gürtel peitschte gegen ihre Beine.

Ich drehte den Zündschlüssel. Der Motor begann leise zu surren, ohne jede Vibration. Ich stellte das Gebläse an und ließ den Wischer einmal über die Scheibe huschen.

Sie bog in den Wanderweg ein. Es blitzte.... einundzwanzig, dann der Donner. Sie verschwand zwischen den Bäumen, die hoch und schwarz über ihr waren. Der Himmel über den Wipfeln war dunkelgrau.

Ich legte den Gang ein und knirschte langsam über den Parkplatz. Als ich auf die Straße bog, schaltete ich das Licht an. Ich fuhr die Strecke bis zum Dorf. Das Dorf rollte draußen vorbei, still, unbewegt. Die Kirchenglocke schepperte einmal. Dann kam das kurvige Stück hinab ins Tal. Ich fuhr ruhig, mit Motorbremse im dritten, im zweiten. Ich hatte es nicht eilig.

An der Kurve vor dem Abhang bremste ich sanft ab. Patschnasse Menschen liefen aufgeregt auf der Straße herum. Es waren diese Sektenmitglieder. Einige waren barfuß, und sie platschten über den

204

nassen Asphalt. Sie schlugen mit ihren weißen Gewändern beim Laufen, flatterten wie flügellahme Engel. Die am schnellsten waren, umringten bereits den zerschmetterten Leib, der im Matsch des Seitenstreifens lag. Sie blickten an der Felswand hoch. Zur Felsnase, die darüber emporragte. Dann blickten sie wieder hinab auf den beigefarbenen Mantel, auf das rote Blut. Auf den Regenschirm, der etwas abseits im Wind rollte. Sie war mit Regenschirm gesprungen, wie Mary Poppins.

Ich drückte aufs Gaspedal. Der schwere Wagen beschleunigte mit einem leisen Surren, preßte mich ins Polster. Ich heftete den Blick auf die regennasse Straße vor mir. Ich fühlte mich sehr schnell und auch sehr einsam.

Regula Venske
KOMMT EIN MANN DIE TREPPE RAUF
Kriminalroman

150 Seiten, gebunden, DM 25,00, ISBN 3-927623-71-7

»Wortgewand und -witzig, ironisch und gemein,
feministisch und doch feminin hebt sich Regula Venske
erfrischend von sogenannten Crime-Ladies
mit Kaffeeklatschermittlungen ab.«

Crescendo

Lou A. Probsthayn
BEI ANRUF WORT
Kriminalroman

120 Seiten, gebunden, DM 22,00, ISBN 3-927623-37-7

»Im verkürzten Stakkato werbesprachlicher Versatzstücke
peitscht Lou A. Probsthayn seine Leser durch Szenen
innerer Vereinsamung, Gewalt und Verrohung.«

J. Abel, Literatur Hamburg

Thomas Plaichinger
MATROSEN VERSENKEN
Kriminalroman

160 Seiten, gebunden, DM 25,00, ISBN 3-927623-70-9

»Plaichingers neuer Roman ist ein stachliges Kabinettstück-
chen und eine höchst provokante Krimi-Parodie.«

Hamburger Morgenpost

KELLNER